Wolf Ruede-Wissmann

SUPER SELLING

Wolf Ruede-Wissmann

SUPER SELLING

Rhetorik
Dialektik
Verkaufs-
psychologie

Wirtschaftsverlag Langen Müller/Herbig

1. Auflage März 1989
2. Auflage November 1989

© 1989 by Wirtschaftsverlag Langen-Müller/Herbig
F. A. Herbig Verlagsbuchhandlung GmbH, München
Alle Rechte vorbehalten
Schutzumschlag: Wolfgang Heinzel, München
Satz: Fotosatz Völkl, Germering
Druck: Jos. C. Huber KG, Dießen
Binden: R. Oldenbourg, München
Printed in Germany
ISBN: 3-7844-7243-5

Inhalt

Kapitel III: Verkaufspsychologie

Kapitel IV: Sach- und Beziehungsebene

Kapitel V: Statement + Frage + Zuhören

Kapitel VI: Kunden-Typologie

Vorwort

Seit mehr als zehn Jahren gilt die Bauwirtschaft als eine der härtesten Branchen im Verkauf. Hochkonjunktur, Rezessionen, Pleiten, Aufschwung, Abschwung, Schrumpfen, Wachstum, Auftragsmangel, Skandale, Krisen … das Auf und Ab scheint kein Ende zu nehmen.

Kaum eine andere Branche in Deutschland hat nach dem Krieg den Wechsel vom »Verkäufer- in Käufermarkt« so drastisch, unmittelbar und kurzfristig zu spüren bekommen wie die Bauwirtschaft – eine harte Schule für Verkäufer.

Ich komme aus der Bauwirtschaft. Mein »Dienst« begann vor genau dreißig Jahren als Lehrling, und seit fast zehn Jahren führe ich u. a. als Trainer Seminare der Themenbereiche »Rhetorik, Dialektik, Verkaufspsychologie, Verhandlungstechniken« durch.

Auf dem Buchmarkt finden sich zu diesem Thema dicke und dünne Bücher. Mit meinen Seminarteilnehmern habe ich oft darüber gesprochen, welche Inhalte in einem Standardwerk für Verkäufer der 90er Jahre abgehandelt werden müßten. Stets ergaben sich die gleichen Themen: Rhetorik, Dialektik und Verkaufspsychologie.

Doch die eigentliche Problematik dieser Themen zeigte sich immer dann sehr schnell, wenn die Inhalte an Beispielen konkretisiert werden sollten. Was ist »Rhetorik für Verkäufer«, und kann man mittels eines Buches, also sozusagen im »Trockenkurs«, rhetorische Übungen vermitteln? Läßt sich die »faire« und die »unfaire Dialektik« lernfähig beschreiben? Wie läßt sich »Verkaufspsychologie« ohne psychologisches Studium begreifen und praktisch durchführen, und das Wichtigste:

Gibt es ein einfaches »System«, welches gedächtnismäßig behalten und somit auch konkret angewendet werden kann – für die ganz normalen Verkäufer?

Aus diesen Überlegungen heraus ist dieses Buch entstanden. Ich weiß, daß die meisten Verkäufer kaum Zeit (und Lust) haben, umfangreiche Lehrbücher zu lesen. Darum hat dieses Buch zu den einzelnen Themen in sich abgeschlossene Kapitel. Alle Kapitel zusammen bilden jedoch das nahezu komplette »Rüstzeug« für einen Verkäufer im modernen Marktgeschehen der 90er Jahre.

Die Sprache in diesem Buch sollte einfach, unkompliziert und ohne Belehrung sein. Wo ein Beweis zu einer Behauptung und somit ein kleiner Ausflug in die Geisteswissenschaften (z. B. Psychologie oder Soziologie) unumgänglich war, wurde dieser eher populärwissenschaftlich abgehandelt.

Der Leser wird schnell merken, daß es dem Autor im wesentlichen um drei Dinge geht:

1. Vermittlung der Rhetorik, Dialektik und Verkaufspsychologie auf inhaltlich möglichst breiter Basis.
2. Zusammenfassung und Konzentration auf vier bis fünf Gesprächstechniken, die bereits »Montag angewendet werden können«.
3. Abhandlung und Darstellung in einer praxisnahen, aber stets abwechslungsreichen Sprache, um eines zu verhindern: Monotonie oder Langweiligkeit.

Dem Autor sollten daher auch kleine Bissigkeiten, da und dort eine gewisse Flapsigkeit oder möglicherweise sprachliche Überzeichnungen verziehen und nachgesehen werden. Der Autor schrieb dieses Buch so, wie ihm der Schnabel gewachsen ist.

Das Buch richtet sich in erster Linie an den »Verkäufer von der Front« – an das »Greenhorn« ebenso wie an den »Starverkäufer«, den »Normalverkäufer«, den »Zwölfender« oder den »Platzhirschen«. Unsere Seminare besuchen Verkäufer aller Altersgruppen sowie alle »Verkäufer-Typen« aus sehr unterschiedlichen Branchen, und es ist stets erfreulich, festzustellen, wie selbst »eingefahrene« Verkäufer »mitmachen«, sobald sie erkennen, daß ein Trainer niemals »Oberlehrer«, sondern stets »Partner« der Verkäufer sein muß.

Das Buch richtet sich aber auch an Unternehmensleitungen, an die Chefs der Verkäufer, an die Verkaufsleiter, Bereichs- und Abteilungsleiter etc. Mit diesem Buch haben beide Ebenen, Chef sowie Verkäufer, die Möglichkeit, Vorbereitung, Durchführung und Nachbereitung des Verkaufs gemeinsam zu diskutieren, zu gestalten und neu zu positionieren.

Wir haben diese 2. Auflage gründlich durchgesehen – und wenig verändert. Wir haben das deswegen nicht getan, weil die vielfältige Kritik zur 1. Auflage einen Tenor hatte: Das Buch ist in einer Sprache geschrieben, die als »flüssig«, »locker« oder »praxisnah« zu bezeichnen ist.

Wir freuen uns über diese Kritik – aber auch über kritische Hinweise, die wir dankbar aufnehmen und berücksichtigen.

München, im September 1989
Dr. Dr. Wolf Ruede-Wissmann

KAPITEL I

Rhetorik

1.1 Zum Sprechen und zur Sprache

»Darf ich den Auftrag notieren?« Diese Absch(l)uß-Frage gehört noch immer zum Standardvokabular vieler Verkäufer, obwohl sie an Banalität nichts zu wünschen übrig läßt. Vielleicht liegt es daran, daß in den meisten Seminaren »Verkaufstraining« der erfolgreiche Abschluß eines Verkaufsgesprächs als die wichtigste Aufgabe eines Verkäufers gesehen und somit »trainiert« wird. Diese Auffassung ist im Prinzip auch richtig, denn letztlich wird der »gute Verkäufer« am Erfolg seiner Verkaufsabschlüsse gemessen. Es geht aber um die Methode, d. h. um die Art und Weise, wie ein Verkaufsgespräch vorbereitet, begonnen, durchgeführt und zum Abschluß gebracht wird. So kann z. B. ein durchaus positiv verlaufendes Verkaufsgespräch mit einer falschen Abschlußfrage genauso zerstört werden wie etwa durch das »Zerreden« des Abschlusses, weil ein Verkäufer – nachdem der Kunde den Kaufentschluß signalisiert hat – über weitere Vorteile des Produktes redet und redet – und sie schließlich »zerredet«.

Welches Produkt Sie auch immer verkaufen, welche Dienstleistung oder handwerkliche Leistung Sie »an den Mann« bringen wollen: der Teufel steckt im Detail, denn alle Verkaufsgespräche haben eines gemeinsam: Sie werden von Menschen gemacht, und man hat es mit Menschen zu tun. **Doch jeder Mensch verhält sich in verschiedenen Situationen unterschiedlich, und Menschen lassen sich nicht »programmieren«.** Schon deswegen kann man Verkaufsgespräche und Verhandlungen nicht nach Standardrezepten »abkochen« und für jedes Detail, für jede Frage, für jeden Einwand eine »andressierte Antwort« haben.

Lassen Sie also ruhig den »Teufel im Detail« und kontern Sie mit der Frage: »Wo steckt der liebe Gott?« Und die rechte Antwort darauf kann nur lauten: »Der liebe Gott steckt in der großen Linie – und nicht im Detail.« Schließlich weiß jeder Verkäufer, daß sich kein Gespräch bis ins letzte Detail vorbereiten und auch wie geplant durchführen läßt. Viel wichtiger ist die »große Linie« und auch der »rote Faden«, der sich durch Vorbereitung, Gesprächseröffnung, Durchführung, Abschluß und Nachbereitung ziehen muß.

Die Voraussetzung dazu ist allerdings, daß Sie sich mit dem Phänomen »Mensch« beschäftigen, seine Stärken und Schwächen erkennen und darauf reagieren können, denn Menschen lassen sich »führen«, und somit lassen sich auch Verhandlungen und Verkaufsgespräche »führen«. *Führen heißt, andere dazu zu bringen, das zu tun, was man von ihnen möchte.* Wichtige Grundlagen dazu sind die verbalen und nonverbalen Fähigkeiten, oder einfacher, die Sprache, das Sprechen und das Erscheinungsbild, die Gestik und Mimik (Kinesik = Körpersprache).

Es ist hinreichend bekannt, daß selbst wichtige und interessante Inhalte durch langweilige Monotonie einschläfernd wirken, und mancher Teilnehmer einer Veranstaltung, dem dieser zweifelhafte Genuß zuteil wurde, kämpfte demzufolge mit dem Schlaf – und verlor. Umgekehrt ist es möglich, die Selbstverständlichkeiten dieser Welt rhetorisch so darzustellen, als höre man sie zum ersten Male. Ein Blick in die Geschichte: Durch die Veröffentlichungen seines Fotografen nehmen wir verwundert zur Kenntnis, daß selbst A. Hitler, der »Gröfaz« (größte Feldherr aller Zeiten), seine Mimik und Gestik vor dem Spiegel übte, sich fotografieren ließ und Verbesserungen einstudierte. Von seinem Propagandaminister Goebbels weiß man, daß er u. a. seine wohl berüchtigtste Rede im Berliner Sportpalast (1943) nicht nur vorher übte, sondern sich schon beim Entwurf Notizen darüber machte, wo, wann und wie lange die Zuhörer applaudieren und an welcher Stelle fanatische Jubelstürme ausbrechen würden.

Doch auch in unseren Tagen führen rhetorische Fähigkeiten offensichtlich zu größerem Erfolg. Eine einfache, sachliche Mitteilung bekommt ein stärkeres Gewicht und höhere Überzeugungskraft, wenn sie z. B. von einem »Urviech« oder einem »Original« rhetorisch wirksam vorgetragen wird, obgleich die sachliche Mitteilung sich nicht ändert. Eben das macht aber das Erkennen der Sachinhalte sehr schwierig. Journalisten z. B., die das Pro und Kontra eines Volksredners nach sachlichen Inhalten und Aussagen aufspüren müssen, können davon ein Lied singen.

In einer Verhandlung und in Verkaufsgesprächen haben Menschen mit rhetorisch-dialektischen Fähigkeiten stets Platzvorteile, insbesondere dann, wenn es darum geht, die Unentschlossenen mitzureißen. Wie dankbar sind wir doch demjenigen, der in einer langatmigen und breitangelegten Konferenz das Panier ergreift und publikumswirksam alle Streitpunkte auf einen verblüffend einfachen Nenner bringt, den plötzlich alle wieder verstehen. Man ist erleichtert, nickt, stimmt ihm mit einem weisen »So ist es« zu – und: *er ist der eigentliche Gewinner.* Er hat durch seine gesprochenen Worte andere dazu gebracht, das zu tun, was er wollte. Er hat *Führung* praktiziert.

Zu allen Zeiten haben Menschen versucht, andere Menschen durch das gesprochene Wort zu überzeugen, zu beeindrucken, zu führen – aber auch zu ver-führen. Die Redekunst ist eine Macht. Wer sie beherrscht, kann Macht ausüben, zum Wohle oder zum Schaden anderer. Das gilt für nahezu alle Bereiche in der Politik, im Wirtschafts- und Berufsleben sowie selbstverständlich auch in der privaten Sphäre.

Bei den »alten Herren aus Griechenland und Rom« galt die Rhetorik als Gipfel der Bildung. Der Umgang mit Rhetorik war damals eine Art »olympische Disziplin«. In den Zeiten danach hat sehr lange die Eristik (Kunst der Rechthaberei) geherrscht, die Arthur Schopenhauer (dt. Philosoph 1788–1860) aufbereitet und in seinen »Stratagemata« (Kriegslisten) festgehalten hat.

Aus der Kunst, gut zu reden (ars bene dicendi), in der Antike hat sich über unterschiedliche Formen in den Jahrhunderten heute ein Feld der »Gebrauchs-Rhetorik« herausgebildet, welches z. B. im Geschäftsleben und in der Politik zeitgemäße Ausdrucksmittel miteinander verknüpft. Mit der klassischen Rhetorik hat das nur noch wenig zu tun, und in der Politik gelten ohnehin andere Gesetze. Der Ehrliche und Redliche wird als Dummkopf angesehen, den man kräftig übers Ohr hauen kann. Erfolg hat – leider – der schlaue und gerissene Fuchs, für den es immer mehrere Wahrheiten gibt und der die bewußte Lüge, oder schlimmer noch: die Halbwahrheit, nur als taktisches Abweichen von der erkannten Wahrheit sieht. Politik allerdings ist notwendig, und Politiker müssen sein – ob die entarteten Formen um Wahrheit und Lüge allerdings sein müssen, bleibt das Geheimnis derer, die diese Formen nahezu kunstvoll perfektioniert haben und schamlos anwenden.

Eine rein akademische Vermittlung der Rhetorik ist für das tägliche Geschäftsleben schlicht unbrauchbar. Erforderlich ist statt dessen die Förderung rhetorischer Eigenschaften, bezogen auf die individuelle Persönlichkeit des einzelnen. Verbale Fähigkeiten (Sprechen und Sprache), verbunden mit nonverbalen Ausdrucksmitteln (Kinesik, d. h. Körpersprache, also z. B. Mimik und Gestik), sind die Bestandteile – und die Voraussetzung.

Doch das Aneignen rhetorischer Eigenschaften ist vergleichbar mit dem Erlernen einer Sprache. Zwar lassen sich Grammatik und Vokabeln im Sprachlabor oder in »Heimarbeit« erlernen, lebendiges und flüssiges Sprechen allerdings erlernt man am besten durch direkten Sprachkontakt im betreffenden Land. Analog dazu ist ein »Trockenkurs« in Rhetorik und Dialektik nur dann sinnvoll, wenn die Anwendung in der täglichen Praxis geübt wird – und die tägliche Praxis ist die »Verkaufsfront«. Die Bezeichnung »Front« wird hier bewußt gewählt, weil bekanntlich an einer Front immer mehrere – meist aufeinander – schießen. Die »Waffe« des Verkäufers ist das gesprochene Wort.

In die Sprachwissenschaft einzusteigen ist nicht Sinn dieses Buches. Doch prinzipiell sollte man über »Worte« folgendes wissen: Worte sind nicht nur Träger von Begriffs-, sondern auch von Beziehungsgehalten. Beide Formen der Wortbedeutung verhalten sich in bezug auf Erwerb und Verwendung verschieden. Die verbalen Symbole (Worte) für den Ausdruck von Beziehungen sind zwar zunächst auch einmal lernend erworben und werden gedächtnismäßig aufbewahrt, zugleich aber sind sie logisch durchdrungen, werden also durch denkendes Erfassen individuell bewältigt und somit »verfügbar«. Da das ein individueller Prozeß ist, wird leicht verständlich, daß nicht jeder zu Worten gleichen Begriffsgehaltes auch den gleichen Beziehungsgehalt versteht, obwohl die gleiche Sprache gesprochen wird. »Da haben Sie mich falsch verstanden« charakterisiert den wohl häufigsten (und schlechtesten) Einwand auf Mißverständnisse. Unterschiedliche Beziehungsgehalte von Worten können auch ohne Absicht sogar sehr verletzend wirken, insbesondere bei deutschsprechenden Auslandskunden.

Ein Beispiel dazu: Die Mitarbeiterin eines holländischen Unternehmens äußerte in einem Gespräch mit dem deutschen Gesprächspartner, daß sie in Kürze heiraten werde. Der deutsche

Partner antwortete scherzend und sicherlich etwas flapsig (doch für Deutsche keineswegs mißverständlich):»Meinen herzlichen Glückwunsch. Aber eigentlich schade, jetzt sind Sie weg vom Fenster.« Die Mitarbeiterin allerdings war tief getroffen, fühlte sich schwer beleidigt und verließ demonstrativ den Raum. Der Grund: In den»Rotlicht-Zentren« holländischer Städte sitzen die Prostituierten hinter großen Fenstern und locken»Kundschaft« an. Wird eine solche»Dame« mit einem Freier einig, dann ist sie»weg vom Fenster«. Begriffs- und Beziehungsgehalte der Worte unterschieden sich deutlich und führten zu dieser unbeabsichtigten Peinlichkeit.

Damit ist das Hauptelement der Rhetorik benannt: das Sprechen und die Sprache. Es gibt, wie wir alle wissen, mindestens immer zwei Möglichkeiten, sich auszudrücken – meistens jedoch mehrere. So kann man z. B. sagen:»Chef, Sie sind ein Genie!« Man kann aber auch sagen:»Chef, Sie sind bei Gott kein Rindvieh!« Selbst wenn ein Mitarbeiter in beiden Fällen seinem Chef eine ehrlich gemeinte Anerkennung aussprechen wollte, so dürfte er zumindest im letzten Fall von der Wirkung seines Lobes überrascht sein.

Leider – das muß gesagt werden – erleben wir in den letzten Jahren eine Verballhornung unserer Sprache. Die
Sehnsucht … wird degradiert zur»**subjektiv erlebten Mangellage**«,
Liebe ist … »**emotionale Fixierung**«, ein
Kind … »**Objekt elterlicher Fremdbestimmung**«, ein
Kuß die »**Berührung der oberen Enden zweier Verdauungskanäle**«, die
Müllkippe wird zum »**Entsorgungspark**«,
und kein Sicherheitsbeamter redet noch vom **gezielten Todesschuß**, es ist der »**finale Rettungsschuß**«.
Wer sich besonders »profilieren« will, sagt neudeutsch:
»Die Produktionsergebnisse der Agrarökonomen sind umgekehrt proportional zu ihren Intelligenzquotienten.«
Wem diese zweifelhafte Profilierung nicht gefällt, der sollte auch weiterhin sagen:
»Die dümmsten Bauern haben die dicksten Kartoffeln.«
Vom Extrembeispiel zu dem bekannten Beispiel der Umbenennung von »Lehrling« in »Auszubildender«. Diese Wortschöpfung

ist nicht nur sprachlich dumm (demzufolge müßten Arbeiter auch »Zuversorgende« oder Studenten »Zubelehrende« heißen), sondern auch bildungspolitisch gefährlich, weil damit den Jugendlichen suggeriert wird, daß andere für ihre Ausbildung zuständig seien und somit auch die Verantwortung trügen.

»Verdienstmedaillen« für Auswüchse in der Sprache haben sich besonders Behörden und Politiker verdient. Wer heute alle Behördenformulare auf Anhieb lesen und verstehen kann, gehört zweifellos zu den weisen Schriftgelehrten – vielleicht aber auch nur zu den Pharisäern. Der Normalbürger, der über diese Tugenden und Fähigkeiten nicht verfügt, kann getrost bei jeder bürgernahen Verwaltung »vorsprechen«, um z. B. zu erfahren, was »Abkindern« bedeutet. Er wird dann sicher darüber belehrt, daß der Staat für jedes neue Kind einer Familie Geld bezahlt, wenn diese Familie »abgebrannt« ist und selbst nicht bezahlen kann. Das nennt man »Abkindern«.

Zur kunstvollen Reife haben Politiker das System »reden, aber nichts sagen« als Vernebelungstaktik entwickelt. Dieses Beispiel kennen Sie aus jeder Nachrichtensendung: Mit unglaublichem Kostenaufwand durch begleitende Referenten, Sekretärinnen, Staatssekretäre und Ministerialbeamte usw. flog der Minister zu einem ausländischen Kollegen in ein fernes Land, um mit ihm über das Problem XY zu verhandeln. In seine Heimat zurückgekehrt, wird er am Flughafen über den Erfolg seiner Reise befragt und erklärt: **»Die Gespräche waren offen und konstruktiv.«** Jeder Grundschüler weiß heute, daß das soviel bedeutet wie: außer Spesen nichts gewesen. Was würde *Ihr* Chef wohl dazu sagen, wenn Sie als Außendienstmitarbeiter eine teure und lange Verkaufsreise hinter sich hätten und – nach dem Verkaufserfolg befragt – Sie in der obigen Art antworten würden?

Wer könnte es unter diesen Voraussetzungen z. B. Jugendlichen übel nehmen, daß auch sie sich eine eigene Sprache »geschaffen« haben? Eher lächelnd nehmen wir heute in der »Jugendsprache« die Verwendung moderner Technikbegriffe zur Kenntnis. Während die elterliche Generation noch unter der Bezeichnung »Schraube locker« recht Eindeutiges verstand, wird bei heutigen Jugendlichen die verpatzte Mathematikarbeit mit »Ich hatte einen Chip-Infarkt« oder »Mein Prozessor war zu langsam« oder »Meine Schnittstelle war durchgeschmort« oder »Ich war falsch getaktet« o. ä. erklärt.

Wundern sollte man sich darüber nicht, denn letztlich »lernen« die Jugendlichen bereits in der Schule vielfach nach dem System: Warum auch einfach, wenn's kompliziert geht. Zwei Beispiele dazu. Zwar sind die wichtigsten Erfahrungen und Entdeckungen von Forschern gemacht worden, die nach der Methode des kleinen und des großen Einmaleins ausgebildet wurden, dennoch wird in vielen Schulen immer noch die »Mengenlehre« gepredigt, obwohl diese Methode schon vor mehr als 130 Jahren bekannt war, aber ad acta gelegt wurde – und die meisten Eltern müssen bei der Hilfe zu den Hausaufgaben »passen«.

Auch im Deutschunterricht finden sich unverständliche Kapriolen. So ist in einem »Sprachbuch« für das fünfte Schuljahr (… das sind elfjährige Kinder …!) folgendes zu lesen:

»Die Form des Substantivs, die du durch Subtraktion des Pluralmorphems erhältst, heißt Grundmorphem. Pluralformen eines Substantivs, die mit der Singularform identisch sind, erklärt die Sprachwissenschaft auf folgende Weise: An das Grundmorphem (/Nußknacker/) tritt als Pluralmorphem das sogenannte Nullmorphem (/0/), so daß die mit dem Singular identische Pluralform steht:
/Nußknacker/ + /0/ = Nußknacker.«

Das nennt man neudeutsch »verbal-tuning«. Alles klar? Wenn nicht, dann lassen Sie sich erklären, was gemeint war:

Es gibt im Deutschen Hauptwörter, die in der Mehrzahl dieselbe Form wie in der Einzahl haben.

1.2   Fremdworte – ja oder nein?

In diesem Zusammenhang soll auch etwas über die Verwendung von Fremdworten gesagt werden. Für viele Menschen ist das Thema »Fremdworte« ein Reizthema – und das keinesfalls grundlos. Durch die modernen Kommunikationsmittel (Kommunikation ist bereits ein Fremdwort …) erleben wir eine Inflation (Inflation ist ebenfalls ein Fremdwort) von Fremdworten. Auf die meisten könnten wir getrost verzichten, wenn … es da nicht eine Profilierungssucht gäbe (Profilierung ist ebenfalls ein Fremdwort). Grundsätzlich ist gegen den Gebrauch von *sinnvollen* Fremdworten nichts einzuwenden. Allerdings sollten Sie vollkommen sicher sein, daß Sie sie auch richtig verwendet haben. Peinlich, wenn Sie sagen: »Ich will mich darüber nicht alternieren« – und meinen: ärgern, aufregen (das heißt nämlich »alterieren«). Wenn Sie über die Sterblichkeit reden, sollten Sie – wenn überhaupt – nur das Fremdwort »Mortalität« verwenden. Peinlich, wenn Sie von »Mortadella« reden. Und wenn Sie etwas über eine Person in den Annalen (Jahrbücher) gelesen haben, so ist diese noch längst keine »A(n)nal-Person«.

Aber auch der »richtige Einsatz« von Fremdworten schützt nicht unbedingt vor Heiterkeitserfolgen. Wenn Sie z. B. die Worte »angenommener Mißklang« mit Fremdworten verklausulieren, dann heißt es »fiktive Kakophonie« – und so wird daraus ein tatsächlicher Mißklang. Das können Sie allerdings auch umkehren und gezielt einsetzen, wenn Sie z. B. sagen: »Für Ihre juristische Kakophonie bin ich nicht verantwortlich.«

In einer Rundfunksendung gab ein Hörer ein sehr originelles und anschauliches Beispiel über eine allerdings falsche Gläubigkeit vieler Mitmenschen gegenüber Fremdworten. Er »bastelte« sich ein neues Fremdwort, welches es gar nicht gibt: »**reponsulieren«,** und erzählte, auf welche wunderbare Weise dieses Wort zu allen Gelegenheiten verwendet werden kann, ohne daß die Mitmenschen nach dem Sinn fragen.

So bestellte er in einem Lokal seinen Nachtisch wie folgt: »Würden Sie mir noch einen Pudding reponsulieren?« – Der Ober nickte und brachte wenig später den Pudding, ohne eine Miene zu verziehen. Auf einem Postamt sagte er zu dem Schalterbeamten: »Würden Sie bitte diesen Brief nach Stuttgart reponsulieren?« Auf den Einwand eines in der Warteschlange stehenden, anderen Postkunden, er möge doch deutsch mit dem Beamten sprechen, dieser sei schließlich kein Akademiker, antwortete der Schalterbeamte, der dieses hörte, empört: »Hören Sie mal! Ich habe jeden Tag Hunderte von Briefen nach Stuttgart zu reponsulieren. Ich brauche Ihre Belehrung nicht! Ich weiß, was reponsulieren ist!«

Sicher kennen Sie, verehrte Leser, eine Reihe von Mitmenschen, die stets dadurch brillieren wollen, daß sie »mit Fremdworten um sich werfen«. Das kann mehrere Gründe haben. Ein zulässiger Grund wäre, daß man ganz einfach Spaß am Gebrauch von Fremdworten hat und diese auch erklärt. Darüber hinaus gibt es viele Disziplinen, die ohne Fremdworte nicht auskommen können, z. B. die Medizin, die Physik, einige Geisteswissenschaften usw. Diese Gruppe meinen wir nicht. Wir sprechen von denen, die sich durch die Anhäufung von Fremdworten »billig profilieren« und Eindruck schinden wollen. Einige dieser Zeitgenossen wollen den »Experten herauskehren« – und vergessen, daß auch ohne psychologisches Studium viele Mitmenschen in der Lage sind, dieses durchsichtige Manöver klar als das zu erkennen, was es im Grunde ist: die Vernebelung eines »mangelnden Experten-Seins«.

Doch wer im Verkauf mit Kunden zu tun hat, auf die wir letztlich angewiesen sind, ist nicht immer in der glücklichen Lage wie der Autor dieses Buches, der den Vortrag eines fremdwortbegeisterten Referenten im Rahmen einer großen Veranstaltung dadurch sprengte, daß er nach jedem Fremdwort den Finger hob und den Referenten bat, das zuletzt gesagte Fremdwort zu erklären.

Prinzipiell sprechen wir uns für folgende Regeln aus:

1. Gegen den sparsamen, aber gezielten Einsatz »richtiger« Fremdworte zur »rechten Zeit« ist nichts einzuwenden.
2. Veranstalten Sie keine »Hatz« auf Fremdworte. Wenn Sie ein Wort nicht verstehen, schreiben Sie sich es auf und schauen Sie im Fremdwörterbuch nach. Sie lernen dadurch die Bedeutung von Fremdworten und erweitern Ihren Wortschatz.
3. Wenn Sie Fremdworte nicht verstehen, bringen Sie den Mut auf, Ihren Gesprächspartner nach der Bedeutung zu fragen. Oft erleben Sie dabei die Überraschung, daß der Gesprächspartner die genaue Bedeutung selbst nicht kennt.
4. Wenn Sie sich gegen den Einsatz von Fremdworten generell mit dem Hinweis auf die sehr guten Ausdrucksmöglichkeiten in der deutschen Sprache wenden (welches ohne Zweifel zutrifft), dann sollten Sie allerdings auch die deutsche Sprache beherrschen – sonst wird der Verdacht auftreten, daß Sie nur reglementieren oder schulmeistern wollen.
5. Schaffen Sie sich einen eigenen Wortschatz »Fremdworte« an, den Sie auch beherrschen. Darunter können auch einige

»schwierige« Worte sein, die nicht jeder versteht. Sehr häufig kann man damit die »Fremdwort-Akrobaten« verblüffen und zum allgemeinen, stillschweigenden Verzicht auf Fremdworte beitragen.

Wer Sprachen gelernt hat, z. B. Latein, Griechisch, Französisch oder Englisch, kann zumeist sehr schnell die Bedeutung von Fremdworten erfassen, weil er die Herkunft der Worte kennt. Doch nicht jeder Verkäufer spricht mehrere Sprachen. Wer die 5. Regel beherzigen und konkret anwenden will, aber nicht über einen ausreichenden eigenen Fremdwort-Schatz verfügt, kann einen – allerdings **sehr problematischen** – »Rückwärts-Weg« anwenden. Der Weg ist deswegen problematisch, weil er im krassen Widerspruch zu den Auffassungen steht, die wir zuvor geäußert haben. Dieser Weg soll aber dennoch dargestellt werden, um gemäß Regel 5 ein Abwehrsystem gegen die »Fremdwort-Akrobaten« zu schaffen. Versuchen Sie diesen Weg einmal, aber wenden Sie die Ergebnisse äußerst sparsam an.

Sie benötigen zu diesem »Abwehrsystem« die Wörterbücher

DEUTSCH-LATEIN	LATEIN-DEUTSCH
DEUTSCH-FRANZÖSISCH	FRANZÖSISCH-DEUTSCH
DEUTSCH-ENGLISCH	ENGLISCH-DEUTSCH

sowie ein deutsches Fremdwörterbuch, z. B. den Duden Band 5 und evtl. den Band 8 (sinn- und sachverwandte Wörter).

Haben Sie nun ein deutsches Wort, welches Sie »verfremden« wollen, so schauen Sie in einem Wörterbuch einer anderen Sprache nach. Dort finden Sie ein entsprechendes »fremdes Wort« dieser Sprache. Dieses überprüfen Sie im deutschen Fremdwörterbuch, ob es auch tatsächlich das deutsche Wort bezeichnet.

Beispiele:	Erweiterung
franz. Wort	= amplification
Fremdwörterbuch	= Amplifikation

	jugendlich
lat. Wort	= juvenilis
Fremdwörterbuch	= juvenil

Verläßlichkeit
_____

engl. Wort   = reliable (verläßlich)
Fremdwörterbuch   = Reliabilität

Nach Auffassung des Autors ist es aber wesentlich »geistvoller«, Fremdworte aufzugreifen, die deutsche Bezeichnung dafür zu suchen und jedes Fremdwort gleich ins Deutsche zu übersetzen. Nochmals: Es ist prinzipiell keine Schande, Fremdworte zu verwenden. Aber es ist schandbar, wenn der Zweck die Mittel heiligen soll – und der Zweck ist meistens sehr durchsichtig: Vertuschung des Nichtkönnens durch sprachliches Imponiergehabe. Jeder Verkäufer sollte daher auch in der Verwendung der Sprache Ehrlichkeit zu sich selbst bewahren.

Wenn Sie die Schule und somit den Deutschunterricht verlassen haben, werden Sie im Laufe der darauf folgenden Jahre sich selbst eine eigene Sprache und Rhetorik angeeignet haben. Es kann also niemals darum gehen, eine neue, Ihnen nicht eigene Rhetorik, gespickt mit Fremdworten, anzudressieren. Es kann nur darum gehen – und das ist wichtig genug –, mit dem gesprochenen Wort besser umzugehen, die Aufmerksamkeit Ihrer Gesprächspartner zu erzielen, zu erkennen, was wirklich »falsch« in Gesprächen ist, und … Sprachmarotten abzustellen. Nicht mehr – aber auch nicht weniger.

1.3 Der Ton macht die Musik

Daß der »Ton die Musik macht«, ist jedem bekannt, und der Volksmund sagt: »Wie man in den Wald hineinruft, so schallt es zurück.« Wer in einer hitzigen Diskussion immer lauter wird, muß sich nicht wundern, wenn die anderen es auch tun. Doch wer leise, langweilig und stimmlich monoton ein Argument vorbringt, der darf sich auch nicht wundern, daß seine Worte keine Resonanz im Zuhörerkreis finden.

Ein älterer Bundestagsabgeordneter meinte dazu im Fernsehen: »Die begnadeten Volksredner sterben aus.« In der Tat, wer sich noch an Bundestagsreden der 50er, 60er und (zum Teil) 70er Jahre erinnert, weiß, was dieser Abgeordnete meint. Es waren packende

Redeschlachten, die politisch polarisierten, fesselten und über-
zeugten. Es gab wahre Sternstunden der Rhetorik und Dialektik
im Deutschen Bundestag. Im Gegensatz dazu erleben wir heute
bestenfalls »rhetorische Technokraten«. Nach den Gründen befragt, antwortete der Bundestagsabgeordnete: »Es geht heute
nicht mehr um politische Grundsatzentscheidungen wie damals,
die polarisierten, sondern um nüchterne und pragmatische Lösungen für aktuelle, gesellschaftliche Probleme unserer Tage. Dazu
benötigen wir keine großen Worte.«

Dem mag zustimmen, wer will. Es bleibt die Frage, ob die Themen
unserer Zeit wie Europapolitik, Abrüstung, Umweltschutz, Kern-
energie und die sozialen Fragen eine geringere Bedeutung haben
als die Themen vergangener Jahre. Fest steht, daß sich Staats- und
Politikverdrossenheit sowie Mißtrauen insbesondere bei der Jugend schon seit Jahren bedenklich ausbreiten. Es fehlt an Über-
zeugungen – und vor allem an überzeugenden Politikern. Die
Gründe dafür sind ohne Zweifel sehr vielfältig und haben unterschiedliche Ursachen. Es muß nachdenklich stimmen, daß nur
einige der heute bekanntesten Politiker oft auch gute Redner sind
– wenn auch nicht »begnadete«.

Sollte es doch etwa einen Zusammenhang zwischen guter Rhetorik und Erfolg geben, Herr Bundestagsabgeordneter, der unabhängig von den Zeitthemen ist?

Gute Volksredner sind gute Verkäufer – meist einer politischen
»Ware« –, gute Verkäufer aber müssen nicht gute Volksredner sein.
Im Gegenteil, eine überzogene Rhetorik wirkt bei den Kunden
meistens unglaubwürdig, oft auch lächerlich. Und doch haben
Volksredner und Verkäufer etwas gemeinsam: Sie »leben« von Behauptungen, selten von Beweisen. »Das ist die einzige politische
Alternative für die Zukunft unserer Bürger« (Politiker). »Mit diesem Artikel werden Sie in Zukunft den Umsatz um 30 % steigern«
(Verkäufer). Die Wähler wissen, daß sich die Behauptung des Poli-
tikers erst nach der Wahl – frühestens zur Hälfte, spätestens nach
Ende der Legislaturperiode – beweisen wird. Der Käufer weiß,
daß sich die Behauptung des Verkäufers frühestens nach dem ersten Halbjahr, spätestens nach Beendigung des Geschäftsjahres
beweisen wird.

Der eine muß seine Wähler, der andere seine Kunden »überzeugen«. In der Phase des »Verkaufens« gibt es also einen Zusammenhang zwischen guter Rhetorik und Erfolg, denn nichts »verkauft sich heute von selbst«, weder eine politische Gesinnung noch ein Produkt – auch wenn beide gut sind. Und im »Verkaufen« von Politik oder Produkten gibt es eine eherne Regel:

Nichts ist erfolgreicher als der Erfolg.

Damit ist auch zugleich gesagt, daß es beim Verkaufen nicht nur auf das WAS, sondern vor allem auf das WIE ankommt. Das WAS (Produkt) ist Ihnen vorgegeben und zumeist unabänderlich, nicht jedoch das WIE, denn das bestimmen Sie selbst. Ein entscheidendes Element hierbei ist die *Sprechtechnik* – unabhängig von anderen wichtigen Faktoren, wie z. B. Ihren Argumenten.

Zur Sprechtechnik können folgende Hauptpunkte zusammengefaßt werden:

- Stimmdruck und Akustik ... laut/leise/wenig/viel Stimmvolumen,
- Sprachmelodie und Rhythmus ... langweilig/monoton/abgehackt,
- Sprechtempo und Bewegung ... schnell/langsam/Höhen/Tiefen.

Für einen guten Redner gibt es zu diesen sprechtechnischen Ausdrucksmitteln kein »Entweder-Oder«, sondern stets nur den gezielten Einsatz aller Ausdruckselemente in geeigneter Kombination. Damit ist folgendes gesagt:

Eine »Grundregel« für den Einsatz der nur positiv erscheinenden Elemente, wie z. B. »nicht zu leise, nicht zu monoton, nicht zu schnell, nicht zu hoch« etc., gibt es nicht – und wenn es sie gäbe, wäre sie falsch. Die Kunst des »guten Redens«, mithin also der Einsatz dieser sprechtechnischen Ausdrucksmittel, liegt darin, daß im Rahmen einer Rede, einer Diskussion, eines Gespräches das gesamte Register der Ausdrucksmittel gezogen wird. So ist die Variation des Stimmdruckes und der Akustik ebenso sinnvoll wie der unterschiedliche Einsatz des Sprechtempos und der Bewegung. Selbst in der Sprachmelodie und im Rhythmus sind Variationen erlaubt. So ... kann ... das ... abgehackte ... Sprechen ... kurzfristig ... ebenso sinnvoll eingesetzt werden wie ein darauf folgendes, sehr schnelles Sprechen von Nebensätzen, und die Monotonie des Sprechens ist kurzfristig sogar effektiv, wenn danach eine entsprechend zugehörige Aussage mit hohem Stimmdruck und Volumen folgt. Allen Ausdrucksmitteln ist jedoch eines gemeinsam: Sie wirken niemals als »Einzelgänger«, sondern stets nur in Verbindung mit weiteren, sinnvollen Rhetorik-Elementen, wie z. B. Mimik, Gestik, Kinesik, Gesprächstechniken, Zuhören, Fragen stellen etc.

Die Betonung der Worte ist ein weiteres wichtiges Element in der Rhetorik. So hat z. B. der Satz:

»Haben Sie gesehen, wie dieser Mann fortlief?«

sieben Worte.

Doch je nach dem, welches Wort Sie betonen, bekommt der Satz sieben verschiedene Bedeutungen. Stellen Sie sich vor, Sie hätten diesen Satz eidesstattlich unterschrieben. Als Zeuge vor Gericht fragt Sie der Richter nochmals nach der Richtigkeit Ihrer Aussage und betont deutlich das vierte Wort *(... wie ...)*. Sie aber unterschrieben das erste Wort *(... Haben ...)*.

Wat nu?

Nicht nur die Rechtskundigen wissen, daß falsche eidesstattliche Erklärungen sehr selten zur Heiterkeit eines Gerichts beitragen und meist üble Folgen haben. Doch kleiner Trost: Wenn der Staatsanwalt den Antrag auf Vereidigung des Zeugen stellt, können Sie siebenmal nachfragen lassen, ob Bedeutung 1, 2, 3 usw. der Aussage vereidigt werden soll ...!

Nochmals: Verkäufer sind keine Volksredner. Doch beide haben einige Gemeinsamkeiten: Sie müssen ihre »Ware« verkaufen, was immer es ist! Es ist vorstellbar, daß viele Verkäufer eine eher natürliche Abneigung gegen den Einsatz sprechtechnischer Ausdrucksmittel haben, die sie bislang nicht eingesetzt haben. Das wird insbesondere dann verständlich, wenn es um »andressierte« Techniken geht, denn die Befürchtung besteht, daß diese unnatürlich wirken. Andererseits sollten Verkäufer auch nicht die Chance ungenutzt lassen, die zweifellos hervorragenden Möglichkeiten dieser rhetorischen Elemente zumindest zu prüfen. Wir sind diesem Phänomen in unseren Seminaren immer wieder begegnet, insbesondere bei den Teilnehmern, bei denen der Markt den Einsatz rhetorischer Ausdrucksmittel nicht erwartet oder kennt, wie z. B. Handwerksmeistern oder kleineren Unternehmern, die am Verkauf ihrer Ware oftmals selbst entscheidend beteiligt waren. Doch nach den ersten Übungen ergab sich stets das gleiche Ergebnis: Die Teilnehmer zeigten Freude an der neuen rhetorisch-behutsamen, aber gekonnten Darstellung ihrer Leistungen und gewannen neuen Schwung für den Verkauf.

1.4 Gesprächstechniken

Zu diesem Punkt sei gesagt, was Gesprächstechniken nicht sind:
- andressierte Redewendungen
- tolle oder dolle Sprüche
- gestelzter High-Tech-Quatsch
- unnatürliche Wort- und Satzwahl
- Fremdwort-Verklausulierungen
- Schwatzhaftigkeit usw.

Gesprächstechniken erfordern verbale Disziplin und aktives Zuhören. Im Endeffekt geht es nämlich darum, daß Sie sich selbst »zwingen«, sich mehr für die Kundenargumente und -antworten als für ihre eigenen zu interessieren – und das ist, Hand aufs Herz, bekanntlich nicht immer ganz einfach.

Was soll nun mit Gesprächstechniken erreicht werden? Hierzu einige Punkte:
- Vertrauen des Kunden erreichen.
- Zeit gewinnen (z. B. zum Nachdenken).
- Professionelle Antworten geben (keine »Einsilbigkeit«).
- Sicherheit in der Gesprächsführung erlangen (Hemmschwellen abbauen, Berührungsängste vermeiden etc.).
- Aktuellen und latenten Bedarf erkennen.
- Fairer und unfairer Dialektik sicher begegnen können.
- »Heiße Kampfgespräche« ent-emotionalisieren.
- Positives Image vom Unternehmen und von sich selbst als Repräsentant darstellen.

Die »Techniken« sind übrigens sehr einfach. Man muß allerdings auch eine gehörige Portion Selbstdisziplin aufbringen, um sie erfolgreich anzuwenden – das macht die eigentliche Schwierigkeit aus. Wir möchten Ihnen hier *vier wichtige Techniken* vorstellen.

1.4.1 Überraschende-Pausen-Technik
Die erste Technik hat mehr Feinde als Freunde, darum ist sie auch so beliebt … z. B. bei Politikern. Die Wirkung dieser Technik ken-

nen Sie bestimmt. In Fernsehdiskussionen fällt auf, daß einige Politiker so flüssig und zusammenhängend reden, daß eine Unterbrechung solcher Dauerredner meistens sehr unhöflich wirkt – und wenn es dann doch geschieht, beschweren sie sich auch noch prompt beim Diskussionsleiter. Solche Verhaltensweisen sind nur zwei Tasten auf dem rhetorisch-dialektischen Klavier ...! Diese Redner haben drei Eigenschaften bzw. Techniken:

1. Sie kennen ihr Thema (oder glauben es zu kennen ...).
2. Sie können sprechen und denken (»Sprech-Denken«).
3. Sie »arbeiten« mit der »Überraschende-Pausen-Technik«.

Gehen wir nun einmal davon aus, daß auch SIE Ihr Thema kennen (z. B. die technischen Eigenschaften und Vorzüge eines Produkts), so bleibt zunächst das **Sprech-Denken** als eine Technik, während des Sprechens das Folgende zu bedenken und »innerlich vorzuformulieren«. Das ist gar nicht so schwierig, wenn man das ein paarmal geübt hat. Es setzt aber voraus, daß Sie etwas langsamer als gewohnt sprechen, dafür jedoch mit Betonung, Akzentuierung und dem Einsatz von Mimik und Gestik – also »Spannung« dadurch erzeugen, daß Sie eine modifizierte Sprechweise (siehe 1.3) gleich als rhetorisches Ausdrucksmittel einsetzen.

Das entscheidende Kriterium ist aber die **»Überraschende-Pausen-Technik«**. D. h.: um das Folgende, was Sie »innerlich vorformuliert« haben, auch sagen zu können (ohne unterbrochen zu werden), darf das Senken der Stimme, dürfen also die Sprechpausen nicht dort sein, wo sie üblicherweise sind (also z. B. nach einem Punkt zum Satzende, Komma etc.), sondern dort, wo sie »eigentlich nicht hingehören« – meistens nach dem ersten Wort des neuen Satzes oder Satzteils – und: die Sprechpausen selbst müssen »Spannung« erzeugen, müssen den Zuhörer geradezu »neugierig« auf das machen, was da noch kommt. Wir nennen dies die
»Überraschende-Pausen-Technik«.

Diese Technik ist überaus wirksam – sie muß allerdings geübt werden. Wer diese Technik beherrscht, der kann »reden« – ob er auch etwas »sagt«, steht auf einem anderen Blatt.

Zunächst das Beispiel eines Textes, in dem jeder Redner mehrmals unterbrochen werden kann, wenn die Sprechpausen (meist am Satzende, oft aber auch nach einem Komma) sich z. B. durch Senken der Stimme ankündigen. Der Text ist jeweils dort mit einem

Strich versehen, wo der Redner hätte unterbrochen werden können – mindestens sechsmal:

*Man sagt,/das Handwerk hat goldenen Boden,/ und dieser Aus-
spruch kommt nicht von ungefähr./ Man darf nicht vergessen,/ daß
es in vergangenen Jahrhunderten kaum eine industrielle Produktion
gab./ Darum entwickelte sich der Handwerkerstand als ein Berufszweig mit gesicherten Arbeits- und Zukunftsaussichten./ Es war ein
goldener Boden.*

Wird dieser Text jedoch mit Hilfe der »Überraschende-Pausen-
Technik« vorgetragen, so ist – bei entsprechender Betonung – eine
Unterbrechung kaum möglich.
Der Text könnte wie folgt gesprochen werden:
......   kurze Pause
____   betontes Wort und Stimme heben
‿   keine Pause, sondern Worte verbinden:

*Man sagt, das Handwerk ... hat goldenen Boden, und ... dieser
Ausspruch kommt nicht von ungefähr. Man darf ... nicht vergessen, daß es ... in den vergangenen Jahrhunderten kaum ... eine industrielle Produktion gab. Darum ... entwickelte sich der Handwerkerstand ... als ein Berufszweig mit ... gesicherten ... Arbeits- und
Zukunftsaussichten. Es war ... ein goldener Boden.*

Nehmen Sie ruhig diesen Text zum mehrmaligen Üben, bevor Sie
andere Texte mit Hilfe der Überraschende-Pausen-Technik sprechen. Sie gewöhnen sich so besser an die Regeln einer Sprechweise, bei der Sie kaum noch unterbrochen werden können.
Prüfen Sie den Text nun noch einmal unter dem Aspekt »Sprech-
Denken«. Die vier gesprochenen Sätze bestehen aus 47 Worten.
Dennoch besteht der gesamte Text praktisch nur aus einem Argument, nämlich: Es gab früher keine industrielle Produktion, sondern nur das Handwerk, was deshalb »sicher« war.
Im »Sprech-Denken« baut man sich vorher ein »Wort-Gerüst«,
welches die Argumentationslinie darstellt. In unserem Fall wären
das z. B. die Worte:
1. ... goldener Boden,

2. ... keine industrielle Produktion,
3. ... gesicherte Zukunft.

Um diese Technik »Sprech-Denken« zu üben, beginnen Sie mit dem

1. Satz: *»Man sagt, das Handwerk ...«* usw. Während Sie diesen Satz sprechen, wissen Sie bereits, daß Sie im
2. Satz auf die ... *industrielle Produktion* ... hinweisen wollen. Beim Sprechen des zweiten Satzes wissen Sie bereits das Stichwort zum
3. Satz ... *gesicherte Zukunft* ... und formulieren diesen Satz. Der letzte Satz hat »reine Verstärkerfunktion«, es ist eine kurze Bekräftigung der Meinung, die Sie im Text zu Beginn geäußert haben, sozusagen der »rhetorische Beweis«.

Diese Technik erscheint Ihnen sicher zuerst etwas schwierig, vielleicht sogar auch fremd. Ist es nun doch so, daß Sie sich eine Sprechtechnik »andressieren« sollen? Zu dieser Frage kann man sicher unterschiedliche Antworten geben. Wir meinen, daß diese Technik kein »Andressieren« unnatürlicher Sprechweisen darstellt, sondern eine sprechtechnische Weiterentwicklung dessen ist, was Sie bereits als Verkäufer tun: **Ihre Argumente möglichst im Zusammenhang vorzutragen.**

Doch Vorsicht: Wer mit Hilfe dieser Technik IMMER redet, gilt sehr leicht bei seinen Zuhörern und Mitmenschen als »Schwätzer« – und die soll es bekanntlich nicht nur bei Politikern geben. Auch hier gilt die alte Bierregel: Alles mit Maß, macht doppelt Spaß (gilt nicht nur für Bayern). Vergessen wir nicht: Einige Verkäufer verkaufen nur deswegen so wenig, weil sie zuviel reden und nicht richtig zuhören können – vom richtigen Fragen ganz zu schweigen. Nicht das Reden darf uns beherrschen, sondern wir müssen die Redekunst beherrschen. Dazu ein Wort von Hugo von Hofmannsthal (österr. Dichter, 1874–1929): *»Für gewöhnlich stehen nicht die Worte in der Gewalt der Menschen, sondern die Menschen in der Gewalt der Worte!«*

Die »Überraschende-Pausen-Technik« soll und darf uns in Verkaufs- und Beratungsgesprächen lediglich helfen, einen Sachverhalt, eine Vorteilsbenennung und die Nutzenargumentation »im Zusammenhang« darzustellen, um sie nicht durch Gegenfragen oder Gegenargumente zerstören zu lassen. Das ist ein äußerst

30

wichtiger Sachverhalt, denn jeder ADM lernt z. B. in technischen Schulungen, welche Vorteile oder Eigenschaften ein Produkt hat. Er lernt meistens dabei nicht, WIE er diese Vorteile darstellen muß und wie wichtig es ist, diese Vorteile im Zusammenhang darzustellen.

In technischen Schulungen ist die Reihenfolge immer eindeutig und erscheint allen Teilnehmern (insbesondere dem Schulungsleiter) logisch. Der Markt und damit die Kunden reagieren allerdings nach anderen Gesetzmäßigkeiten und ... wie schade, daß nicht alle Kunden die technische Schulung, die doch »so logisch« ist, mitmachen können. Es genügt halt nicht, jemandem das Klavierspielen beizubringen, um dann zu erwarten, daß dieser fortan komponieren kann. So ist das eben mit dem Phänomen »Mensch«. Aber Chefs, die ob ihrer »Phänomene« schier verzweifeln, sei das Wort Konrad Adenauers über die Deutschen gesagt: »Wir müssen mit diesen Menschen auskommen, wir haben keine anderen!« Und so ganz erfolglos war der »alte Fuchs« mit den Menschen, die er »nur« hatte, offensichtlich nicht.

Fassen wir also nochmals zusammen: Das Arbeiten mittels der »Überraschende-Pausen-Technik« hat *kurz, präzise und nach einer bestimmten Regel* zu erfolgen.

1.4.2 Stufenregel

Mit dieser »Regel« ist die zweite Gesprächstechnik angesprochen, die wir Ihnen vorstellen möchten, wir nennen sie die

»Stufenregel«.

Was diese besagt, kennen Sie auch alle aus der täglichen Verkaufspraxis, wenn es darum geht, Eigenschaften oder Vorteile zu erklären: Zuerst fallen uns die besten und stärksten Argumente ein, auf die wir »programmiert« sind und die wir fast automatisch »runterrasseln«, dann fällt uns noch etwas ein und ... »Ach ja, das habe ich noch vergessen zu sagen ...!« Ob das als Argumentation schön oder nicht schön, richtig oder falsch ist, läßt sich wie folgt beurteilen: Es ist richtig schön falsch!

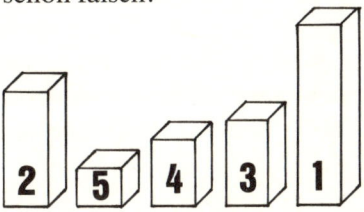

Bei der Gesprächstechnik »Stufenregel« geht es darum, daß Sie das zweitwichtigste Argument Ihrer Nutzenargumentation voranstellen, dann weniger wichtige Argumente darstellen und zum Schluß das wichtigste Argument bringen, also eine »Argumenten-Treppe« aufbauen.

Der Hintergrund ist wahrnehmungspsychologisch zu sehen: Das, was ein Mensch zuletzt hört, behält er am besten. Sie kennen das alle aus dem täglichen Leben. Es ist gleich, mit wem Sie sprechen und über was Sie sprechen. Ein Gespräch kann noch so freundlich begonnen haben und fortgeführt worden sein: was zum Schluß gesagt wurde (sei es angenehm oder unangenehm), wird ins Gedächtnis (oder in den Notizkalender) geschrieben.

Hierzu wieder ein Beispiel, welches Sie mit Ihren Freunden üben können. Sie können darauf wetten, daß folgender Satz von Ihren Zuhörern nicht wörtlich korrekt wiederholt werden kann, wenn sie ihn vorlesen – vorausgesetzt, Sie betonen bestimmte Worte:

DAS LICHT PFLANZT SICH *RASCHER* FORT ALS DER SCHALL;
DAHER NEHMEN WIR DEN BLITZ AUCH *SCHNELLER* WAHR ALS DEN DONNER.

Die zu betonenden Worte sind in diesem Satz kursiv und in Fettdruck markiert. Es sind »Schlüsselworte«, die als psychologische »Hör-Fallen« fungieren. Für die meisten Menschen stellt es schon eine erhebliche Schwierigkeit dar, einen Satz mit 20 Wörtern wörtlich zu wiederholen. Bei besonders deutlichem und lauten Betonen des Wortes *»SCHNELLER«* bleibt eben nur dieses Wort »ganz sicher« im Gedächtnis – und die meisten Zuhörer setzen dieses Wort dann auch an die Stelle des Wortes *»RASCHER«*.

Wir können zwei Erkenntnisse daraus ableiten. Die erste Erkenntnis bezieht sich darauf, nicht unbedingt vor Gericht beeiden zu wollen, was z. B. der Nachbar gestern beleidigend »wörtlich« zu Ihnen gesagt hat – also ein Stückchen neue Lebenserfahrung. Die zweite – und für uns wesentlich wichtigere – Erkenntnis, weil es ums Verkaufen geht, ist folgende: Das, was ein Mensch *zuletzt* hört, behält er am besten – darum faßt man die wichtigsten Punkte eines Gesprächs zum Schluß auch noch mal zusammen. Könnten wir speichern wie ein Computer, wäre das nicht erforderlich. Überlegen Sie sich doch nun einmal, wie Ihre Argumentation beim letzten Kunden nach der Stufenregel hätte aussehen müssen ...!

Besondere Wirkung erhält diese Stufenregel in Verbindung mit der Überraschende-Pausen-Technik – und damit wird deutlich, daß diese Techniken nichts mit »Schwätzen« zu tun haben ... dürfen.

Zur Verstärkung unserer Argumente dient auch das rhetorische Vergrößern oder Verkleinern. Soll ein Argument *besonders hoch* wirken, kann man die Attribute »fast«, »über«, »mehr als« usw. verwenden. Soll das Argument rhetorisch *verringert* werden, so kann man die Attribute »weniger«, »noch nicht einmal«, »unter« usw. verwenden. Es ist eben psychologisch ein Unterschied, ob Sie sagen: »Fast tausend Mark« oder »Noch nicht einmal tausend Mark«.

Doch nach jeder Argumentation kommt meistens eine Frage oder ein Einwand – der Schrecken vieler Verkäufer. »Wie schade«, würde hier der Profi sagen, »denn Fragen und Einwände sind doch der erkennbare Pfad zu einem erfolgreichen Abschluß«, wenn ... ja wenn ... der Verkäufer eine professionell richtige Antwort geben könnte! Doch leider beginnt meistens an diesem Punkt das »Verkaufs-Hickhack«, welches unweigerlich im Preisgespräch (... oder besser: Preisgefeilsche ...) endet. Wen wundert's? Die technischen Argumente sind »oben auf«, die Verkaufspsychologie »unten durch«.

1.4.3 Alternativ-Antwort

Hiermit ist die dritte Gesprächstechnik angesprochen, die zum Ziel hat, eine professionelle Antwort zu geben. Zunächst zur üblichen Praxis. Viele Verkäufer reagieren meist ängstlich und vorschnell auf Kundeneinwände und signalisieren dem Kunden damit, was dieser längst weiß: Der Verkäufer will verkaufen! Die Palette der unprofessionellen Antworten reicht vom direkten Widerspruch über das Unterbrechen des Kunden bis hin zum Streitgespräch – zumeist über technische Fragen. Das ist fatal, denn wertvolle »Punkte« für den Verkäufer gehen so verloren. Warum nicht eine professionelle Antwort geben, die wir hier
»Alternativ-Antwort«
nennen wollen?

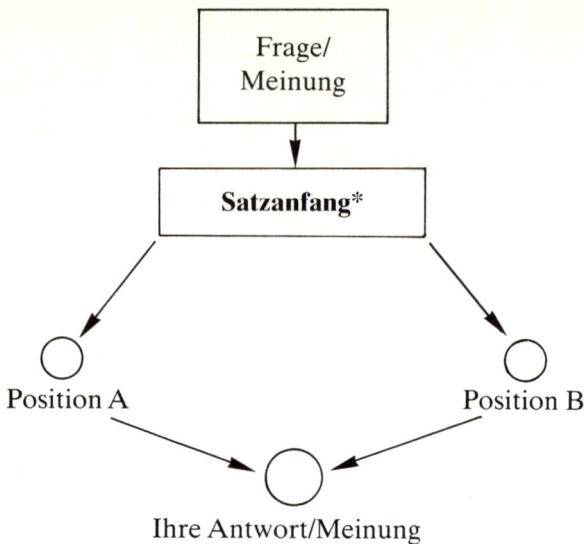

Bei dieser Antwortform geht es darum, daß Sie zu (bestimmten) Fragen *nicht direkt* antworten, sondern zunächst eine Alternative darstellen, um dann erst Ihre Meinung/Auffassung zum Problembereich zu sagen. Die Vorteile sind deutlich:

- Ihre Antwort wirkt überlegt.
- Sie schaffen Zeit zum Denken.
- Sie geben dem Kunden das Gefühl, daß Sie sich mit seinen Argumenten »beschäftigen« und alle Möglichkeiten (auch die des Wettbewerbes) zu seinem Vorteil durchsprechen.

Verwenden Sie dazu einige hilfreiche **Satzanfänge***), wie z. B.:

- »Das ist ein interessantes Thema, was Sie ...« oder
- Zu diesem Thema gibt es zwei (oder drei) Positionen ... oder auch:
- »Zu diesem Thema gibt es zuviel zu sagen, als daß dieses in Kurzform dargestellt werden ...«

Favorisieren Sie zunächst den zweiten Satzanfang (»Zu diesem Thema gibt es zwei Positionen ...«). Stellen Sie dann (kurz bitte!) diese Positionen dar und fassen Sie die Inhalte zu »Ihrer Meinung« zusammen. Sie vermeiden so u. a. den direkten Widerspruch, der

34

meistens die Positionen verhärtet, zum Gesprächsende oder zum
»Preisgefeilsche« führt.
Sollte Ihnen eine Frage nicht behagen oder sollten Sie nicht willens
und bereit sein, darauf zu antworten, können Sie natürlich auch
mit Gegenfragen arbeiten:
– Was veranlaßt Sie, diese Frage zu stellen?
– Warum möchten Sie das von mir wissen?
– Können Sie bitte Ihre Frage präzisieren?
Eine erste Variante der Alternativ-Antwort besteht darin, eine dargestellte Alternativposition (entweder A oder B) noch vor der eigenen Meinungsäußerung als »nicht zutreffend« oder »falsch« auszu-
schließen (kurze Begründung). Ihre eigene Meinung befindet sich
dann in Übereinstimmung mit der anderen, übriggebliebenen Position:

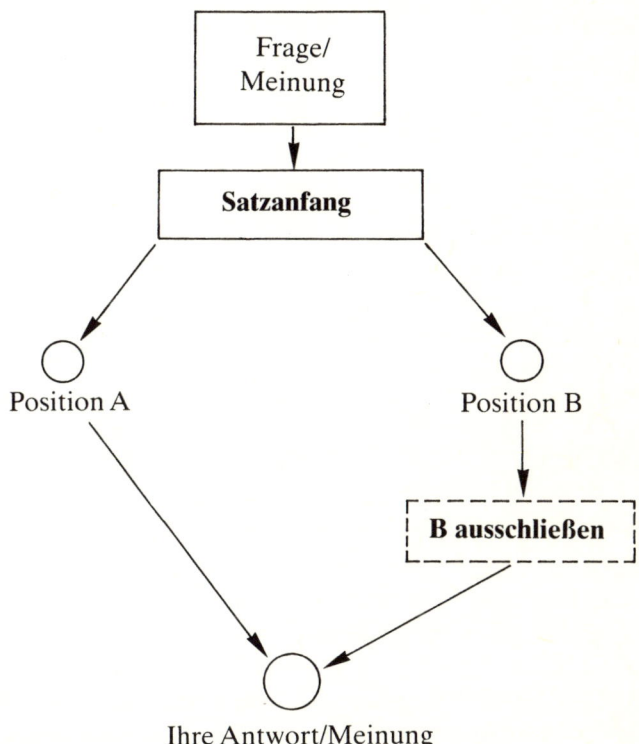

Eine zweite Variante der Alternativ-Antwort besteht darin, daß Sie beide alternativ dargestellten Positionen als »nicht zutreffend« oder »falsch« ausschließen – mit entsprechender, kurzer Begründung. Ihre eigene Meinung steht somit außerhalb der beiden Alternativpositionen, sozusagen als dritte Meinungsposition.

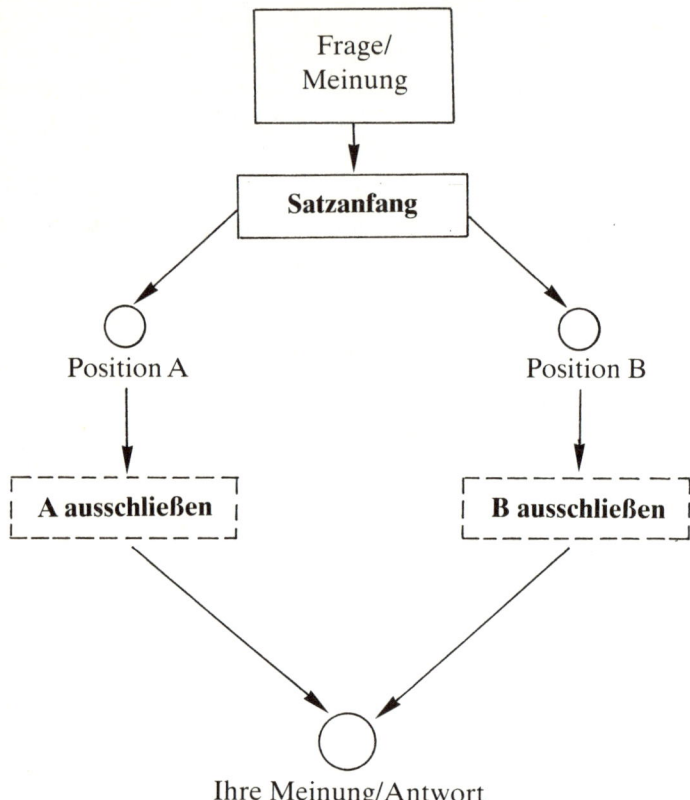

Das »Prinzip« ist also sehr einfach. Statt direkt zu antworten, stellen Sie zunächst eine (oder mehrere) Alternativpositionen dar. Je mehr Alternativpositionen Sie darstellen, um so mehr Variationen ergeben sich. Sie müssen jedoch darauf achten, daß Sie einerseits den Überblick nicht verlieren und andererseits nicht den Fehler machen, zu lange und zuviel zu reden. Eine banale Regel hierzu: Wer viel redet, bietet viel »Breitseite«.

Die wichtigste Regel also lautet (wie bei allen Gesprächstechniken):

Sparsam anwenden!

Dennoch kann es in jedem Verkaufsgespräch oder in einer Verhandlung zu härteren Auseinandersetzungen kommen. Auch das kennen wir alle: Ein Wort ergibt das andere, jemand hat uns falsch zitiert (oder umgekehrt), Kleinigkeiten sind auf einmal Streitgegenstand, alle beharren auf ihren Positionen und ... peng ... der Streit ist da ... und der Kunde für die Zukunft meist weg! Da muß es doch noch etwas anderes geben, als nur den Rechtsweg – und das gibt es auch! Es ist die wohl wichtigste Gesprächstechnik in Verkaufsgesprächen oder Verhandlungen: der kontrollierte Dialog.

1.4.4 Kontrollierter Dialog

Wir nennen diese vierte Gesprächstechnik den

»kontrollierten Dialog«.

Um es vorweg zu sagen: Der kontrollierte Dialog dürfte mit Abstand die einfachste, aber auch die am schwierigsten durchzuhaltende Gesprächstechnik sein – allerdings auch die erfolgreichste. In unseren Seminaren kommen die Teilnehmer ohne Übung meist nicht »über zwei Runden« – und dann geht's mit der gewohnten Kampfrhetorik weiter. Doch diejenigen, die nach Seminarabschluß mit dieser Gesprächstechnik in der Praxis »arbeiten«, haben außergewöhnlich erstaunliche Erfolge zu verbuchen.

Beim kontrollierten Dialog geht es darum, daß Sie das, was der Kunde sagt, zunächst mit Ihren eigenen Worten (möglichst inhaltlich genau) wiederholen, um dann anschließend »Ihr Argument draufzusatteln«. Das ist scheinbar eine primitive Technik – und doch: ohne Übung übersteht man kaum zwei Runden. Und noch eines: es ist wichtig zu wissen, WANN man in einem Gespräch diese Technik anwendet und wie oft. Wir empfehlen, diese Technik höchstens zwei- bis dreimal in einem Gespräch anzuwenden, und zwar in Gesprächssituationen, die kritisch sind oder eine positive Gesprächszuwendung erfordern.

Mit dem »kontrollierten Dialog« sollten Sie arbeiten, wenn Sie:

- Zeit gewinnen wollen (z. B. zum Nachdenken),
- das Vertrauen des Kunden erreichen wollen,
- wenn Sie dem Kunden signalisieren wollen, daß Sie ihn verstanden haben,

- ein »Kampfgespräch« ent-emotionalisieren, also den »Dampf rausnehmen« wollen.

Im Kapitel II »Dialektik«, wird diese Gesprächstechnik im Zusammenhang mit »fairen und unfairen Dialektikern« nochmals aufgegriffen, da sie hervorragend geeignet ist, dialektische »Winkelzüge« abzublocken.

Gehen Sie dazu wie folgt vor:

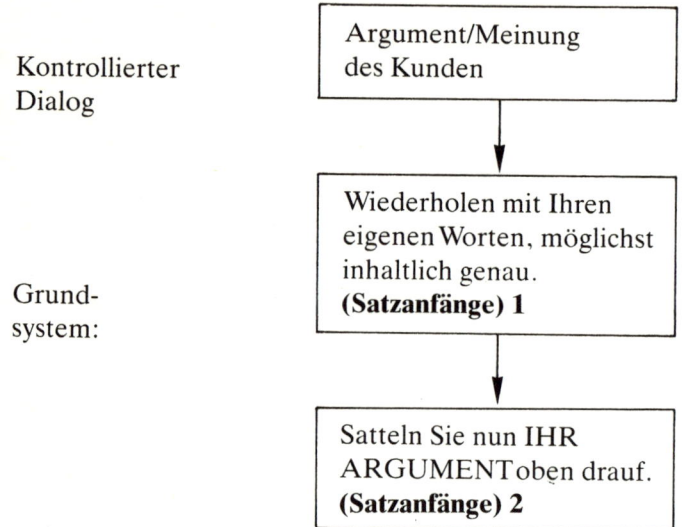

Kontrollierter Dialog

Argument/Meinung des Kunden

Grundsystem:

Wiederholen mit Ihren eigenen Worten, möglichst inhaltlich genau.
(Satzanfänge) 1

Satteln Sie nun IHR ARGUMENT oben drauf.
(Satzanfänge) 2

Satzanfänge: 1 »Wenn ich Sie recht verstanden habe ...« oder:
»Sie sind der Meinung, daß ...«
Satzanfänge: 2 »Dem darf ich entgegenhalten ...« oder:
»Meine Meinung dazu ist ...«

Dieses Grundprinzip des »kontrollierten Dialogs« läßt sich ebenfalls entsprechend einem Gesprächsverlauf variieren:

Die erste Variante besteht darin, daß Sie – statt Ihr Argument draufzusatteln – eine Frage stellen oder Ihr Argument in eine Frage kleiden (siehe hierzu auch Kapitel V: »Statement + Frage + Zuhören«):

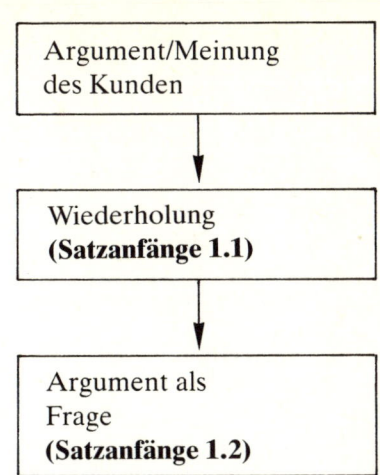

Variante 1:

Argument/Meinung
des Kunden

↓

Wiederholung
(Satzanfänge 1.1)

↓

Argument als
Frage
(Satzanfänge 1.2)

Satzanfänge: 1.1 »Wenn ich Sie recht verstanden habe …« oder:
»Sie sind der Meinung, daß …«
Satzanfänge: 1.2 »Darf man aus Ihrer Meinung schließen,
daß …« oder:
»Wäre nicht die Position XY geeigneter, den
Sachverhalt …« usw.
Eine zweite Variante besteht in einer Doppelfrage, indem Sie Wiederholung der Kundenmeinung und Ihr eigenes Argument als Frage stellen:

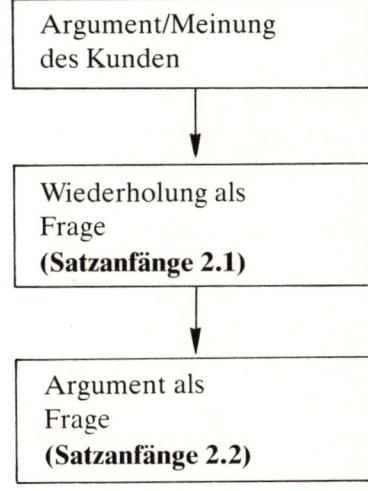

Variante 2:

Argument/Meinung
des Kunden

↓

Wiederholung als
Frage
(Satzanfänge 2.1)

↓

Argument als
Frage
(Satzanfänge 2.2)

39

Satzanfänge: 2.1 »Ist Ihre Meinung so zu verstehen, daß ...«
oder:
»Kann man mit anderen Worten sagen, daß ...«
Satzanfänge: 2.2 »Wäre nicht eine Lösung nach Alternative
XY ...« oder:
»Was spricht gegen eine Alternative nach ...«
usw.

Eine dritte Variante besteht darin, daß Sie das Kundenargument
als Frage wiederholen und Ihr eigenes Argument als Schlußfolgerung draufsatteln:

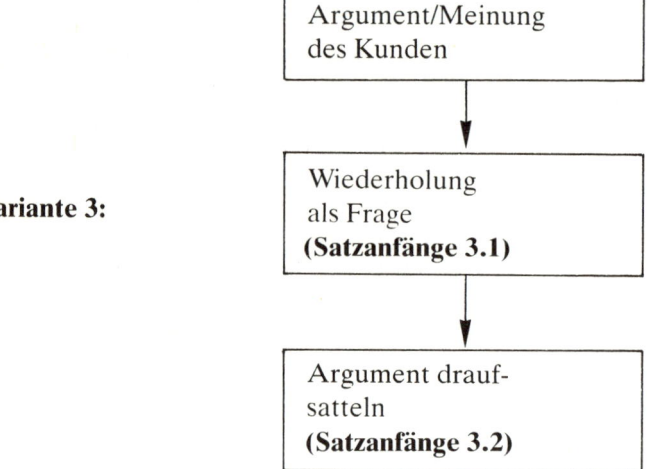

Variante 3:

Argument/Meinung
des Kunden

Wiederholung
als Frage
(Satzanfänge 3.1)

Argument drauf-
satteln
(Satzanfänge 3.2)

Satzanfänge: 3.1 »Ist Ihre Meinung so zu verstehen, daß ...« oder:
»Kann man mit anderen Worten sagen, daß ...«
Satzanfänge: 3.2 »Gerade darum ist doch unsere Alternative ...«
oder:
»Hierzu bietet sich gerade exzellent unser Produkt.«
usw.

Auch zu dieser Gesprächstechnik ist das Grundprinzip sehr einfach: Sie müssen (allerdings sehr gut) zuhören und die Meinung/
Auffassung Ihres Gesprächspartners möglichst genau wiederholen
– entweder als Statement oder als Frage. Entsprechend haben Sie
die Möglichkeit, das Grundprinzip des kontrollierten Dialoges zu
variieren. Doch auch hier gilt die schon genannte Regel:

Sparsam anwenden!
Insbesondere durch die Variationen können Sie im Verlauf eines Gesprächs den Eindruck vermeiden, Sie hätten **nicht** immer alles richtig verstanden (»Papageien-Effekt«).

Hinzu kommt, daß gerade sehr ***engagierte Verkäufer,*** die ein hohes fachliches Wissen und entsprechende Erfahrung haben, dazu ***neigen,*** eine direkte Antwort zu geben, oder genauer gesagt: ***sofort zu widersprechen.*** Besonders in Verhandlungen mit brisanten Themen »schaukeln« sich die Argumente emotional sehr schnell in Höhen, die zu oft zum Abbruch der Verhandlung führen. Das muß nicht sein.

Diese Gesprächstechnik hat zum Ziel, daß Sie ein Gespräch »entschärfen« oder/und dem Kunden das Gefühl geben, sich mit ihm und seinen Argumenten ernsthaft zu beschäftigen, also Kundenvertrauen erzeugen, ohne – und das ist sehr wichtig – Ihre eigene Position aufzugeben. Besonders hilfreich ist diese Technik jedoch in Gesprächen mit dialektisch geschulten Partnern, insbesondere bei unfairen Dialektikern.

1.5   Übungen zum Sprechen und zur Sprache

1.5.1   Abbau von Redehemmungen

Fleißig gelernt haben wir zur großen Prüfung. Die Geschwister, Eltern oder Freunde haben »abgehört«. Alles, was wir gelernt, haben wir gekonnt – auf den Tag X waren wir bestens vorbereitet. Er mochte kommen, dieser vermaledeite Tag, in drei Teufels Namen! Und er kam auch, so sicher wie das Amen in der Kirche. Da standen wir nun vor den »Herren« des Prüfungsausschusses: Schmetterlingzucken in der Magengegend, Blutandrang zum Gehirn (roter Kopf und rote Ohren), Schweiß auf der Stirn und an den Händen – scheinbar kein Gedanke mehr, alles wie »weggeblasen«. Alles aus? Verflixt, die besten Antworten fielen uns hinterher ein – als es zu spät war!

Was ging – was geht – da im Körper vor? Warum »funktioniert« es nicht, wenn man es »braucht«, warum immer erst hinterher – wenn überhaupt? Was bewirkt die Redehemmung, woher kommen

Sprechblockaden, was hindert uns daran, zu denken, und schlußendlich: was können wir tun, um Sprechblockaden zu verhindern
und Redehemmungen abzubauen? Dazu müssen wir uns zunächst
mit dem »Denken« beschäftigen. Wir wollen versuchen, diesen
hochkomplizierten Prozeß sehr stark vereinfacht darzustellen.
Denken ist ein chemischer Vorgang. Es ist ein Prozeß, bei dem bestimmte, aus der Außenwelt oder dem Organismus selbst stam-
mende Reize durch die Sinnesorgane in Erregung von Nervenzel-
len verwandelt werden, die dann als elektrische Impulse in den
sensorischen Bahnen weitergeleitet werden und schließlich zur Erregung bestimmter Ganglienzellen in der Hirnrinde führen. Am
Ende dieser Fasern befinden sich sogenannte Synapsen, wir können sie uns als Bläschen vorstellen. Diese Bläschen zerplatzen
beim Denkvorgang und lösen in den Gehirnzellen eine chemische
Reaktion aus. Angst aber blockiert diesen Vorgang. Angst ist eine
Art Streß. In der Streßsituation wird im Körper ein Hormon in
stärkerem Maße freigesetzt, das Adrenalin, das zwar Puls und

Kreislauf beschleunigt und unsere Muskeln mit mehr Blut versorgt, aber im Gehirn das Zerplatzen der Synapsen verhindert. Der normale Denkvorgang ist blockiert.

Was kann man also tun, um – trotz verstärktem Adrenalinausstoßes – die verflixten Synapsen zum Zerplatzen zu bewegen,
damit die »Streßmauer« durchbrochen wird,
damit wieder »gedacht« werden kann,
damit keine Redehemmungen entstehen?

Es gibt dazu im Prinzip vier zusammenhängende Methoden:

1. Auf Tief-Vollatmung umschalten: durch Zwerchfellatmung im Drei-Phasen-Rhythmus (Pause nach der Ausatmung) auf das Sonnengeflecht in der Magengegend einwirken.
2. Durch bewußt dynamischen Stimmeneinsatz Streßmauer durchbrechen (Dampf ablassen).
3. Zeit gewinnen durch den Einsatz von Gesprächstechniken, weil diese auch im Streß nicht versagen.
4. Üben, üben, üben!

Aber auch das kennen wir: Redehemmungen beschränken sich zumeist auf den Beginn eines Gesprächs. Ist der »Knoten erst einmal durchschlagen«, ist der Faden gefunden, bereiten uns weitere Antworten kaum noch Schwierigkeiten, insbesondere dann, wenn die erste Antwort gelungen ist. Doch wird man plötzlich und unvorbereitet zu einem Thema befragt und man fühlt die Verpflichtung zu antworten, entstehen Sprechblockaden, Redehemmungen.

Ein paar Beispiele. Sagen Sie bitte kurz etwas über:
– Ihren Beruf.
– Ihr Auto.
– Das Vermummungsverbot.
– Den Schwangerschaftsabbruch.
– Ihren Unternehmensstand in fünf Jahren.
– Die Todesstrafe.
– Deutsche Waffenlieferungen ins Ausland.
– Ihren Wettbewerb.
– Die Konsequenzen eines Dollarsturzes.

Sie haben sicher folgendes Phänomen schnell festgestellt:
Zu allen Themen haben Sie ganz sicher »eine eigene Meinung« – aber spontan danach befragt, fällt es schwer, eine »flüssige« Antwort zu geben. Bei den einfachsten Fragen »versagten« zu Beginn

unserer Seminare viele Teilnehmer. Trainerfrage: »Bitte sagen Sie
kurz etwas über Ihr Auto.« Teilnehmer-Antwort: »Ja, ... äh, mein
Auto, also gerade neu. Rote Farbe, vier Türen ... tja ... was soll ich
sonst noch sagen?" Häufigste Mimik und Gestik: Verziehen der
Mundwinkel und Streicheln des Kinns – deutlicher Ausdruck von
Verlegenheit.

Solche Antworten sind einsilbig und wirken – insbesondere mit der
Mimik und Gestik – unprofessionell, und das, obwohl mit Sicherheit jeder Autobesitzer mehr als nur ein paar gestammelte Sätze
über sein Auto sagen könnte. Um diese Blockaden und Hemmungen abzubauen, gibt es eine einfache Regel:

Beginnen Sie – wenn möglich – nicht mit dem Stichwort.

Antworten Sie – wenn Sie spontan gefragt werden (oder Zeit gewinnen wollen) – mit der Gesprächstechnik »Alternativ-Antwort«,
indem Sie mit den bereits vorgestellten Satzanfängen beginnen,
die Sie mit ein bißchen Übung genauso wenig vergessen wie Ihren
Hochzeitstag. (Oder haben Sie schon? Oder haben Sie noch
nicht?):

– »Das ist ein interessantes Thema, was Sie ...« usw.
– »Zu diesem Thema gibt es generell zwei Positionen ...« usw.

Stellen Sie nun die Ihnen bekannten zwei Positionen alternativ dar
und formulieren Sie daraus Ihre Meinung – oder Sie »besetzen«
die dritte Position. In jedem Fall: kurze (!) Begründung. Nochmals
also die wichtigste Regel: Beginnen Sie nicht mit dem (erfragten)
Stichwort! Antworten Sie nicht direkt. Ein Beispiel:

Frage: »Was halten Sie vom Schwangerschaftsabbruch?«
(falsch: »Tja, also vom Schwangerschaftsabbruch, äh ...«)
BESSER: »Das ist eine interessante Frage, zu dem es zwei Grund-
           positionen gibt. Die erste Position wird von einigen ge-
           sellschaftlichen Gruppen unter dem Motto ›Mein
           Bauch gehört mir‹ vertreten, und die andere Position
           ist u. a. die der christlichen Kirche, die auch ungebore-
           nes Leben schützen will. Meine Meinung ist ...«

Selbstverständlich merken Sie, daß die Alternativ-Antwort mehr
Worte als die direkte Antwort enthält. Darin liegt deutlich die Gefahr, daß Sie dann zum ungeliebten »Schwätzer« werden, wenn Sie
stets und ausschließlich mit dieser Gesprächstechnik antworten.

Insbesondere der Satzanfang sollte nicht zu umständlich und zu langatmig sein, denn das wirkt bei vielen Gesprächspartner schon »verdächtig«. Diese Gesprächstechnik sollte nur angewendet werden, um Sprechblockaden und Redehemmungen zu Gesprächsbeginn abzubauen und um Antworten die Einsilbigkeit zu nehmen, um also professionell zu antworten.

Natürlich müssen Sie auch damit rechnen, daß Ihnen nach Formulierung des Satzanfanges eine (bissige) Gegenfrage gestellt wird, z. B.:

Satzanfang: »Das ist eine interessante Frage ...«

Bemerkung: »Haben Sie auch eine interessante Antwort?«

Bleiben Sie cool, ruhig und antworten Sie schlagfertig:

»Ich bin überzeugt, Sie geben mir die Chance dazu!« oder:

»Wenn Sie mir die Chance lassen ...!« oder:

»Warten Sie es ab!«

Zum Abbau von Redehemmungen und Sprechblockaden sollten Sie sich unter Anwendung dieser Gesprächstechnik in »Heimarbeit« im Fernsehen bestimmte Sendungen ansehen, z. B. wirtschaftspolitische Sendungen, Nachrichten, Magazine etc. Schalten Sie das Gerät danach ab und stellen Sie sich selbst zur Sendung Fragen (oder lassen Sie die Fragen z. B. durch Ihre Frau stellen), also:

– Welche Meinung haben Sie zur Nachricht ABC?
– Welchen Inhalt hatte die gesamte Sendung?
– Welcher Beitrag hat Ihnen am besten gefallen?
– Warum und wie äußerte der Diskutant A die Meinung XYZ?
– Was hätten Sie Diskutant B geantwortet?
– Was würden Sie (z. B. als Minister) besser machen?
– Wie hätten Sie auf die Fragen des Journalisten reagiert?

Es kommt hierbei keinesfalls auf die Perfektion in der Anwendung von erworbenen Gesprächstechniken an, sondern nur darauf, daß Sie Spaß an »professionellen« Antworten gewinnen. Und doch werden Sie eines sehr deutlich erkennen:

Um gut antworten zu können, muß man noch besser zuhören können!

Unsere Empfehlung: Beginnen Sie mit den Übungen zum Abbau der Redehemmungen mit allgemeinen Themen, zu denen auch Ihre gegenwärtigen Gesprächspartner etwas sagen können (Tagespolitik, Sport, Kultur etc.). Der Grund dafür ist, daß Sie argumentativ »gefordert« werden und nicht auf »alleinwissenden Positionen« beharren können. Wechseln Sie die Themen erst danach zu Ihrem Berufsbereich, in denen Sie sich – möglicherweise – argumentativ stärker fühlen. Sie werden sehr schnell Ihre Freude an dieser Form des Antwortens entdecken – aber ein kleiner Wermutstropfen gehört auch dazu: Hätten Sie das damals bei der großen Prüfung schon alles gekonnt …!

1.5.2 Betonung und Sprechtempo

Sie benötigen zu dieser Übung einen Text von etwa einer halben Seite – vorzugsweise eine Beschreibung des Produktes oder der Leistung, die Sie verkaufen. Des weiteren benötigen Sie einen Kassettenrecorder, Tonband, um Ihre Stimme aufzunehmen. Führen Sie diese Übung wie folgt durch:

1. Sprechen Sie den Text – wie Sie ihn »normal« sprechen würden – auf den Tonträger.
2. Markieren Sie im Text nun mit einem »Textliner« (Markierungsfilz) Worte oder Sätze, die Sie schneller/langsamer/lauter/leiser sprechen wollen (Betonung).
3. Sprechen Sie nun den markierten Text auf den Tonträger und hören Sie beide Versionen ab.

Sie werden – wie alle – zwei Feststellungen machen. Zum einen kommt Ihnen Ihre eigene Stimme sehr merkwürdig vor. Das liegt daran, daß beim Sprechen die Knochen Ihres Kopfes mitschwingen. Das hören SIE, aber der Tonträger nimmt das nicht auf. Sie können das leicht überprüfen, indem Sie mit beiden Händen Ihre Ohren umgreifen – so, als hätten Sie jemanden nicht verstanden – und dann ein paar Sätze sagen. Sie klingen dann ähnlich wie Ihre Stimme auf dem Tonträger.

Die zweite Feststellung wird die sein, daß Sie den markierten Text als unnatürlich, unmöglich, schrecklich, albern oder indiskutabel empfinden. Das ist normal. Wenn Sie eine neue Sprache erlernen, klingen Ihre ersten Sätze vermutlich auch nicht besonders professionell – zumindest für den Fachmann. Hier hilft nur die »Dreisatz-Methode«: Üben, üben, üben …! Da Sie sich in der deutschen Sprache bewegen, müssen Sie keine neue Grammatik oder Vokabeln lernen. Es ist nicht wichtig, daß Sie auf Anhieb alles perfekt durchführen – wichtiger ist, daß Sie den Spaß an den Übungen

nicht verlieren, und ... es sind die *kleinen Verbesserungen in IHRER Rhetorik,* die den Weg zum Erfolg weisen ...
Das große Können ist schon vergeben – an die Volksredner ...!

1.5.3 Deutliches Sprechen

Der große Volksschauspieler Hans Moser hatte ein »Markenzei-chen«: Er »nuschelte«. Wer ihn in Filmen sah, freute sich darüber und lächelte. Aber können Sie sich einen Verkäufer vorstellen, der – statt über wichtige Details deutlich und verständlich zu »spre-chen« – oft nur unverständliche Worte »nuschelt«? Doch die Frage läßt sich auch anders stellen: »Wissen SIE, ob man Sie immer ver-steht?«

Nuschel, nuschel,   Häääh!?
murmel, murmel ...!

Führen Sie doch einmal in Ihrer Familie oder mit Kollegen die fol-gende Übung durch, indem Sie z. B. nur das dritte Wort so vorspre-chen, daß es ähnlich wie die anderen Worte klingt, und dann fra-gen, was gemeint ist:

– Strafverfahren	– Schieffliegend
– Straferfahren	– Schiefliegend
– *Strafferfahren*	– *Schiff liegend*
– Straff anfahren	– Ski fliegend

Sie werden überrascht sein, welche Diskussionen Ihr Vorsprechen und Ihre Frage auslösen. Der häufigste Vorwurf wird sein, daß Sie undeutlich gesprochen haben (sollen). Wenn das der Fall ist, so darf es Ihnen nicht wichtig sein, sich zu rechtfertigen, sondern nur, darüber nachzudenken, was SIE tun können, damit man Sie zukünftig besser versteht, oder anders ausgedrückt, welche Übungen Sie durchführen müssen, um deutliches Sprechen zu erlernen. Hierzu gibt es ein wirkungsvolles Training, welches Sie allerdings im stillen Kämmerlein durchführen sollten:

Übung A: Korkenübung

1. Stellen Sie ein Tonbandgerät oder Kassettenrecorder mit Mikro bereit.
2. Sprechen Sie einen kurzen Text »auf Band« (Fachtext, Nachricht, Zeitungsartikel etc.). Schalten Sie das Gerät ab (nicht löschen).

3. Sprechen Sie nun mit einem Korken zwischen Ihren Zähnen denselben Text nochmals (ohne Bandaufnahme).
4. Schalten Sie nun das Gerät wieder ein und sprechen Sie diesen Text wieder auf das Band.
5. Spulen Sie BEIDE Aufnahmen zurück und hören Sie die Unterschiede heraus. Ihre Erkenntnis wird sein: Die zweite Textaufnahme ist um Klassen besser und deutlicher als die erste Aufnahme.
6. Üben Sie diese Vorgehensweise mehrmals – auch ohne Tonband. Wenn Sie z. B. eine längere Autofahrt machen. Üben Sie zunächst mit dem Korken und dann ohne Korken das deutliche Sprechen (z. B. längere Zahlenreihen). Sie werden überrascht sein, wie schnell sich ein positiver Gewöhnungseffekt einstellt. Sehr bald »erwischen« Sie sich selbst beim undeutlichen, nachlässigen Sprechen – und werden es korrigieren!

Übung B: Einfache Texte lesen

1. Lesen Sie einen einfachen Text (Zeitungsmeldung) laut und so, wie Sie es gewohnt sind.
2. Lesen Sie danach diesen Text mit Betonung und steigern Sie nun ständig das Sprechtempo, ohne aber Worte zu »verschlukken«.

3. Lesen Sie nun nochmals den Text langsam und deutlich – betonen Sie besonders die Wortendungen. Sie werden feststellen, daß Ihre Aussprache deutlicher geworden ist und – daß Sie gezwungen werden, schwierige Worte langsamer zu sprechen. Einfache, bekannte Worte dagegen werden schnell gesprochen. Sie erlernen somit eine bessere Sprechdynamik.

Übung C: Schwierige Texte lesen

1. Lesen Sie laut einen schwierigen Text (z. B. fachspezifische
   Texte, Gedichte, wissenschaftliche Texte usw.), und markieren
   Sie mit einem »Textliner« (Markierungsfilz) die Worte, bei
   denen Sie »stolpern«.

2. Lesen Sie nun zuerst langsam den Text mit den markierten Worten und steigern Sie in der Wiederholung dann das Sprechtempo.
3. Lesen Sie nun den gesamten Text noch einmal und achten Sie
   darauf, daß die markierten Worte langsamer zu lesen sind als
   die übrigen Worte.

Sie werden lernen, daß Sie zukünftig – eher unbewußt – deswegen
nicht mehr so häufig über schwierige Worte »stolpern«, weil Sie nahezu »automatisch« die »Wort-Hürden« langsamer nehmen. Insgesamt stellt sich somit eine wesentlich bessere Sprechdynamik ein.

1.5.4 Verbesserung der Sprache

»Kaufen Sie sich
doch ein Deutsch-
Buch; hat mir
auch gehelft …!!«

Sicherlich ist es ein hehrer Anspruch, durch eine einfache Übung
die Sprache verbessern zu wollen. Dazu sagte uns mal ein Seminarteilnehmer in einem Rhetorik-Kurs: »Was Hänschen nicht lernte,
lernt Hans nimmermehr.«
Wir antworteten: »Das ist zwar nicht genau richtig, aber auch nicht
exakt falsch.«Wenn wir von Verbesserung der Sprache reden, dann
meinen wir, daß das in erster Linie mit einer sprachlichen Selbstdisziplin für Verkäufer zu tun hat. Um sich sprachlich selbst zu »diszi-
plinieren«, möchten wir Ihnen einige Übungen vorstellen, die alle
am besten mit einem Tonbandgerät durchgeführt werden sollten:

Übung A: Nacherzählung

»Haben Sie schön gehört …?«
»Nein. Erzählen Sie …!«
»Aaah!! Das hab' ich doch gleich gesagt!!«

1. Lesen Sie laut einen einfachen, kurzen Text (Sportnachricht, Klatschmeldung etc.).
2. Schalten Sie das Tonbandgerät ein und wiederholen Sie den Inhalt aus dem Gedächtnis.
3. Hören Sie sich nun diesen gesprochenen Text an und vergleichen Sie diesen mit dem Originaltext.
4. Markieren Sie nun im Text sogenannte »Schlüsselworte« (ca. drei oder vier), und schreiben Sie diese auf ein Blatt Papier.
5. Wiederholen Sie aus dem Gedächtnis nochmals den Text unter Zuhilfenahme der Schlüsselworte (auf das Tonband).
6. Vergleichen Sie nun beide auf das Band gesprochenen Texte und achten Sie auch darauf, ob Ihre Aussprache deutlich war.

Sie werden lernen, daß sogenannte »Schlüsselworte« für die Wiedergabe eines Textes/Inhalts von großer Bedeutung sind. Betrachten Sie diese Übung auch als Vorstufe zum »Sprech-Denken«.

Übung B: Ergänzung

1. Suchen Sie sich einen Artikel, z. B. aus einem Wirtschaftsmaga-
   zin, der eine Themenüberschrift hat. Der Artikel sollte mindestens 200 Worte umfassen.

2. Streichen Sie nun eine bestimmte Anzahl von Schlüsselworten
   mit einem Filzstift so durch, daß Sie diese Worte nicht mehr
   lesen können (wichtig: vorher den Artikel im Original kopie-
   ren).
3. Lesen Sie sodann diesen Artikel mit den fehlenden Worten und
   ergänzen Sie diese durch Ihre eigenen Worte, ohne daß der Inhalt entstellt wird (Tonband einschalten).
4. Hören Sie nun den Tonbandtext ab und vergleichen Sie diesen
   mit dem Originalartikel. Führen Sie diese Übung mehrmals
   durch und achten Sie stets auf die deutliche Aussprache.

Übung C: Gedächtnistraining

1. Betrachten Sie ca. zehn Sekunden lang ein Bild, z. B. ein Foto
   oder ein Zeitungsbild. Drehen Sie es dann um.
2. Schalten Sie das Tonbandgerät ein und beschreiben Sie von
   links oben nach rechts unten, was Sie gesehen und wahrgenommen haben.
3. Hören Sie nun das Band wieder ab und vergleichen Sie IHRE
   Wahrnehmung mit dem Originalbild.

53

Sie werden lernen, sich bei der Betrachtung von Gegenständen auf wesentliche Punkte zu konzentrieren, um diese im Gedächtnis zu behalten und sprechtechnisch und sprachlich exakt wiedergeben zu können.

Eine weitere Übung zum Gedächtnistraining besteht darin, daß die folgenden Worte von einer anderen Person langsam vorgelesen werden. Ihre Aufgabe besteht darin, möglichst viele Worte der Reihenfolge nach aus dem Gedächtnis zu wiederholen. Führen Sie diese Übung erst mit fünf, und dann mit jeweils zehn Worten durch:

- Idee
- Blitzableiter
- Stolperstein
- Ei
- Durchführungsverordnung
- Identität
- Ahne
- Eidotter

- Klabautermann
- Klamotten
- Klüngel
- Klappspaten
- Klingelbeutel
- Klotür
- Klingel
- Kaiserslautern

- Blitz
- i-Tüpfelchen
- Klopfzeichen
- Klagemauer

Übung D: Sprechdisziplin

»Stillgestanden!! Heutige Kampfausbildung: saubere Sprechdisziplin!!«

1. Suchen Sie sich ca. 50 Worte, die Gegenstände, Fakten, Sachverhalte, Ereignisse, Personen etc. in einem oder zwei Worten
   beschreiben. Diese Worte sollen (und müssen) bunt gemischt
   werden, so daß kein gedanklicher Zusammenhang besteht
   (siehe Beispiel).
2. Sprechen Sie diese Worte mit kurzem Abstand auf ein Tonband.
Ihre Aufgabe wird sein, zu jedem Stichwort Ihre gesamten Gedan-
kengänge in einem »Gegenstichwort« (keine Sätze oder Erklärungen!) zusammenzufassen. Trainieren Sie auch die Vermeidung
»einsilbiger« Antworten, wie z. B. »gut«, »blöd«, »schlecht« usw.
Beispiel:
Sie hören vom Band: »Rose«. Sie antworten: »Bedeutungsvolle
Blume«. Oder Sie hören: »VW«. Sie antworten z. B.: »Bewährtes
Auto«; usw.
Ihren »unterschwelligen Mogelzwang« (also schon zu wissen, was
man antwortet), können Sie dadurch umgehen, daß Sie entweder

55

mindestens 50 Begriffe und mehr speichern, oder sich diese Begriffe von einem Kollegen auf das Band sprechen lassen, oder noch besser: diese Übung mit einem Kollegen (bzw. in der Familie) durchführen. Bauen Sie da und dort eine kleine »Falle« ein, um eine Monotonie in den Antworten zu verhindern (z. B. Kaiser Wilhelm IV.). Sie werden lernen, daß es eine Sprechdisziplin gibt und es besser ist, einmal NICHT, als mit Sprachmarotten zu antworten (äh, au weia, super, Klasse, Spitze, toll, irre etc.). Sie lernen konzentriertes und diszipliniertes Sprechen.

Beispiele zu Stichworten:

Gewerkschaft * Renovierungsmarkt * Mercedes * Abrüstung * Todesstrafe * Papst * Aids * Polizei * Steuern * Waldsterben * Altersversorgung * Bundestag * Liebesnacht * Architekten * Azubis * Flachdächer * Abtreibung * APO * Wintersport * Apartheid * Jugendprotest * Zahlungsmoral der Kunden * Napoleon * Zigaretten * Parteien * Weltraumforschung * Büroklammer * Ärzte * Reichskanzlei * Jeans * Nelken * Chemie * Weihnachtsbaum * Goethe * Arbeitskämpfe * Kondome * Kaiser Wilhelm II. * König Wilhelm IV. * Kaiser Wilhelm IV. * König Wilhelm II. * Stachelschwein * Akkordarbeit * 17. Juni * Muttertag * Beckenbauer * Kaktus * Brüsseler EG * Steuerfahndung * Sozialarbeiter * Müllabfuhr * Spesenabrechnung * Prostitution * Tempo 100 * Computer * Zentralafrika * HSV * Volkszählung * Gastarbeiter * Familienleben * Wiedervereinigung * Beethoven * Stalingrad * Pontius Pilatus * Null-Lösung * Adam * Adam und Eva * Adam und Eva im Paradies * Karl der Große * Radiergummi * Organspende * der Alte Fritz * Wiener Walzer * elektrischer Stuhl * Sozialismus * Stierkampf * 30jähriger Krieg * Abendmahl * Rheinverschmutzung * Baubiologie * Kernkraftwerke * usw.

KAPITEL II

Dialektik

2.1 Nutzen und Gefahr der Dialektik

Alle vier Gesprächstechniken:
- Überraschende-Pausen-Technik
- Stufenregel,
- Alternativ-Antwort,
- kontrollierter Dialog,

sind Hilfsmittel in der Dialektik – gebrauchsfähig sowohl im Angriff als auch in der Verteidigung. Selbstverständlich gibt es noch eine Vielzahl anderer Techniken. Aus Gründen der Übersichtlichkeit haben wir uns jedoch nur auf einige, aber sehr effiziente Techniken beschränkt.

Mit diesen Techniken kann – richtig eingesetzt – eine Menge Sinnvolles veranstaltet werden, als Unterhändler z. B. in Abrüstungsverhandlungen kann man sich damit allerdings noch nicht exponieren, denn in solchen Verhandlungen werden Profis eingesetzt, die über das ganze Repertoire der Dialektik verfügen und in jeder Situation und zu jeder Frage jedes Register ziehen können. Darum scheitern auch meist diese Verhandlungen, weil beide Seiten diesbezüglich hochbegabte Könner ins Rennen schicken. Ein Durchbruch bei solchen Verhandlungen wird meistens nur dann erzielt, wenn ein Partner dem anderen vorschlägt, mit ihm »unverbindlich« über die Problematik unter vier Augen zu reden.

Vielleicht können Sie sich noch an den berühmt gewordenen »Waldspaziergang« des amerikanischen und des sowjetischen Unterhändlers vor einigen Jahren erinnern. Nach diesem Waldspaziergang wurde erstaunlicherweise ein erster Durchbruch in den Abrüstungsverhandlungen erzielt. Wir wissen zwar nicht, was die beiden Herren Unterhändler im Unterholz gesprochen haben, aber zu vermuten ist, daß beide sich darauf geeinigt haben, ohne Dialektik so zu reden, wie »du und ich«.

Damit steht uns, was den Sinn und Nutzen der Dialektik anbelangt, gleich ein Problem ins Haus: Sollen wir uns nun auf diese

Reise begeben oder nicht? Da das eine philosophische Frage ist, mag darauf auch der »Altmeister der Dialektik«, der alte Sünder und Besserwisser Arthur Schopenhauer (dt. Philosoph 1788−1860), antworten:

»Wenn die natürliche Schlechtigkeit des menschlichen Geschlechts nicht wäre, wären wir also von Grund auf ehrlich, würde jede Debatte darauf ausgehen, die Wahrheit zu Tage zu fördern, ganz unbekümmert, ob unsere Meinung oder die des andern recht und wahr wäre. Es ist leicht gesagt, man soll nur der Wahrheit nachgehen. Aber man darf nicht voraussetzen, daß der andere es tun werde: also darf man's auch nicht!«

Also: Bon voyage mit Arthurs Freifahrschein!

2.2 Was ist Dialektik?

Was ist nun *Dialektik?* Dazu folgende (wahre?) Geschichte:
Ein Student fragt seinen Professor: »Was ist Dialektik?« Der Professor antwortet: »Ich gebe Ihnen mal ein Beispiel. Zwei Unternehmer, ein armer und ein reicher, kommen zu einem Münchner Berater. Beide wollen eine Beratung. Wer wird sie bekommen?« »Der Arme«, sagt der Student. »Nein«, sagt der Professor, »der Reiche, denn er ist Erfolg gewohnt. Wer wird also die Beratung bekommen?« »Der Reiche«, antwortet der Student. »Nein«, sagt der Professor, »der Arme, denn der hat die Beratung nötig. Wer wird also die Beratung bekommen?« »Der Arme«, antwortet der Student. »Nein«, sagt der Professor, »beide werden die Beratung bekommen. Denn der eine ist den Erfolg gewohnt und der andere braucht den Erfolg. Wer wird also die Beratung bekommen?« »Warum fragen Sie nochmals, Herr Professor«, fragt der Student. »Weil keiner von beiden die Beratung bekommen wird, denn der Reiche braucht die Beratung nicht und der Arme ist sowieso bald pleite.« »Herr Professor«, sagt da verwirrt der Student, »Sie drehen es ja immer so, wie es Ihnen in den Kram paßt.« »Ja«, sagt der Professor, »das ist eben Dialektik. Da ist alles formal richtig, aber in der Sache stimmt es nicht …!«

Eine andere, sehr einfache Definition lautet:
Dialektik ist die Kunst zu überzeugen.
Hinter dieser kurzen Definition verbirgt sich ein faszinierendes Gebiet, welches als Spiel von Frage und Antwort zur Wahrheitsfindung über die mißbräuchliche Verwendung, um das Falsche wahr und das Wahre falsch erscheinen zu lassen, bis hin zur Bezichtigung der üblen Nachrede bei Dialektikern gegensätzlicher (meist politischer) Richtungen reicht.

Zu unterscheiden ist die _faire und die unfaire Dialektik._ Beide Arten können sowohl auf der Sach- als auch auf der Beziehungsebene (emotional) eingesetzt werden. Ein geschulter Dialektiker ist in allen Arten und Ebenen »zu Hause« – das macht ihn gefährlich und ... oft erfolgreich.

Nach einer einfachen Betrachtungsweise basiert die Dialektik auf drei zentralen Ansatzpunkten:

- _der Logik_ ... als eine reine Denkart, die zur Wahrheit keine Stellung nimmt,
- _der Wahrheit_ ..., die oft nicht voll genannt wird (Halbwahrheit),
- _dem Sprachspiel_ ..., also dem »Spielen« mit unterschiedlichen Sprachinhalten.

2.3   Dialektische Regeln

Die Regel der sprachlichen Logik ist der _»Syllogismus«,_ ein logischer Dreisatz, nach dem von zwei vorhandenen Aussagen verbindlich auf eine dritte Aussage geschlossen werden kann. Dazu ein bekanntes Beispiel:

*** Nichts ist besser als das Himmelreich.
*** Ein warmes Bier ist besser als nichts.

*** Folglich ist ein warmes Bier besser als das Himmelreich.

Ein weiteres Beispiel des logischen Dreisatzes:
*** Der Fuchs ist ein Vierbeiner.
*** Der Chef ist ein Fuchs.

*** Folglich ist der Chef ein Vierbeiner.

Natürlich erscheinen diese Beispiele banal. Aber auch mit diesen einfachen Beispielen ist es möglich, manchen »hinters Licht zu führen«. Dazu das Beispiel:
*** Alle Vögel können fliegen.
*** Der Sperling ist ein Vogel.

*** Folglich kann der Sperling fliegen.

Wenn Ihnen bis jetzt nichts aufgefallen ist, dann hat es der Autor geschafft, Sie mit einem einfachen Beispiel hinter das berühmte Licht zu führen, damit Sie (pardon!) in eine dialektische Falle »tappen« …! Wenn Sie das nicht für möglich halten, ändern Sie doch ganz einfach einmal den letzten logischen Dreisatz wie folgt:
*** Alle Vögel können fliegen.
*** Der Strauß ist ein Vogel.

*** Folglich kann der Strauß fliegen … (kann er das?)

Im Prinzip erinnert diese Vorgehensweise an die Statistik, mit der man bekanntlich alles beweisen kann – es kommt nur darauf an, wie man die Zahlen darstellt, was sie beweisen, was sie nicht beweisen, was sie verschweigen und – wie man alles interpretiert.
So kann man z. B. mit Hilfe des logischen Dreisatzes »beweisen«, daß eine Katze drei Schwänze hat … und dieser sogenannte »Beweis« ist keineswegs kurz und bündig zu »knacken« (versuchen Sie es einmal. Sie benötigen mindestens 50 Worte …!):
1. Keine Katze hat zwei Schwänze! (Oder haben Sie schon einmal eine Katze mit zwei Schwänzen gesehen?)
2. Eine Katze hat einen Schwanz mehr als keine Katze! (Der Autor glaubt, daß das logisch ist …!)

3. Wenn keine Katze zwei Schwänze hat, und eine Katze einen Schwanz mehr als keine Katze hat, dann hat eine Katze doch logischerweise drei Schwänze …?!

Auf diese Art läßt sich natürlich auch »beweisen«, daß z. B. der Wirtschaftsverlag LANGEN-MÜLLER/HERBIG *logischerweise* drei Verlagsleiter hat …! Aber wie schon gesagt: Die Logik ist ein reiner Denkvorgang und nimmt zur Wahrheit keine Stellung. Das heißt also: Der Hinweis »das ist logisch« heißt noch längst nicht, daß das Gesagte auch WAHR ist.

Dialektik ist damit auch die Kunst, die Wahrheit zwischen den Worten herauszuheben, da sie nicht in den Worten liegt. Das Instrument »Dialektik« kann also Waffe wie auch Schild sein – oder beides. Aber so schwer ist das alles gar nicht, wenn man sich mit der Dialektik nur einmal näher beschäftigt.

Zurück zum Syllogismus. Dieser bekommt seine richtige Wirkung erst in Verbindung mit dem »Sprachspiel«, also dem Spielen mit unterschiedlichen Sprachinhalten. Verständlicherweise haben hier die Verkäufer mit »Mutterwitz« klare Platzvorteile, denn sie können u. U. sogenannte »logische Beweise« (oder auch Ungereimtheiten) mit originellen Bemerkungen auffangen – je nach dem, was sie dem Kunden »zumuten« dürfen.

Wenn also jemand dialektisch über z. B. Meinungsaustausch doziert, so ergänzt ein Verkäufer mit Mutterwitz:

»Wissen Sie, was ich unter Meinungsaustausch verstehe? Wenn ein Mitarbeiter mit seiner Meinung zum Chef kommt und mit dessen Meinung zurückkehrt ...!«

Weitere Beispiele:

»Wenn man erst mal einen Namen hat, ist es ganz egal, wie man heißt ...!«

»Das haben Sie schön gesagt, Herr Kollege, vielleicht kriegen Sie dafür das Kamener Kreuz am Bande ...!«

»Der Wettbewerb hat zwar einen Namen, aber er hat kein Gesicht.«

»Ach wissen Sie, Herr Kollege, Pferde, die viel arbeiten, nennt man Esel ...!«

»Wer viel arbeitet, hat meistens keine Zeit, Geld zu verdienen!«

»Herr Kollege, Sie schweigen? Das ist ja ein ganz neuer Ton, den Sie da anschlagen!«

»Sie haben recht. Der Kollege ist zu dumm zum Zigarettenholen! Fällt hin und verbiegt das Viermarkstück!«

»Der Kollege ist etwas nervös. Vielleicht war er früher Diplom-Hektiker beim Wettbewerb ...!«

»Mancher, der glaubt, er sei beschlagen, merkt gar nicht, daß er im Grunde nur behämmert ist.«

»Seit die Abteilung beschlossen hat, sich aus lauter Angst vor der

Revision täglich in die Hosen zu machen, haben wir genau die Lei-
stung, die den vollen Hosen entspricht.«
»Ich danke Ihnen für dieses Gewäsch! Aber wissen Sie, keiner ist
unnütz. Er kann immer noch als schlechtes Beispiel dienen.«
»Nun, der Beitrag des Herrn Kollegen enthält viel Neues und viel
Gutes. Aber das Neue ist nicht gut und das Gute ist nicht neu.«
»Es ist doch bewundernswert, wie der Kollege das selbstgestellte
Problem gelöst hat. Leider war es das falsche Problem.«
»Ich habe viel Verständnis für den Kollegen. Bis vor fünf Jahren
dachte ich auch noch so!«

2.4 Beispiele der Dialektik

2.4.1 Faire Dialektik

In Verbindung mit rhetorisch gut aufbereiteten Sprachspielen lassen sich in der Dialektik »Tatsachen verkaufen«, die gar keine sind.
Ein Beispiel hierzu:

In einem Verlag beschließen der Chefredakteur und ein Fachbeirat, miteinander Schach zu spielen. Da offensichtlich beide im
Schachspielen gleich gut waren, ging das Spiel *ganz klar unent-*
schieden (Remis) aus. Dialektisch aufbereitet war allerdings in der
»offiziellen Mitteilung« des Verlages das Ergebnis so zu lesen:

»Der sympathische Herr Chefredakteur errang beim Schachspielen
einen von allen anwesenden Fachleuten beglückwünschten ehren-
haften zweiten Platz, während der Fachbeirat erwartungsgemäß
nur auf dem vorletzten Platz landete.«

Doch: Ist diese – zugegeben – etwas bissige Darstellung das ganze
dialektische Geheimnis? (Auflösung siehe Kapitelende)

Wer die Grundzüge der Dialektik erkannt hat, der kann auch ten-
denziösen Journalismus entlarven, den wir allzu häufig vorgesetzt
bekommen und oftmals »überlesen«. Zunächst: Können Sie noch
die Fassung bei folgendem Satz bewahren: *»Ich lehne Flachdächer*
ebenso ab, wie ich auch immer schon Stalin abgelehnt habe.«

Doch wie leicht »überlesen« wir Überschriften, die den gleichen
fehlenden Vergleichsmaßstab haben, so z. B. die Schlagzeile einer
Münchner Zeitung vom Februar 1988:

»Bahn verdient an Pornos und läßt S-Bahn verrotten.«

Haben Sie noch Ihre Fassung? Wie wär's dann mit einem **»Zirkel-**
schluß« als *Scheinargument:*
»Daß gute Baukenntnisse und logisches Denken für die Ausübung
des Architektenberufes unerläßlich sind, zeigt sich schon daran,
daß zum Architekturstudium nur zugelassen wird, wer über einen
entsprechenden Lehrabschluß im Bauhauptgewerbe und die mitt-
lere Reife verfügt.«
Es ist sicherlich richtig, daß für die Ausübung des Architektenberufes logisches Denken und Baukenntnisse erforderlich sind. Die
Notwendigkeit dazu allerdings von den Zulassungsbestimmungen
zum Studium abzuleiten, ist schlicht falsch. Die Notwendigkeit des
Verfügens z. B. über Baukenntnisse ergibt sich aus dem Architek-
tenberuf selbst, nicht aus der Zulassung. Der Volksmund sagt:
»Hier beißt sich die Katze in den Schwanz.« Darum ist es ein
»Scheinargument«, man nennt das einen *Zirkelschluß.* Jeder
EDV-Programmierer weiß, daß in seinem Programm kein »Zirkelschluß« (Schleife) vorkommen darf, weil sonst der Computer
»kreist«, also nicht weiterarbeitet.
Zugegeben: das Erkennen von Scheinargumenten durch Zirkel-
schlüsse ist nicht immer einfach – und mancher Dialektiker wendet
diesen Trick bewußt an. Bei den meisten »Scheinargumentatoren«
ist man allerdings nicht sicher, ob sie ihr eigenes Scheinargument
selbst erkannt haben. Dazu folgende Meldung einer Münchner
Zeitung vom August 1988:
Ein kleiner Schulbub aus Franken schrieb 1988 an den bayerischen
Kultusminister:
»Lieber Staat, warum muß man Hausaufgaben machen? Ich hasse
Hausaufgaben. Das ist meine einzige Beschwerde.«
Der Minister antwortete, daß man den Buben an die regelmäßige
und gewissenhafte Erfüllung von Pflichten gewöhnen wolle.
Es kann nicht geprüft werden, ob der Minister sein Argument als
»Zirkelschluß« erkannt hat. Fest steht wohl lediglich, daß der
Schulbub diese Beschwerde erst gar nicht geschrieben hätte, wenn
er von der Pflichterfüllung vorher überzeugt gewesen wäre. Da der
Bub aber vermutlich nicht überzeugt war, wird er es auch wohl bei
dieser Minister-Antwort nicht sein. Auch hier beißt sich die Katze
wieder in den Schwanz – es ist ein Zirkelschluß und damit ein
Scheinargument.

In unserer Studentenzeit mußten wir sehr oft gegenüber den Argumenten der dialektisch geschulten Marxisten »passen« – häufig blieb uns als Antwort nur das Kopfschütteln. Viele der Kommilitonen spürten: Die Argumentation ist brillant – aber die Sache bleibt schlecht. Doch wer Scheinargumente erkennen kann, dem kann auch der »dialektische Marxismus« nichts mehr anhaben, wenn er sich wie folgt präsentiert:

»Der Anspruch des Marxismus ist schon deswegen berechtigt, weil er die politische Theorie derjenigen Klasse ist, die den gesellschaftlichen Fortschritt trägt.«

Soso, knurrt da heute der Autor, und hoffentlich auch Sie, wenn man Ihnen in Zukunft folgendes Scheinargument entgegenhält:

»Der Chef hat recht, weil er jahrelang die negative Erfahrung mit dem Sachverhalt gemacht hat und somit die Dinge besser beurteilen kann als Sie!«

In beiden Fällen wird das, was begründet werden soll, als bereits bewiesen vorausgesetzt, so daß die angeführte Begründung nur ein Scheinargument ist.

Keineswegs leichter wird das Erkennen einer dialektischen Argumentation, wenn ein populärer Volksredner (N. Blüm) einen bildhaften Vergleich anstellt, z. B.:

»Der Staat hat so ein Ausbildungsgesetz erlassen, von dem die Sozialliberalen sich nicht trauen, es anzuwenden. Das ist so, wie wenn Sie eine Maschine kaufen, aber Angst haben, sie anzustellen, weil die Sicherung durchfliegt.«

Na und? Ist das Gesetz deswegen unsinnig?

Mit der Lächerlichmachung eines Gegners oder eines Systems kann auch eine direkte Verunglimpfung »legalisiert« werden, die sonst nur ohne nennenswerte Wirkung bliebe. Ein Beispiel von Dr. Norbert Blüm, der sich am 11.12.1979 im Deutschen Bundestag über Sozialisten und sozialliberale Bürokratie in einer Rede wie folgt lustig machte:

»Was wäre eigentlich passiert, wenn der arme Mann, der auf dem Weg von Jerusalem nach Jericho unter die Räuber gefallen ist, nicht an einen Samariter gekommen, sondern einem Sozialisten in die Hände gefallen wäre? Der Jungsozialist hätte ihm den Überfall als Ausdruck des Monopolkapitalismus erklärt und gesagt: ›Das ist die Voraussetzung für die Revolution.‹ Ein bürokratischer

Sozialist hätte dem blutenden Mann wahrscheinlich gesagt, er solle erst einmal einen Antrag beim Reichsversicherungsamt in Jerusalem stellen; dann könne nach Vorlage mehrerer Gutachten über sein Gesuch entschieden werden. Und sollten sich weitere Überfälle an der Stelle ereignen, dann würde auch noch ein Bundesbeauftragter für das Un- und Überfallwesen eingesetzt. Vielleicht würde auch ein Strukturrat gebildet, der die Gefahrenquelle dadurch entschärfen würde, daß er die Unfälle gleichmäßig über das Land verteilt; auch das wäre möglich.«

Eine wahre Fundgrube für Dialektik sind die Protokolle der Bundestagsreden. Leider hat sich der Arbeitsstil im Parlament gemäß unserer Zeit geändert – wie auch die Parlamentarier. Und durch die knapp bemessene Zeit der Fernsehberichterstattung entgehen den Zuschauern allzu häufig kleine rhetorische Farbtupfer, die da und dort noch einmal eine Bundestagsrede würzen. Ein paar rhetorisch-dialektische Beispiele:

F. J. Strauß (CSU): *»Der Unterschied zwischen Helmut Schmidt und mir besteht darin, daß ich ungenau richtig liege und er immer exakt falsch liegt.«* (1980)

Dr. Apel (SPD) zu F. J. Strauß (CSU): *»Herr Strauß, ich bin vielleicht wirklich etwas erregt, denn ich werde heute abend zu meiner Frau an den Wörthersee fahren. Sie erregen mich nicht, Sie sind überhaupt nicht mein Typ.«*

Minister Baum (FDP): *»Herr Kollege Dregger, hier darf nicht nur der Mund gespitzt werden, hier muß auch gepfiffen werden.«*
Zuruf von der CDU/CSU: *»Aber nicht auf dem letzten Loch!«* (1979)

Dr. Todenhöfer (CDU/CSU): *»Ein Angola, ein Moçambique, ein Vietnam und ein Kambodscha sind mehr als genug.«*
H. Wehner (SPD): *»Ein Todenhöfer auch!«* (1980)

H. Wehner (SPD): *»Ich lese das doch immer: Deutschland braucht Bayern! Brauchen wir das?«*
F. J. Strauß (CSU): *»Mehr als Wehner!«*
Wehner: *»Einverstanden! Einverstanden! Denn ich kann keinen Käse liefern!«* (1969)

F. J. Strauß (CSU) über Bundesminister Prof. K. Schiller (SPD):
»Herr Kollege Schiller, Ihr großer Namensvetter ist mit dem Drama ›Die Verschwörung des Fiesko zu Genua‹ in die Weltgeschichte eingegangen. Sie werden zwar nicht in die Weltgeschichte, aber in die Zeitgeschichte als der ›Beschwörer des großen Fiaskos von Bonn‹ eingehen.« (1971)

Besonders gefährlich sind diejenigen Dialektiker, die im Vor-Satz komplizierte Sachverhalte mit Fremdworten zusätzlich verschleiern, sich also als »kompetenter Fachmann« präsentieren und im Nach-Satz den »kleinen Mann auf der Straße« mit einer kumpelhaften Sprache für ihre politischen Ziele gewinnen wollen.

Das Beispiel (1988):

»Die Struktur der Steuerreform ist so determiniert, daß die Gewinne der Besserverdienenden kumulativ erfaßt und progressiv besteuert werden – also mehr Steuergerechtigkeit. Wenn Sie das ablehnen, dann erklären Sie mal dem Kumpel, der für sein Geld hart malochen muß, warum er vergleichsweise mehr Steuern zahlen soll als Spitzenverdiener, wie z. B. Unternehmer.«

Es gibt eine Fülle von Varianten und noch mehr Beispiele – meistens von Politikern. Für Sie aber kommt es darauf an, daß Sie für dialektische Argumentationen sensibilisiert werden, sie erkennen und darauf reagieren können. Bei fairer Dialektik mag das gelingen – doch wie antworten Sie, oder besser, wie verhalten Sie sich bei »unfairen Dialektikern«?

2.4.2 Unfaire Dialektik

Ein unfairer Dialektiker ist wie eine »Hydra« – jeder abgeschlagene Kopf wächst blitzschnell und gefährlicher nach –, denn er »arbeitet« in der Regel auf der emotionalen Beziehungsebene. Das gilt für die sprachliche Logik ebenso wie für die »Wahrheit« und die Sprachinhalte. So sagt ein unfairer Dialektiker nicht:

»Ich bin nicht Ihrer Meinung«,

sondern er sagt:

»Bleiben Sie ruhig bei Ihrer Meinung. Für SIE ist die gut genug!«

Ein »fairer Dialektiker« antwortet auf den Einwand:

»Da haben Sie sich wiederholt!«

mit dem Hinweis:

»Ich wollte das Problem für Sie dadurch nochmals klarstellen!«

Ein »unfairer« Dialektiker antwortet z. B.:
»Ich habe nur versucht, Ihrer bescheidenen Intelligenz Rechnung zu tragen. Seien Sie mir doch dankbar dafür!«

2.4.2.1 Angriff auf die Wahrheit

Es ist ein Ziel der unfairen Dialektik, Empörung und Verwirrung zu stiften, um damit zu erreichen, daß der Verhandlungspartner »Breitseite« bietet. Hierzu ist es erforderlich, daß Wahrheit und Unwahrheit so miteinander verquickt werden, daß die eigentliche Absicht, nämlich der Angriff auf die Wahrheit, nicht mehr erkannt wird.

Hierzu unterschiebt man dem eigentlichen Gegner Argumente, die dieser gar nicht gesagt hat, sondern andere Verhandlungsteilnehmer, und man darf sicher sein, daß es zu Protesten kommt – auch der anderen Teilnehmer. Es ist nun wichtig, die Stimmung der Gruppe wieder für sich zu gewinnen und zu versuchen, ein *»WIR-Gefühl«* zu erzeugen. Das kann dadurch geschehen, daß man sagt, daß durch die Vielzahl der Argumente kaum noch Klarheit besteht und diese vom »Gegner« nun einmal zusammengefaßt werden sollte:

»Meine Herren, bitte entschuldigen Sie. Es geht mir ausschließlich um den Fortgang dieser Verhandlung, damit wir nicht auf der Stelle treten. Aber vielleicht geht es den anderen auch so, daß die Vielzahl der Meinungen zu unserer Problematik kaum noch überblickt werden kann. Vielleicht könnte der Herr Kollege (Sie meinen den Gegner und zeigen auch auf ihn!) Probleme und Argumente noch einmal zusammenfassen!«

Es ist wichtig, daß der Gegner diese Aufforderung annimmt (meistens tut er das auch). Allerdings: In diese Zusammenfassung haken Sie nun wiederum ein und stellen Reihenfolge und Richtigkeit in Frage. Es kommt darauf an, was Sie sich als Verhandlungsziel gesetzt haben, z. B. Verunsicherung der Verhandlungsgegner, Demonstration der Stärke oder gar Verhandlungsabbruch, um eventuell eine günstigere Ausgangslage zu schaffen. Je nach Verhandlungsziel können Sie eine entsprechende Frage stellen:

»Meine Herren, es war meine Absicht, ein für alle Beteiligten positives Verhandlungsergebnis zu erzielen. Durch das Argumenten-Wirrwarr und die daraus entstandene Atmosphäre sehe ich dieses

Ziel gefährdet. Ich schlage daher vor, die Verhandlung auf nächste Woche zu vertagen. Wäre Ihnen Montag um 14.00 Uhr oder Dienstag um 9.00 Uhr recht?«

2.4.2.3 Angriff auf die Klarheit

Angriffe auf der konfrontativen Beziehungsebene sind geeignet, den Gegner in Wut und Empörung zu bringen. Und wer würde nicht empört sein, wenn man bei einer sachlich-ruhigen Darstellung eines Problempunktes in einer Verhandlung zu hören bekommt:

»Wissen Sie, Herr Kollege, Sie haben zwar eine schöne Stimme, aber was Vernünftiges hört man auch nicht von Ihnen!«

Oder: *»Reden Sie nur so weiter, bei Ihrer Arbeit ist das kein Wunder!«*

Oder: *»Wer hat Ihnen denn diesen Unsinn auf Ihr Manuskript geschrieben?«*

Oder: *»Wissen Sie eigentlich, was Ihre Frau jetzt gerade macht?«*

Oder: *»Wieviel verdienen Sie eigentlich?«*

Oder: *»Vergessen Sie ja nicht, in der Pause einen Kaffee zu trinken, sonst müssen Sie sich nachher wieder durch Reden wachhalten!«*

Die Reaktionen auf Ihre (bewußt provozierenden) Bemerkungen lassen zumeist nicht lange auf sich warten: *geharnischter Protest.* Sie aber argumentieren unschuldig und erstaunt,

daß es ... Ihnen völlig unerklärlich ist, warum der werte Herr Kollege so zornig wurde, denn ihn schätzen Sie als seriösen Menschen, und was Sie gesagt haben, war doch alles ganz anders gemeint. Aber es muß ja Gründe geben, warum der Kollege so unsachlich reagiert, vielleicht sind es gar seine schwachen Argumente ...?

Auch hier ist es das Ziel, Verunsicherung des Gegners zu schaffen, Stärke zu demonstrieren oder einen Abbruch der Verhandlung zu erreichen, um zu einem neuen Termin eine bessere Verhandlungsposition zu schaffen.

2.4.2.2 Angriff auf die Person

Die Behauptung, Widersprüche entdeckt zu haben, ist eine der wohl ältesten und zuverlässigsten dialektischen Vorgehensweisen. Wenn ein Teilnehmer nur kurz spricht, so kann man vermeintliche Widersprüche als »Verwirrungsstifter« verwenden – z. B. Punkt

2.4.2.1 (Angriffe auf die Wahrheit). Wenn ein Gegner »lange« spricht, ist es leicht, dem Teilnehmer Widersprüche vorzuwerfen. Um das zu erreichen, arbeitet der routinierte Dialektiker mit Gesprächstechniken, die geeignet sind, einen Gesprächspartner »reden« zu lassen (z. B. kontrollierter Dialog).

Auch und gerade: wer »viel redet«, bietet Breitseite und damit für Sie die Möglichkeit, dem Teilnehmer Widersprüche vorzuwerfen. Um das zu widerlegen, muß sich der Teilnehmer wiederholen. Doch selbst wenn ihm das gelingt, argumentieren Sie dessen Rede kopf- und schulterzuckend:

»Also, wenn das klar sein soll ...! Aber bitte, Herr Kollege, lassen Sie uns fortfahren.«

Notieren Sie sich dazu ein Stichwort, welches den Gegner geärgert und besonders gereizt hat.

2.4.2.4 Angriff auf die Ruhe (Wut erzeugen)

In den meisten Fällen gibt es schon vor einer Verhandlung Punkte, von denen man weiß, daß diese den Gegner ärgern – oder aber diese Punkte werden durch den Verhandlungsverlauf erzeugt (siehe Punkt 2.4.2.3). Da es immer darauf ankommt, daß der Gegner in Wut versetzt wird, um »Breitseiten« zu bieten, reitet der unfaire Dialektiker auf diesen Argumenten herum. Je nach Reaktion des Gegners gibt es eine Vielzahl von Möglichkeiten für den unfairen Dialektiker, zu reagieren: von der Verständnislosigkeit über des Gegners »Überreaktion«, *nur weil Sie einen Sachverhalt klären wollten,* bis hin zum Abbruch des Gesprächs bzw. Gesprächsvertagung.

2.4.2.5 Angriff auf die Praxis

Jeder Wissenschaftler wird dem Argument »Das ist doch Theorie!« verständnislos gegenüberstehen und sagen: »Richtig. Das ist meine Theorie!« – denn im allgemeinen ist die Theorie die Mutter der Praxis, zumindest im Wissenschaftsbereich.

Im umgangssprachlichen Bereich ist die Formulierung »Theoretiker« keineswegs immer positiv – im Gegenteil. Wer z. B. im produzierenden oder handwerklichen Bereich tätig ist, läßt sich durchaus nicht widerspruchslos sagen, er sei ein »Theoretiker«, denn das ist gleichbedeutend damit, daß er nicht in der Lage ist, die ihm gestellte Aufgabe so zu lösen, daß sie ein praktisch gebrauchsfähiges Resultat hat.

Der »Theoretiker« ist also ein sicher interessanter Mann – gebraucht wird allerdings der »Praktiker«. Demzufolge ist das Argument »Theorie und Praxis sind zweierlei« so zu verstehen, daß nur die Praxis im Grunde lebenserhaltend ist – Theorie ist etwas für »gute Zeiten und schönes Wetter«.

In einer Verhandlung wird es allerdings kaum einen Vorschlag geben, welcher nicht in die Kategorie *Theorie und Praxis* einzuordnen wäre. Es ist aber sehr wichtig, daß die Einordnung behutsam und raffiniert erfolgt. Es muß argumentiert werden, daß der Vorschlag in der Sache recht logisch erscheint. Aber dann muß an einem populären Beispiel gezeigt und bewiesen werden, daß dieser Vorschlag in der Praxis undurchführbar ist – aber: *theoretisch ist es ein guter Vorschlag ...!* Der Gegner ist somit zum *Theoretiker* disqualifiziert – für jeden »Praktiker« ein – fast – tödliches Attribut.

2.5 Abwehrtechniken

Nicht immer sind es geschulte Dialektiker, die zur unfairen Dialektik Beiträge leisten – aber was nutzt IHNEN das? Sie wollen ein Ziel erreichen, z. B. ein Produkt verkaufen oder eine Verhandlung gut abschließen – und beides zu möglichst guten Konditionen.

Sie sollten also nicht unfaire Dialektik »trainieren« (nach Meinung des Verfassers wäre das der völlig falsche Weg), sondern sich für das Erkennen sensibilisieren und Gesprächstechniken trainieren, wie man der unfairen Dialektik begegnen kann, ohne sein Gesicht – und den Kunden – zu verlieren.

Ein wichtiges Hilfsmittel sind die Gesprächstechniken, die wir Ihnen schon vorgestellt haben – insbesondere der »kontrollierte Dialog«. Um sich für die Erkennung einer dialektischen Argumentation zu wappnen, sollten Sie auf die »Weisheiten« achten, die meistens in zwei »Obersätzen« formuliert werden, aus denen die Konklusion (Schlußfolgerung) gezogen wird – also der logische Dreisatz:

1. Allgemeinweisheit (... wenn alle Menschen hungern, gibt es zuwenig Getreide ...)

2. Spezielle Weisheit (… nun hungern aber nicht alle Menschen …)

3. Konklusion (… folglich gibt es genug Getreide …)

Überlegen Sie stets:
Stimmen die Obersätze?
Stimmt die Konklusion?

Wenn Sie Zweifel haben: Beides untersuchen oder ganz einfach in Frage stellen! Nichts bringt einen Dialektiker mehr aus der Fassung, als das *permanente »In-Frage-Stellen«* seiner Aussagen. Achten Sie insbesondere auf den ersten Obersatz, der meistens eine Allgemeinweisheit darstellen soll. Damit will man Sie auf eine gedankliche Schiene bringen, die Ihnen – weil es eben eine Allgemeinweisheit ist – nicht gefährlich erscheint und somit schnell akzeptiert wird.

Der zweite Obersatz ist dann eine spezielle Weisheit oder Aussage, die Ihnen ebenfalls so bekannt ist, wie sie dargestellt wurde, z. B. ein bestimmter Streitpunkt oder Sachverhalt. Wenn Sie beide Obersätze akzeptieren und die Schlußfolgerung daraus nicht als »logisch« anerkennen, haben Sie in aller Regel bereits »verloren«, denn Ihr Kontrahent kann nun lange darauf »herumreiten«, daß Sie der Logik »nicht zugänglich sind«. Sie müssen nämlich bei Dialektikern davon ausgehen, daß deren Konklusionen immer *logisch* sind. Also ist die Verächtlichmachung, die Offenlegung IHRER vermeintlichen Unkenntnisse, z. B. über logische Gesetzmäßigkeiten, ein wichtiges Ziel des dialektischen Angriffs.

Damit ist das »System« der Dialektiker praktisch unangreifbar – denn es ist logisch. Und wer erinnert sich nicht mehr der Peinlichkeit, als in der Schule der Mathematiklehrer vor der ganzen Klasse erklärte, daß der Lösungsweg der Mathematikaufgabe »unlogisch« sei … und somit die Note »fünf« zur Folge hat …!

Doch hätten Sie damals schon gewußt …:

»LOGISCH« HEISST NICHT GLEICHZEITIG »WAHR«!

(Auflösung Schachspiel: Gewonnen hat selbstverständlich der Beirat, denn wenn nur zwei Partner miteinander spielen, ist der »vorletzte Platz« natürlich Platz 1.)

KAPITEL III

Verkaufspsychologie

3.1 Ein paar Worte zur Psychologie

Es ist eher eine normale Situation: Ihre Heizungsanlage funktioniert nicht ordentlich, und Sie fragen den Heizungsinstallateur: »Sie sind doch Heizungsfachmann. Wo kann der Defekt denn liegen? Sie müssen das doch wissen!« Oder Ihr Auto springt nicht an: »Sie sind doch Automechaniker. Woran kann das liegen? Sie müssen das doch wissen?« Selbst wenn der letzte Satz – »Sie müssen das doch wissen!« – nicht direkt gesagt wird, wird er dadurch indirekt gesagt, daß der Betreffende für ein bestimmtes Fachgebiet »zuständig« ist, weil er der »Fachmann« ist. Arg enttäuscht wären wir, wenn der Befragte antworten würde: »Das weiß ich nicht!« Er wäre die längste Zeit für uns »Fachmann« gewesen.
In den meisten Fällen wird der »Fachmann« aber dem Fragesteller eine entsprechend fachliche, und damit beruhigende Antwort geben. Ob Heizungsanlagen, Autos oder sonstige technische Gegenstände: Sie funktionieren, weil sie meistens typengleich sind, oft nach demselben Prinzip. Der Heizungsfachmann wird z. B. schnell erkennen, ob die Ölleitung verstopft ist, und der Automechaniker wird z. B. sofort sagen können, ob die Batterie leer ist. Hier gibt es eine einfache »Wenn-dann«-Beziehung, also z. B.: *Wenn* die Batterie leer ist, *dann* springt der Wagen nicht an.
Wir haben uns nicht nur daran gewöhnt, sondern wir erwarten: wer Fachmann ist, kann Auskunft geben. Überlegen Sie einmal, ob Ihnen irgendein Beruf einfällt, in dem diese Erwartung an den »Fachmann des Berufes« nicht gestellt wird. Überlegen Sie andersrum aber auch einmal, ob es irgendeinen »Fachmann« gibt, der die Erwartungen an seinen Beruf nicht erfüllt, weil er keine Antwort geben kann. Wir werden sowohl im einen wie auch im anderen Falle kaum einen Zeitgenossen finden, der das zugibt. »Fachmann« zu sein heißt, so gesehen, eine Rolle zu spielen, und an diese wird eine »Rollenerwartung« geknüpft. Die meisten Menschen entsprechen dieser »Rollenerwartung« – und geben Aus-

kunft. Wie gesagt, keine Auskunft geben können heißt schlicht: sich zu blamieren und eventuell als »Fachmann« von seiner Umwelt disqualifiziert zu werden. Wer will das schon?

»Wir haben unser Kind mit viel Liebe erzogen. Trotzdem ist es mit 15 Jahren immer noch Bettnässer. Warum ist das so? Sie sind doch Psychologe. Sie müssen das doch wissen!« »Das weiß ich nicht!« »Was? Sowas wissen Sie nicht? Und Sie wollen Psychologe sein ...?« Sie können sich sicher vorstellen, daß sich diese Antwort kein Psychologe gern »einhandeln« würde. Das bedeutet: Auch Psychologen entsprechen der Rollenerwartung, die an sie gestellt wird – und antworten »fachlich« mit häufiger Verwendung des Begriffs »psychologisch gesehen« oder »die Psychologie spricht da von einem XY-Syndrom« oder »die Psychologie hat herausgefunden ...«

Man mag über folgende Erkenntnis streiten: Es gibt zwei Typen von »Psychologen«, die gefährlich sind: diejenigen, die zuviel, und solche, die zuwenig Psychologie studiert haben! Nicht darüber gestritten werden kann, daß zwar die Psychologen mehrheitlich in ihren Rollenerwartungen überfordert sind, aber meistens nichts dagegen haben, wenn man sie als »moderne Medizinmänner« ehrt und adelt. Der Psychologe ist der, der den »tieferen Einblick hat, der das erkennt, was der »normale Mensch« nicht erkennen kann, der also das »Unnormale« erklären und somit »Lebenshilfe« geben kann; das ist die Erwartung. »Du bist verrückt, du brauchst einen Psychologen!« – damit ist auch der Zuständigkeitsbereich der Psychologie charakterisiert, soweit es ein weitverbreitetes Vorurteil anbelangt.

Diesem Vorurteil zufolge wäre Psychologie »die Kunst, mit Menschen umzugehen«. Doch wäre sie das, so könnte man sie nicht erlernen oder anwenden. *Psychologie ist die Wissenschaft vom Erleben und Verhalten des Menschen.* Doch allein das Verhalten eines Menschen wird von so vielen Faktoren beeinflußt, daß man diese niemals alle kennen kann, und so kommt es, daß sich Menschen auch unter scheinbar gleichen Bedingungen verschieden verhalten. Daher kann man auch nur von der »relativen Häufigkeit« oder der »Wahrscheinlichkeit einer bestimmten Verhaltensweise« sprechen.

Das ist z. B. für Verkäufer mit Praxisbeispielen leicht zu beweisen:

Ein Händler in der gleichen Situation wie sein Kollege, mit den gleichen Problemen, gleichen Preisen, gleichen Artikeln, gleich, gleich, gleich ... verhält sich doch anders als sein Kollege, bei dem Sie zum Kaufabschluß kamen. Sie können also vor dem Gespräch nur sagen: »Wahrscheinlich wird er sich gleich verhalten wie sein Kollege.« Aber Sie wissen es nicht. Auch der Psychologe weiß es nicht. Es fehlt die »allgemeingültige Regel«. Menschen »funktionieren« nun mal eben nicht so wie ein technischer Artikel, sei es eine Heizung, ein Auto oder sonst etwas. Das menschliche Handeln ist immer sowohl biologischen Faktoren als auch sozialen Umfeldeinwirkungen unterworfen.

Es gibt also keine klare Antwort, sondern eher Unsicherheit auf die Frage, ob der Händler XY kauft oder ob der Kunde A sich wie Kunde B verhält. Doch im Umgang mit Menschen hat jeder seine eigenen, subjektiven Erfahrungen, die meistens mit einem Gefühl der Gewißheit verbunden sind, was eine Kontrolle der (Vor-)Urteile so oft ausschließt. Dafür gibt es einen Begriff, nämlich die gute, alte »Menschenkenntnis«.

Das ist wiederum ein »Fachgebiet«, und ein sehr individuelles dazu. Wer wollte da schon »Nicht-Fachmann« sein – also gibt man »Auskunft«. Still vor sich hinlächeln mag man (weil es verzeihlich ist), wenn bereits junge Menschen den Anspruch erheben, »gute Menschenkenner« zu sein. Die Empfehlung an diese jungen Menschen, den eigenen subjektiven Erfahrungen als (möglicherweise) »Summe aller Irrtümer« kritisch gegenüberzustehen, fruchtet nicht immer – die unvollständige Einsicht in die komplizierte Materie *Erleben und Verhalten des Menschen* läßt in vielen Bereichen oft »schön grüßen ...«!

Problematischer allerdings sind die »professionellen Menschenkenner« oder, genauer gesagt, die, die sich dafür halten. Natürlich ist eine »angewandte Menschenkenntnis« bis zu einem gewissen Punkt vertretbar, um zu einer Einschätzung zu gelangen, die gerade im Verkauf in vielen Fällen unerläßlich ist. Nicht vertretbar ist es, wenn die eigene Menschenkenntnis dergestalt überschätzt wird, daß auch wider besseres Wissen, z. B. aus Scham, sich »getäuscht oder versagt« zu haben, ein Fehlurteil aufrechterhalten wird.

Chef zum Verkäufer: »Sie haben den Kunden ganz einfach falsch eingeschätzt!«
Verkäufer: »Das stimmt nicht. Meine Menschenkenntnis hat mich noch nie getäuscht. Es muß an etwas anderem liegen!«
Chef: »Sie können mir glauben, auch **ich** kenne die Menschen, und ich sage Ihnen ...«

Es ist nicht schwer vorstellbar, daß dieses »Gespräch« zu keinem positiven Ende führt, führen kann. Denn sowohl Verkäufer wie auch Chef glauben, aufgrund ihrer »Menschenkenntnis« einen Sachverhalt beurteilen zu können, der vom individuellen Verhalten eines Menschen (Kunden) bestimmt war.
Doch die Empfehlung, sich selbst nicht zu sicher auf seine eigene Menschenkenntnis zu verlassen, bedarf des bekannten Hinweises, daß jeder (wenn auch in diesem Fall selbsternannte) »Fachmann der Menschenkenntnis« seiner Rollenerwartung, ein sicheres Urteil zu finden, entspricht. Die Fähigkeit von Menschen, aufgrund nicht objektiv sichtbarer oder erfaßbarer Faktoren »sichere Urteile« auszusprechen und somit richtige Voraussagen zu treffen, ist begrenzt, denn jeder spürt oft unbewußt seine Erkenntnisbeschränkung durch das subjektive Verhalten. Viele wünschen aber »tiefere Erkenntnis«, um die Geheimnisse des eigenen Verhaltens zumindest ein bißchen zu lüften – und auch, um damit in die Zukunft schauen und dem Schicksal vielleicht ein Schnippchen schlagen zu können. Ach, das wäre schon arg verwunderlich, wenn sich daraus kein Kapital schlagen ließe, und siehe da: Es gibt eine ganze »Industrie der übernatürlichen Intuition«, für den sechsten Sinn und zur »Erleuchtung«.
Eher mitleidig lächelnd nehmen wir da Kenntnis von Großvaters Handlesekünstlerin, die sich auf Volksfesten und Messen ein karges Brot dadurch verdiente, daß sie »aus der Hand las«. Und wer jemals die frappierenden Sprüche einer Kartenlegerin genoß (»die Karten sprechen die Wahrheit«), wird sicher *niemals* mehr darauf verzichten wollen. Doch geradezu wohltuend ist die Wahrsagerin, die uns *todsichere* Einblicke z. B. in unser Liebes- und Eheleben gewährt, weil eine Kristallkugel diese Zukunft preisgibt. Wie gesagt, das war Großvaters Prognose-Spaß, und es waren – zugegeben – nostalgisch eher liebevolle Faxen.

Nachdenklich müssen uns jedoch Meldungen darüber stimmen, daß zunehmend Führungskräfte ihre Unternehmensentscheidungen davon abhängig machen, wie der eigene »Biorhythmus« verläuft oder was »die Sterne sagen«. Es bleibt nur zu hoffen, daß diese »astrologischen Führungskräfte« nicht Entscheidungen treffen, die zu Lasten von Menschen gehen, denn sonst hätten sie die Berechtigung, dahin geschossen zu werden, wovon sie ihre Intuition beziehen. Auch die »graphologischen Gutachten«, die durch Voreinsendung eines Geldbetrages das »psychologische Persönlichkeitsprofil« in Zeitungen versprechen, sind in die Rubrik »psychologischer Unsinn« einzuordnen, weil einerseits Hoffnungen geweckt werden, die nicht erfüllbar sind, und andererseits das Bemühen von ernst zu nehmenden Graphologen unterminiert wird, *einen Testbeitrag* von vielen zur Persönlichkeitsbeurteilung zu erstellen. Die Austauschbarkeit der »Ergebnisse« ist wissenschaftlich ebenso gesichert und nachgewiesen wie der Nonsens über »Treffsicherheit« von Horoskopen und »Tests« in Illustrierten etc.

Wie ungern machen viele sich doch Gedanken darüber, daß sich ein »journalistischer Niemand« abends einen Unfug ausdenkt, der morgens pauschal Ihre Zukunft in drei Sätzen beschreiben wird. Und doch ist der Humbug und der Irrglaube über das »typische« Sternzeichen, dessen Attribute für alle gleichermaßen gelten sollen, nicht auszurotten (»Was sind Sie denn für ein Sternzeichen ...?«). Antworten Sie doch einmal (selbstbewußt!) auf die Sternzeichen-Frage: »Also ich bin Jungfrau. Und was sind Sie ...?« – mit einem chinesischen Sternzeichen: »Ich bin ein Schwein, und ich finde, wir passen gut zusammen!« Im Prinzip können Sie zwei Erfahrungen machen: Entweder man versteht etwas von seriöser Astrologie und das Gespräch kann »top« werden, oder man versteht nichts und gibt Ihnen eine patzige Antwort – und dann können Sie es sich sparen, den Drink auszugeben ...!

Besonders schlimm sind Beispiele über Sekten und Gurus, die ihr Unwesen oft zum seelischen (und finanziellen) Schaden ihrer Anhänger betreiben – und doch haben sie »Zulauf«. Erschreckt nehmen wir zur Kenntnis, daß »Geheimzirkel« entstehen, die auf »parapsychologischer Grundlage« Kontakte mit anderen Wesen oder verstorbenen Menschen »herstellen« (wollen). Erschreckend auch deswegen, weil viele Jugendliche Mitglieder sind oder an diesen dubiosen Sitzungen und Treffs teilnehmen.

Allein diese wenigen Beispiele führen zwangsläufig zu der Frage, was der Grund dafür ist, daß viele Menschen geradezu danach »süchtig« sind, »übernatürliche Zusammenhänge« erkennen und »tiefere Einblicke« in das eigene Seelenleben haben zu wollen oder Erklärungen für scheinbar unerklärbare Verhaltensweisen anderer vermittelt zu bekommen, und auch wissen wollen, welche »Rezepte« es gibt, das Verhalten anderer beeinflussen oder gar steuern zu können. Viele Menschen sind schlicht anfällig dafür, daß meist selbsternannte Psychoanalytiker und Psychologen »Weisheiten verkaufen«, die – oft hausgemacht auf der Basis von Einzelheiten und Zufälligkeiten – wissenschaftliche Sicherheit vortäuschen. Was glaubhaft vermittelt wird und »paßt«, wird allzu gern »rationalisiert« und für »zutreffend« befunden: leichte Kost – schwer verpackt.

Ohne Zweifel spielen drei Faktoren (neben anderen) eine beherrschende Rolle. Zunächst ist hier die Anonymität des Individuums in der modernen Leistungs- und Industriegesellschaft zu nennen. Zu oft fehlt der Bezug zur eigenen Leistung, die Motivation ist blockiert, und es gibt nur noch sehr wenige Berufe, bei denen ein Mensch vor dem eigenständigen Produkt seiner Leistung steht, dieses Produkt sehen und sich daran freuen kann. Das bedingt zum zweiten, daß ein Mangel an Gemeinschaftsgefühl entsteht und die meisten eher nach persönlicher Bedürfniserfüllung streben, also »mehr mit sich selbst als mit anderen« beschäftigt sind.

Das aber ist wiederum ein Teufelskreis bezüglich der Möglichkeiten, ein zuverlässiges Verbindungs- und Beurteilungssystem für eine bessere Menschenkenntnis zu schaffen. Wer nicht in das eigene Weltbild paßt, wird oft **ver**urteilt, statt **be**urteilt. Damit ist zugleich auch der dritte Faktor angesprochen, der besagt, daß unsere frühen Sozialisationsphasen, also das, was wir schon als Kinder und Jugendliche »gelernt« haben, prägenden und determinierenden Charakter auf unsere späteren Verhaltensweisen und Einstellungen haben. Jeder trägt ein »Wert- und Normensystem« mit sich herum, welches z. T. in der frühen Sozialisationsphase entstanden ist, sich weiterentwickelt hat und oft dazu führt, Gedanken an eine Meinungsrevision, resp. Urteilskontrolle gar nicht erst aufkommen zu lassen. Diese »Sozialisationstheorie« wird von vielen bestritten (»meine Kinderzeit habe ich abgelegt und vergessen«), und doch wurde gerade diese Theorie besonders eindrucksvoll wissenschaftlich bewiesen.

Fassen wir das bisher Gesagte zusammen: Psychologie ist die Wissenschaft vom Erleben und Verhalten des Menschen. Sie teilt sich in »theoretische Psychologie« und »angewandte Psychologie« und ist ein Wechselspiel von Grundlagenforschung und Wissensanwendung auf die Praxis des Alltags. In der theoretischen Psychologie wird versucht, die unvollkommenen Beurteilungsgrundlagen zum Verhalten des Menschen durch Methoden zu ersetzen, die eine größere Zuverlässigkeit und Gültigkeit besitzen (Validität und Reliabilität). Dabei stützt sich der Psychologe auf empirisch gesicherte Forschungsergebnisse und versucht, systematische Theorien durch Beobachtungen, Daten und Informationen kritisch abzusichern und zu beweisen – oder zu Fall zu bringen (Verifikation oder Falsifikation).

Bekannte Bereiche der angewandten Psychologie sind: Gerichtspsychologie, Betriebspsychologie, pädagogische Psychologie, therapeutische Psychologie, Verkehrspsychologie, Werbepsychologie usw. Im Grunde gibt es keinen Bereich unseres Lebens, der nicht psychologisch determiniert ist. Selbst ernst zu nehmende Wirtschaftsfachleute sagen: Wirtschafts- und Finanzpolitik ist zu mindestens 50 % psychologisch bedingt.

3.2   Verkaufspsychologie – was ist das?

Die Verkaufspsychologie kann als ein Teil der Wirtschaftspsychologie gesehen werden. Sie ist im wesentlichen auf Motivanalysen, Verhaltensforschung, Imageanalysen und Beobachtung aufgebaut. Auch aus der Betriebspsychologie, die in weitere Teilbereiche aufzugliedern ist, kommen für die Verkaufspsychologie wichtige Erkenntnisse für Theorie und Praxis, also für die Grundlagenforschung und die Wissensanwendung in der Praxis.

Jede Führungskraft, welche sich mit Außendienstmitarbeitern unterhält, ihre Aufgaben und Probleme kennt, versteht sehr gut die Bedeutung des Unterschiedes zwischen »Theorie und Praxis«, denn die berühmte »Praxis« besteht letztendlich ... aus Menschen – und jeder Mensch hat eben so seine Probleme. Jeder Kunde ist anders als der andere, einige sind gut gelaunt und zugänglich, andere »muffig«, viele häufig arrogant, verschlossen oder uninteressiert, und jeder Verkäufer kennt diese »Praxis«.

In der Verkaufspsychologie geht man – vereinfachend gesagt – davon aus, daß sich der Verkäufer in die Situation des Kunden »gedanklich« hineinversetzt, seine Denk- und Verhaltensweisen erkennt, nachvollziehen und das Verkaufsgespräch somit zielgerichtet »führen« kann. Der Verkäufer muß also die Basis seiner eigenen Wünsche und Interessenlagen zugunsten der Vorgehensweise verlassen, sich voll und ganz in die Denkweise und Interessenlage des Kunden zu versetzen, ohne sein eigentliches »Ziel«, den erfolgreichen Verkaufsabschluß, aus den Augen zu lassen. Mit einem Wort: Der Verkäufer wird zum »Verhaltensforscher«. Ein Beispiel aus der Baubranche:

Ein Bauvorhaben z. B. hat ca. 35 verschiedene Gewerke, pro Gewerk werden durchschnittlich 5 LVs (LV = Leistungsverzeichnis, Angebot) versandt, hinter jedem LV steht ein Unternehmen mit Außendienstmitarbeitern, und ... jeder möchte einen Termin haben. Da kann man sich leicht vorstellen, wie z. B. einem ausschreibenden Architekten manchmal zumute ist! Und aus diesem Grunde ist es auch nicht verwunderlich, daß die meisten Architekten keine Zeit haben, schnell »zur Sache« kommen wollen – und es letztlich nur »um den Preis geht«!

Wer dieses Prinzip durchdenkt und durchschaut, wird zu anderen Lösungen bezüglich eines Verkaufsgesprächs kommen als: schneller Termin, Einstieg in den günstigsten Preis – Auftrag! Der Nächste, bitte!

Jeder Kunde in jeder Branche weiß heute mittlerweile sehr gut, daß Berater/Verkäufer darauf »getrimmt« werden, den »Preis zurückzustellen« – darum fragen sie auch meistens zuerst nach dem Preis ... und lassen sich nicht mehr so leicht mit Gegenfragen abweisen. Mit billigen Antworten aus den Kindertagen der Schulungen, wie z. B.: »Darf ich den Preis zunächst zurückstellen und auf die Vorteile zu sprechen kommen?«, kommt man heute garantiert nicht weiter, denn es muß die Kundenantwort erwartet werden: »Nein, Sie dürfen nicht ...!« Und dann?

»Na, dann bleiben immerhin noch die Vorteile unserer Produkte. Das ist doch schließlich klare, unverfängliche Technik, die jeder halbwegs gebildete Fachmann verstehen muß, und wenn ein Kunde das nicht versteht, dann ist er eben kein ...« usw. ... soweit die Auffassungen mancher Außendienstmitarbeiter.

Um es deutlich zu sagen: Mit irgendwelchen Sprüchen, mit einem Routinevorgehen, mit dem, was man bisher »immer gemacht« hat, kommt ein Verkäufer, der Erfolg haben will, heute nicht mehr weiter. Erforderlich ist eine deutliche Orientierung auf wichtige Aspekte der Verkaufspsychologie – denn nochmals: Es gibt kaum einen Bereich in unserem Leben, der nicht mindestens zu 50 % psychologisch bedingt ist ...!

An dem Praxisbeispiel »Verkaufsalltag des Herrn Eifrig«, wiederum aus der (schwierigen) Bauwirtschaft, wollen wir verdeutlichen, welche »Nervenstärke« es erfordert, sich »verkaufspsychologisch richtig« zu verhalten. Herr Eifrig, Außendienstmitarbeiter eines Herstellers für Flachdach-Bahnen aus Kunststoffen, hat folgende Termine, Kunden und Erlebnisse:

Vormittags:
Er besucht den Architekten Müller in der Altstadtstraße 3 b, Hinterhaus, 4. Etage, Altbau. Dort hockt in büro-chaotischer Umgebung ein Architekt mit Dreitagesbart, Jeans und Turnschuhen. Er plant – das weiß Herr Eifrig – eine Bungalow-Anlage mit Flachdächern. Rechts steht Herrn Eifrigs Aktentasche, links die Materialproben, in der Mitte steht Herr Eifrig, Glattrasur, ordentlicher Anzug, gedeckte Krawatte. Architekt Müller erklärt Herrn Eifrig anhand der Pläne vollmundig und nicht unterbrechungsfähig erst einmal, »was Sache ist« und was »nur in Frage kommt«.

Zwei Stunden später hat Herr Eifrig einen Termin im Architekturatelier Professor Huber und Partner, Glanzstr. 1, Bürobungalow. Empfangen wird Herr Eifrig von Herrn Meier, Partner und Zweit-Zar aller Reußen, im Besprechungsraum am Rundtisch plus Getränken. Geplant ist – auch das weiß Herr Eifrig – eine Siedlungsanlage mit Flachdächern. Herr Meier eröffnet das Gespräch mit den wohlgesetzten Worten: »Darf ich Sie zunächst einmal mit unserer architektonischen Idee bekannt machen. Herr Professor Huber entwarf ein städtebauliches Ensemble ...« (Herr Eifrig hatte allerdings eher den Eindruck, daß es sich dabei um eine Art Heuschober-Anlage handelte, die von den späteren Insassen viel »Wohnhumor« erfordert ...).

Etwas später hat Herr Eifrig einen Termin bei einem Dachdecker-meister in Außenstadt, Grünanlage 15. Das Gespräch findet im Kontor statt, zugegen sind die Ehefrau, ein Lehrling und ein Geselle. Der Gesprächspartner ist Dachdeckermeister Streicher. Herr Eifrig weiß, daß dieser beim letzten Bauvorhaben sein Material Super-fix eingesetzt hat. Herr Streicher beginnt das Gespräch mit den Worten: »Also, das will ich Ihnen gleich sagen, *den* Streß mit Ihrem Material und den Reklamationen tue ich mir nicht noch einmal an ...!« Die Ehefrau: »So ist es!« Der Geselle: »Stellen Sie sich mal vor, was da passiert ist. Ich komme an die Baustelle ...« Der Lehrling: »Herr Streicher, Telefon!«

Nachmittags:
Nach dem Mittagessen hat Herr Eifrig einen Termin bei einem Baustoffhändler in Feilschendorf, Nachlaßstr. 7. Der Händler, Herr Quetschmann, empfängt ihn in einem kleinen Besprechungs-raum mit den Worten: »Ich habe wenig Zeit. Was kostet Ihr Material, welche Punkte kriege ich, und welcher Jahresbonus ist vorge-sehen?« Herr Unnütz, Partner von Herrn Quetschmann, kommt hinzu und bemerkt zur Preisangabe von Herrn Eifrig: »Ach! Viel zu teuer! Können Sie vergessen!«

Kurz vor Feierabend hat Herr Eifrig noch einen Termin bei einem privaten Bauherrn in Neubaustadt, Siedlungsstraße 1. Verabredet ist Herr Eifrig (... und weitere Außendienstmitarbeiter anderer Gewerke) an der Baustelle. Der Bauherr, Herr Blumenreich, kommt nicht alleine. Er bringt seine Frau, seine Schwiegermutter, seine vier Kinder und seinen Hund mit. Herr Eifrig stellt auch hier sehr schnell fest, daß es immer nur eine »Bauherrin« gibt – außer der stets »sachkundigen« Schwiegermutter. Nach ausführlicher Unterrichtung über die Familienchronik und den schwiegermütter-lichen Ergänzungen über den erstaunlichen Sachverhalt, daß »heutzutage Bauen viel teurer ist als in den 30er Jahren«, sowie der »vierstufigen Materialprüfung von Prospekten« durch die vier Kin-der kommt die Bauherrin gezielt und direkt auf das Herrn Eifrig genehme Thema mit den Worten zu sprechen: »Unser Dachdecker und auch der Architekt meinten, daß man nur Bitumenmaterial und keinen Kunststoff verwenden sollte, weil es sich bewährt hätte und keine Probleme brächte …!«

Als Herr Eifrig nach Feierabend nach Hause kommt, wird er von seiner Frau gefragt:»Hallo Liebling. Hattest du einen erfolgreichen Tag? Bei dem guten Material, was du verkaufst, dürfte es doch eigentlich keine Probleme geben …!« Am nächsten Morgen hat Herr Eifrig einen Termin bei seinem Chef, dem Verkaufsleiter: »Na, Herr Eifrig, was haben wir denn für Verkaufszahlen? Sie haben ja von uns einen sehr guten Verkaufsbezirk bekommen …!«

Vielleicht wird der eine oder andere Leser meinen, dieser »Verkaufstag« sei in den Beispielen überzogen. Aus unseren unzähligen Seminaren wissen wir allerdings von den Außendienstmitarbeitern, daß insbesondere in der schwierigen und harten Branche »Bauwirtschaft« durchaus viele Verkaufstage so oder ähnlich ablaufen.

Die Problematik besteht aber nicht allein in der Tatsache, daß es sich um einen »schwierigen Markt« handelt, sondern in erster Linie darum daß sich ein Verkäufer stets auf neue Kunden, andere Charaktere und zuvor nur schwer einschätzbare Situationen einzustellen hat. Kurzum: Die Lösung besteht im »verkaufspsychologisch richtigen Verhalten« – und nicht in der Abspul-Automatik antrainierter Sprüche. Um das zu erreichen, ist das Durchdenken und Beherzigen eines einfachen Systems notwendig. Damit ist folgendes gemeint:

Ein Verkaufsgespräch, welches verkaufspsychologisch richtig angelegt ist, umfaßt stets die drei Stufen:

1. Vorbereitung
2. Durchführung (in 4 Phasen)
3. Nachbereitung

Die zweifellos wichtigste Voraussetzung ist, daß Sie als Außendienstmitarbeiter/Verkäufer bereit sind, sich für *»Verkaufspsychologie«* zu interessieren, und sich neues Wissen, neue Erkenntnisse aneignen wollen. Dieses »Aneignen« hat nichts zu tun mit schulhaftem Erlernen neuer Regeln, denn die »verkaufspsychologischen Regeln« sind schnell erklärbar. Verkaufspsychologie hat in erster Linie zu tun mit der »inneren Einstellung«, mit Ihrem Bereitsein, Neues anzuerkennen und ... konsequent anzuwenden. Und das ist, wie wir alle wissen, der Zuständigkeitsbereich des »*inneren Schweinehundes*«, der uns bekanntlich von vielen Dingen abhält!

Ein *Meilenstein der inneren Überzeugung* ist die Erkenntnis, daß wir uns in allen Gesprächen bemühen müssen, uns *in die Lage des anderen* zu versetzen – das ist keineswegs immer einfach.

Verkaufspsychologische Grundfragen:

Wie »sehe« **ich** den Kunden?

Wie »sieht« der Kunde **mich?**

Folgende *Grundregeln* müssen Sie anwenden:

Sagen Sie nicht: »Ich fahre jetzt zum Kunden«, sondern stellen Sie sich vor, daß der Kunde sagt: »Da kommt jetzt einer, und der will ...!«

Sagen Sie nicht mehr: »Ich bin so wie ich bin«, sondern stellen Sie sich vor, der Kunde sagt: »Wie sieht *der* denn aus, wie spricht der denn, wie verhält sich der denn, warum kann der nicht zuhören?« usw.

Sagen Sie nicht mehr: »Ich habe alles dabei«, sondern fragen Sie sich, was der Kunde für eine Erwartungshaltung (Prospekte, Materialproben, Listen etc.) haben könnte – oder hat.

Sagen Sie nicht mehr: »Unser Produkt hat die und die Vorteile – also«, sondern versetzen Sie sich in die Lage des Kunden, der (innerlich) fragt: »*Was habe ich davon?*« – denn letztlich stellt sich jeder Kunde diese Frage! Finden Sie das Kaufmotiv heraus – mit richtigen Fragen ist das kein Problem.

Sagen Sie nicht: »Mehr Entgegenkommen/Sicherheiten kann ich nicht bieten«, sondern steigen Sie in die Kundenrolle und sagen: »Ich, der Kunde, bin unsicher.«

Sagen Sie nicht: »Unsere Produktvorteile sind sehr gut, also ist die Anwendung für den Kunden logisch«, sondern stellen Sie sich vor, daß der Kunde innerlich fragt: »Logisch vielleicht – aber sind die Vorteile auch wahr?«

Sagen Sie nicht: »Sie sollten mein günstiges Angebot annehmen«, sondern denken Sie daran, daß der Kunde spürt: »Aha, das war die Abschlußfrage. Jetzt will er den Auftrag haben. Ich soll unterschreiben.«

Sagen Sie nicht: »Das habe ich dem Kunden nun ausführlich erklärt«, sondern versetzen Sie sich in die Lage des Kunden, der (vielleicht) meinen könnte: »Ich habe zwar immer ›ja‹ gesagt, aber trotzdem nicht alles verstanden.«

Sagen Sie nicht: »Eine weitere Information hat keinen Sinn«, sondern sehen Sie es aus der Sicht des Kunden, der sagen könnte: »Das ist trotzdem sehr aufmerksam. Der kümmert sich ja um meine Probleme und um mich.«

Dieses »System« zu *verstehen* ist sicherlich nicht so schwierig, wie es durchzuhalten ist. Aber Sie merken sicher eines ganz deutlich: es sind keine neuen Schulweisheiten, sondern es ist eine innere Einstellungsfrage, eine »Umorientierung« – nicht mehr, aber auch nicht weniger!

Lösen Sie sich auch von dem Spruch »Der Kunde ist König«. *Der Kunde ist kein König, sondern PARTNER.* Einem König nämlich hat man unterwürfig und ergebenst zu dienen, mit einem Partner muß man zusammenarbeiten, ihn informieren und zufriedenstellen. Vom persönlichen Verhalten gegenüber Kunden her gesehen sind das zwei Welten. Und kein ernst zu nehmender Verkaufstrainer wird von Außendienstmitarbeitern verlangen, daß sie sich entstellen, andressiertes Verhalten üben oder persönlichkeitsfremdes Kasperletheater vor dem Kunden spielen.

Jeder Außendienstmitarbeiter hat eine eigene Individualität, die man nicht einfach »umfunktionieren« kann, sondern es geht darum, die Stärken der Mitarbeiter auszubauen und die Schwächen abzubauen. Also nochmals: *Verkaufspsychologie ist eine Frage der inneren Einstellung.* Ergänzend muß hinzugefügt werden, daß eine innere Einstellung auch von anderen Faktoren abhängig ist, wie z. B. Führung und Motivation, Organisation, Markt, Produkt etc. Das ist selbstverständlich richtig. Aber sehr häufig werden Auswirkungen des Zusammenspiels dieser Faktoren vorgeschoben und somit als alleinige Ursache benannt.

Obwohl Unlustgefühle als Reaktion auf z. B. motivationale oder organisatorische Enttäuschungen psychologisch verständlich sind, spielt bei sehr vielen Demotivationen das eigene ICH die zumeist größere Rolle. Um das positiv zu beeinflussen, muß jeder bei sich selbst beginnen. Wenn allein die ernsthafte Bereitschaft dazu vorhanden ist, dann ist der wichtigste Schritt für eine Selbstmotivation getan. Und es sollen ja bekanntlich nicht die unglücklichsten Menschen sein, die die Fähigkeit besitzen, sich selbst zu motivieren.

3.3 Selbstmotivation

3.3.1 Ursache und Wirkung

»Reiß' dich zusammen«, »Nimm die Schaufel in die Hand«, »Mach' endlich was aus deinem Leben« – das sind Ratschläge anderer, die oft gut gemeint, aber auch banal und meist wirkungslos sind. Der Grund ist vor allem darin zu sehen, daß der Ratschlag-Gebende glaubt, seine Auffassungen von Lebenserfüllung und -gestaltung müssen sich mit denen des Ratschlag-Empfangenden schon deswegen decken, weil beide einem gleichen gesellschaftlichen Normen- und Wertesystem angehören.

Der Ratschlag-Gebende käme nicht auf den Gedanken, diese Ratschläge einem brasilianischen Indianer oder einem afrikanischen Eingeborenen zu geben – und doch sind insbesondere bei demotivierten Menschen solche Ratschläge ebenso wirkungslos wie bei den Eingeborenen. Oft neigen demotivierte Menschen zu Depressionen, aus denen sie nicht mehr herausfinden und bedürfen psychotherapeutischer Hilfe.

Die Selbstmotivation ist eine wichtige Voraussetzung für das Gelingen eines verkaufspsychologisch richtigen Verhaltens – und somit für den Verkaufserfolg. Nur wenn Sie sich selbst bejahen, wenn Sie ein positives Selbstwertgefühl aufbauen und Ihre soziale Kompetenz erstrangig positionieren, beginnt Ihre Selbstmotivation. Wer Minderwertigkeitsgefühle entstehen läßt, seine fachliche Kompetenz als »Schutzschirm« benutzt und Gefühle als Antrieb ablehnt, beendet bzw. verbaut seine Fähigkeiten, sich selbst zu motivieren.

Die Selbstmotivation ist eine der schwierigsten Aufgaben für Verkäufer, für jeden Menschen. Im Grunde setzt sie eine umfassende Betrachtungsweise, Analyse und Bewertung unseres bisherigen und gegenwärtigen Lebens voraus, um zu einer Konzeption für die Zukunft zu gelangen. Mit Tricks, flotten Sprüchen oder Short-actions ist eine Selbstmotivation nicht erreichbar. Dem einen oder anderen mag es kurzfristig helfen, kräftig mit dem Fuße aufzustampfen und dreimal »Ich will!« zu rufen, eine bleibende Motivation sollte freilich nicht erwartet werden.

Um den Einstieg zur Selbstmotivation zu finden, müssen wir von der fachlichen und sozialen Zuständigkeit (Kompetenz) eines Menschen ausgehen. Zur Erlangung der fachlichen Kompetenz werden wir vom ersten Schuljahr an bis zum letzten Tag unserer Arbeit »gedrillt«, geprüft, weitergebildet und wieder geprüft – je nach Alter, Art und Standort. Die fachliche Kompetenz ist offensichtlich die Voraussetzung für den beruflich-finanziellen Erfolg. Je schwieriger die Aufgabe, um so höher die Anerkennung für denjenigen, der »fachlich kompetent« ist, die schwierige Aufgabe zu lösen. Der fachliche »Spezialist« ist unumstritten, hat Erfolg im Beruf und ist – irgendwie – unangreifbar.

»Der Chef hat keine Ahnung« – wie oft mag dieser Vorwurf im Zusammenhang mit Fachproblemen von Mitarbeitern geäußert worden sein ... und noch geäußert werden ...! Personalberater, die mit der Suche und Auswahl von Führungskräften beschäftigt sind, wissen eines sehr genau: Chef wird man nicht ausschließlich aufgrund seiner fachlichen, sondern vorwiegend aufgrund seiner sozialen Kompetenz (von einigen Sonderfällen abgesehen). Daß die fachliche Kompetenz »dazugehört«, wird vorausgesetzt; doch selbst das ist nicht immer notwendig und erforderlich.

Die soziale Kompetenz (auch: Sozialkompetenz) beschreibt das Sozialverhalten des Individuums: sich selber helfen zu können und sozialen Kontakt zu Mitmenschen aufzunehmen, aber auch die Fähigkeit, sich an andere Menschen bzw. an soziale Bindungen anzupassen (Soziabilität). Damit verbunden ist die Verantwortung des Menschen für sich selbst und für andere Individuen aufgrund von Persönlichkeitseigenschaften. Führungskräfte mit ausgeprägter sozialer Kompetenz können Mitarbeiter meistens sehr gut motivieren. Das sind die wichtigsten Attribute der Führungsqualifikation.

Ab einer bestimmten Phase unseres Lebens beginnen wir, Vergleiche zu ziehen, Bilanzen aufzustellen, nach dem Sinn zu fragen usw. Viele kommen zu dem Schluß, daß eine Diskrepanz besteht zwischen dem, was man erreichen wollte bzw. wie man gerne wäre, und dem, was man erreicht hat und wie man ist. In der Psychoanalyse werden hierzu einige Begriffe unterschieden:

ICH-IDEAL, darunter versteht man das Vorbild und ideale Selbstbild, das eine Person, ausgehend von ihren subjektiven Erfahrungen und angereichert mit Ansprüchen und Erwartungen, von sich selbst entwirft (Selbstbild).

Parallel dazu beschreibt der von S. FREUD geprägte Begriff des ÜBER-ICHs dasjenige Funktionssystem der Persönlichkeit, das die aus der Familie und Gemeinschaft sehr frühzeitig übernommenen moralischen Motive repräsentiert und nach dem Moralitätsprinzip arbeitet.

Eine ICH-IDEAL-DISKREPANZ entsteht allerdings dann, wenn eine Nichtübereinstimmung zwischen dem ICH-Ideal und der ICH-Realität besteht, also die Umwelt, die Mitmenschen, die Kunden mich anders sehen als ich mich selbst. Für manche bedeutet eine solche Erkenntnis Ansporn zur positiven Aktivierung, für andere wiederum ist das oft Ausgang zu neurotischen Spannungen und, damit verbunden, der Frage nach der eigenen Identität, in kritischen Situationen sogar der Frage nach dem Sinn des Lebens.

Bewußt oder unbewußt sind wir alle mit der Frage nach dem Sinn des Lebens bis zum »letzten Tag« beschäftigt, die Suche nach dem Sinn unseres Tuns und Handelns begleitet uns ständig. Oft glauben wir, Antworten gefunden zu haben – doch neue Situationen lassen uns diese wieder erneut in Frage stellen. Allerdings sind nicht immer die äußeren Umstände, die Situationen für die Sinnfragen verantwortlich, sondern unsere Gedanken sind oftmals die Auslöser. Solange Gedanken nicht ausgesprochen, also nur »gedacht«

werden, sind sie konkrete Phantasie. Werden sie ausgesprochen, sind sie Realität, entstanden aus dem Bewußtsein.

Entscheidend dabei ist jedoch, daß bei allen Prozessen das Unterbewußtsein reaktiv beteiligt ist. Das Unterbewußte beginnt in uns allen eher zu existieren als das Bewußte. In unseren frühesten Kindertagen haben wir Lob oder Kritik, z. B. von den Eltern, gehört, welches sich tief in unserem Unterbewußtsein festgesetzt hat. Allzu häufig überwiegt dabei die Kritik, die wir noch alle in guter Erinnerung haben: »Das kannst du nicht«, »Du stellst dich immer dumm an«, »Das schaffst du nicht, ich mach' das!« Das Aufkommen negativer Gedanken ruft eine Reaktion mit dem Unbewußten hervor und verstärkt somit einen negativen Prozeß, der ein Vorhaben, eine Leistung, eine Absicht zum Scheitern bringt: »Das kann ich nicht!«, »Das schaffe ich nicht!«, »Da habe ich doch keine Chance!«

Aber: In unserem Unterbewußtsein sind nicht nur negative, sondern auch positive Erfahrungen gespeichert: »Ich kann das!«, »Ich kann die Situation verändern!«, »Ich kann mir selbst und den anderen helfen!« Auch mit diesem Teil des Unterbewußtseins ist eine Reaktion möglich, die einen positiven Prozeß begünstigt. Die Voraussetzungen dafür sind die bewußt positiven Gedanken. **Positive Gedanken kommen aus der ICH-Aussage und führen zum Selbstwertgefühl.** Die ICH-Aussage ist das Gegenteil der DU-Aussage, die eigentlich als »DU-Anklage« bezeichnet werden müßte.

Die Beispiele dazu: In einem Gespräch können Sie zu Ihrem Partner sagen: »Sie haben mich in die Sonne gesetzt« (DU-Aussage). Besser: »Die Sonne blendet mich« (ICH-Aussage). Eine ICH-Aussage setzt den Mut voraus, zu Ihren eigenen Gefühlen zu stehen und diese auch zu nennen. Es ist ein großer Unterschied, ob Sie sagen: »Sie haben mich beleidigt!« (DU-Aussage) oder: »Ich fühle mich beleidigt!« (ICH-Aussage). In der DU-Aussage können Sie damit rechnen, daß der Vorwurf der Beleidigung bestritten wird. In der ICH-Aussage wird das eher ein schlechtes Gewissen beim Partner erzeugen und zur positiven Klärung führen.

Menschen mit einem hohen Selbstwertgefühl fällt es immer leichter, statt der DU-Botschaft die ICH-Botschaft zu wählen. Das Selbstwertgefühl (self-esteem) kann als Gefühlsseite der Einstellung zu sich selbst bezeichnet werden, drückt sich positiv als Selbstachtung und Selbstsicherheit durch eine innere Harmonie aus und macht relativ unempfindlich gegen äußere Kritik und Belobigung. Gegensätze dazu sind Arroganz, Selbstüberschätzung und Überheblichkeit, vor denen man sich hüten sollte. Menschen mit einem intakten Selbstwertgefühl verkraften auch eine DU-Botschaft wesentlich besser als Menschen mit einem instabilen Selbstwertgefühl.

Das Selbstwertgefühl kann nicht einfach »installiert« werden, denn es ist bereits in uns von Geburt an angelegt. Die Entwicklung eines Selbstwertgefühls ist in starkem Maße von den Sozialisationsphasen eines Menschen abhängig und kann sich z. B. durch eine problematische frühe Phase sehr negativ darstellen (Sozialisation ist der Prozeß, durch den ein Individuum in eine soziale Gruppe eingegliedert wird, indem es die Normen und Rollenerwartungen erlernt und in sich aufnimmt).

Umgekehrt wird ein positives Selbstwertgefühl durch eine unbelastete infantile und juvenile Phase begünstigt. So ist z. B. das selbständige Handeln Ausdruck eines Selbstwertgefühls. Auch hier liegen die Ursachen in den vermittelten Werten der frühesten und frühen Phase der Sozialisationsinstanzen. Aus dem frühzeitig erlernten selbständigen Handeln erwächst die Lebensbejahung und Lebensfreude eines Menschen. Wer es von frühester Kindheit an gelernt hat, verwöhnt zu werden, wird unselbständig, unzufrieden und oft streitsüchtig. Meist sind diese Menschen später unglücklich und versuchen, im Materiellen das Lebensglück zu finden.

3.3.2 Maßnahmen zur Selbstmotivation
3.3.2.1 Das Negative überwinden:

Moralische Durchhänger, Stimmungstief, depressive Phase:	Alle nebenstehenden Negativ-Gefühle sind emotional bedingt und können daher auch nur durch das Ansprechen unserer Gefühle/Sinne »umgekehrt« werden.
	Das bedeutet, daß wir zu jedem unserer fünf Sinne eine geeignete Maßnahme finden müssen, die dieses Gefühl/diesen Sinn positiv stimulieren.

- *Schmecken* ... etwas Gutes essen.
- *Fühlen* ... Hautkontakt mit Liebespartner/in.
- *Hören* ... die Musik, die man liebt.
- *Sehen* ... Kino/Fernsehen/Spaziergang/Bilder.
- *Riechen* ...Wald/Blumen/Essen/Partner/in.

Auch andere kleine Maßnahmen sind geeignet wie z. B.:

- Sport treiben.
- Kaufentscheidung treffen (Buch/Kleid/Anzug etc.).
- Freunde einladen/besuchen/reden.
- Kleine unerwartete Freude im Privatbereich schaffen. (Beherzigen Sie ein Wort von P. Rosegger, österr. Volksschriftsteller 1843–1918: »Es gibt Großes und Erhabenes im Leben. Das Schönste aber ist es, Menschen Freude zu machen.«)

Zur Selbstmotivation zählt ebenfalls, daß wir den subjektiv erlebten und ausgelösten Ärger objektivieren. Das ist natürlich leichter gesagt als getan, denn wirklicher Ärger unterscheidet sich von einer momentanen Stimmungslage oder der schlechten Laune dadurch, daß Ärger einerseits einen realen Grund hat und andererseits meistens eine längere Zeit dauert. Wirklicher Ärger hat aber noch eine andere, sehr nachteilige Begleiterscheinung. Durch die emotionale Beschäftigung mit dem eigenen ICH wird die Fähigkeit blockiert, die Umwelt sowie die uns umgebenden Situationen aufmerksam und sachorientiert wahrzunehmen. Das bedingt eine Verzerrung in der Beurteilung von Situationen, was letztlich zu einem irrationalen Handeln führen kann. Die Bandbreite dieses Handelns zu einem normalen Vorgang kann dadurch stark negative bis überpositive Reaktionen umfassen, wobei meistens beides falsch ist.

In einem Architektenbüro erlebte der Autor eine »Methode«, über die man sicherlich lächeln kann. Ein ca. 1 qm großes Brett war mit dünnen Nägeln gespickt (Spitzen nach außen) und an einer Wand im Arbeitsraum befestigt (»Choleriker-Wand«). Jeder Mitarbeiter hatte an seinem Arbeitsplatz einen Block mit vorgedruckten Blättern (»Wut-Zettel«), auf denen eine wütende Fratze gezeichnet war. In zwei Schriftspalten konnte man einen Text schreiben zu: Ich ärgere mich über ... und: Statt mich zu ärgern, werde ich ...!

Ging nun irgend etwas in der Arbeit daneben und ärgerte sich ein Mitarbeiter, so schrieb dieser seine Wut auf den Wut-Zettel, zerknüllte ihn zu einem Ball und warf ihn an die Choleriker-Wand, wo er an den Nägeln hängenblieb. Die Reaktionen der Kollegen waren stets gleich; sie interessierten sich dafür, worüber der Mitarbeiter sich so ärgerte. Meistens ergab sich eine kleine Diskussion, in der »Dampf abgelassen« werden konnte und der Ärger sich halbierte.

Am Monatsende wurden dann alle aufgespießten Bälle in Gegenwart des Chefs (und ein paar Flaschen Bier) vorgelesen. Auch zu diesen Gelegenheiten ergab sich stets das gleiche Bild: In vielen Fällen wurde über die in der Wut kreierten Ausdrücke und Bezeichnungen herzlich gelacht (»Ich ärgere mich über ... Müller, die Denkschnecke« und: »Statt mich zu ärgern, werde ich ... Schneckengift kaufen!«). Aus diesen Diskussionen entwickelten sich oftmals auch handfeste Vorschläge zur organisatorischen Verbesserung und empfehlende Hinweise für das persönliche Verhalten im Umgang mit z. B. problematischen Kunden, über die man sich stets »ärgerte«.

Der Wert einer solchen Maßnahme ist sicherlich begrenzt, vor allem aber ist eine solche Maßnahme kein Jahrhundertwerk. Das soll sie im übrigen auch nicht sein, denn nur in der Variation von Methoden, in der Kreativität origineller Maßnahmen liegt die Sicherheit, daß ein »Programm« stets aktuell ist und von Menschen auch »angenommen« wird.

Alle Maßnahmen haben aber eines gemeinsam: Der Ärger muß objektiviert werden, d. h., er muß aus der emotionalen Belastung des ICH-Gefühls herausgeführt werden. Dazu ist es sehr wichtig, daß man über den Ärger spricht bzw. diskutiert. Um sich aber vor den gutgemeinten, allerdings wertlosen Ratschlägen zu schützen (»Du solltest dich nicht ärgern, das lohnt sich doch nicht.«), hat es sich bewährt, nach einem einfachen System den Ärger schriftlich offenzulegen und – sofern kein Gesprächspartner vorhanden ist oder keiner beteiligt werden soll – eine **Diskussion mit sich selbst** zu beginnen **(Selbstdiskussion)**.

Schreiben Sie daher zu folgenden Fragen die Antworten möglichst als ganze Sätze, nicht als Stichwort (den Ärger zu Ende schreiben = beenden):

Was ärgert mich/hat mich geärgert? ....

Was belastet mich und was stört mich? ....

Worüber komme ich nicht hinweg, was blockiert mich? ....

Was war der Anlaß zum Ärgern? ....

Wer oder was hat mich geärgert? ....

Hat er (z. B. ein Kunde) Grund, mich zu ärgern? ....

Ist der Kunde z. B. unzufrieden mit mir? ....

Habe ich mich schon einmal darüber geärgert, und wann? ....

Habe ich ihm eine (erneute) Veranlassung gegeben? ....

Welche sachlich-rationalen Probleme hat der, der mich ärgert? ..

Welche emotional-menschlichen Probleme hat er? ....

Hat er eine Antipathie gegen mich entwickelt? Gründe? ....

Geht er mit anderen Menschen ebenso um? Oder:
   Bin ich die Ausnahme? Gründe? ....

Kann er mit seinen sachlich-rationalen Problemen fertig
   werden? ....

Kann er mit seinen emotional-menschlichen Problemen fertig
   werden? ....

Was wäre eine positive Lösung, über die ich mich nicht mehr
   ärgern würde: ....

Wären damit auch die Probleme desjenigen gelöst, der mich
   ärgert? ....

Was spricht dagegen, daß ich von mir aus die Initiative ergreife und
   positiv auf den Partner zugehe: ....

Was spricht dafür? ....

Ich treffe hiermit die generelle Entscheidung, daß ich mich nicht
mehr ärgere über:

Situation/Umstand ....

Person/en ....

Wer sich über eine längere Zeit ärgert, weil der Gegenstand bzw.
die problematische Situation, um die es geht, nicht in kurzer Zeit
gelöst werden kann, sollte sich die oben genannte Liste täglich vorlesen und – auch das hat sich bewährt – **täglich mit Datum und
neuer Unterschrift** versehen, als Zeichen dafür, daß man sich bei
seiner »Anti-Ärger-Strategie« selbst treu bleibt. Wer für ein solches
Programm pro Tag ein paar Minuten opfert und die Fragen ernst-

haft und weitgehend objektiv schriftlich beantwortet, wird feststellen, daß sich im Laufe der Zeit die Antworten ändern können. Diese Änderungen können sowohl in der einen wie auch in der anderen Richtung erfolgen; sie können also denjenigen, den Sie für Ihren Ärger verantwortlich machen, vielleicht positiver oder gar noch negativer erscheinen lassen. Daraus mögen Sie erkennen, wie wichtig es war, die gesamten Fragen durchzuarbeiten, schriftlich zu beantworten und am Schluß eine generelle Entscheidung zu treffen, die so lange Gültigkeit haben soll, wie der Ärger besteht. Diese Vorgehensweise ist keinesfalls eine Aufforderung zur Gleichgültigkeit oder Dickfelligkeit gegenüber aktuellen Problemen. Im Gegenteil, durch diese systematische Auflösung der Wahrnehmungsblockaden, die durch die **nutzlose ICH-Zentriertheit** entstanden sind, schaffen Sie wieder einen freien Blick für die Wahrnehmung der wirklichen Situationen, unbelastet durch das eigene egozentrische Verhalten. Man kann also sehr gut die banale Weisheit erkennen, daß sich die Probleme und Situationen »entwickeln«, ob wir uns nun ärgern oder nicht.

Da Ärger auch mangelnde Lebensfreude bedeutet und gesundheitliche Schäden auslösen kann, sollten wir also auch unkonventionelle Maßnahmen »durchspielen«, denn bis zu einem gewissen Grad kann man »lernen«, sich nicht mehr zu ärgern. Diese Lernfähigkeit nimmt allerdings um so mehr ab, je persönlicher der Ärger wird und je mehr das ICH-Ideal von Menschen in Frage gestellt wird, zu denen wir in emotionaler Verbundenheit stehen (Familie, enge Freunde usw.).

Sehr häufig ist die Ursache für Nicht-Aktivität, für Unterlassung bestimmten Handelns eine unbewußte Angst, die in uns allen steckt. »Du bist ein Angsthase«, »Der hat keine Angst«, »Ich habe Angst« usw. charakterisieren, daß Angst und Furcht ein elementarer Bestandteil unseres Lebens sind. **Angst dürfte wohl eine der ursprünglichsten Triebkräfte sein.**

Einen »furchtlosen Helden« hat unsere Menschheitsgeschichte ebensowenig gekannt wie einen Menschen »ohne Angst«. Was sich als furchtlos, mutig oder angstfrei darstellt, ist zumeist nichts anderes als das äußerlich sichtbare Verhalten des Organismus, das zu instinktiven Reaktionen führt oder erlernte Verhaltensweisen in Gang setzt (z. B. Anwendung von Techniken zur Beseitigung der

Gefahrensituation). Angst ist der emotionale Zustand des plötzlichen und sehr starken Erregungsanstiegs nach der Wahrnehmung von Gefahrensignalen. Gekennzeichnet ist dieser Zustand durch Anspannung, Besorgtheit, Nervosität, innere Unruhe als erhöhte Aktivität des autonomen Nervensystems. FREUD hat in seinen Angsttheorien (1926 und später) unter anderem eine **»REAL-ANGST«** definiert, die eine einsichtige Reaktion des Organismus auf tatsächlich vorhandene Gefahrenreize der Umwelt darstellt, und die ÜBER-ICH- oder **SCHULD-ANGST**, die sich auf überstarke ÜBER-ICH-Ansprüche (Gewissen, Autoritätspersonen etc.) bezieht.

Im Unterschied zur Angst wird Furcht immer auf eine bestimmte Gefahrenquelle bezogen. Die extreme Furcht **(Phobie)** ist eine zwanghaft auftretende neurotische Symptombildung, bei der die Angst (ohne wirkliche Gefahr) vor bestimmten Objekten oder Situationen Leitsymptom ist und das Verhalten einengt.

Bei der Phobie kann ursächlich oder zusätzlich die Fixierung an echte Angsterlebnisse mitwirken, so können auch kindliche Ängste eingehen (Angst vor Mäusen, Spinnen, dunklen Räumen, Hunden etc.). Nach heutigem Wissensstand sind nahezu 1000 Phobien beobachtbar und festgestellt, wie z. B. Agoraphobie (Platzfurcht), Akrophobie (Höhenangst), Claustrophobie (Angst vor dem Aufenthalt in verschlossenen Räumen), Kairophobie (Situationsangst) usw.

Die Angst, zu scheitern, etwas nicht leisten zu können, es nicht zu schaffen, kann also mehrere Ursachen haben. Ein Grund können Schlüsselerlebnisse in der Erziehungs−, der kindlichen Entwicklungsphase sein (»Du bringst es nie zu etwas«); es kann auch Angst aus dem ÜBER-Ich erwachsen, insbesondere dann, wenn das eigene Gewissen oder Autoritäten beteiligt sind; es können auch Gründe dann mitwirken, wenn der betreffende Mensch in einer vergleichbaren Situation gescheitert ist und er eine Situationsangst entwickelt (»Ich schaffe das eben nicht.«).

Es ist auch denkbar, daß eine Angst vor den Angstzuständen entsteht und der Betroffene bereits eine gedankliche Auseinandersetzung mit einem Phänomen, welches ihm Angst erzeugt, meidet − der Psychologe spricht dann von einer Phobophobie. Nicht immer kann exakt festgestellt werden, woher die Angst vor einer bestimmten Handlung rührt, da mehrere Ursachen und Gründe für eine Phobie verantwortlich sein können.

Für eine positive Selbstmotivation ist es allerdings von fundamentaler Wichtigkeit, daß man die Auseinandersetzung mit den eigenen Ängsten nicht scheut, sondern im Gegenteil: sie bewußt sucht. Die gezielte Auseinandersetzung mit unseren bewußten und unbewußten Ängsten ist der bedeutendste Schritt für eine positive Persönlichkeitsentwicklung. **Nicht derjenige besitzt eine hohe soziale Kompetenz, der die Auseinandersetzung mit Ängsten ablehnt oder ihr Vorhandensein negiert, sondern nur der, der die eigenen Ängste erkennt und annimmt, um sie zu bewältigen und zu überwinden.** Wer die eigene Auseinandersetzung mit der Angst und die Angstbewältigung ablehnt, bewegt sich zeitlebens in einem abgesteckten Rahmen, der eine persönliche und berufliche Weiterentwicklung nicht ermöglicht, weil die eigenen bewußten und unbewußten Ängste eine Überschreitung des Rahmens in das Ungewohnte, Fremde, unbekannte Neue nicht gestatten.

Es gibt Beispiele im Leben eines jeden Menschen, wo die Überschreitung eines abgesteckten Rahmens der Überwindung eigener Ängste bedurfte. So werden sich bestimmt viele Leser erinnern, welche Angst in ihnen steckte, als die erste praktische Fahrstunde begann. Und doch steigen wir heute wie selbstverständlich ins Auto – von Phobie keine Spur. Viele werden sich auch an ihre erste Schwimmstunde erinnern und an die Angst, ins Wasser oder gar vom Sprungturm zu springen. Auch hiervor haben wir unsere Ängste überwunden und fahren im Urlaub selbstverständlich an die See, und im Schwimmbad schrecken uns Sprünge vom Turm höchstens dann, wenn das Schwimmbecken mit Badegästen überfüllt ist. Auch das Skifahren ist ein gutes Beispiel für die Überwindung von Ängsten. Wer als Nicht-Skifahrer mit einer Gondel zum Gipfel fährt, um »mal runterzuschauen«, wird möglicherweise den Gipfelblick nach unten mit einer Akrophobie bezahlen (Höhenangst). Der Mehrzahl aller Skifahrer wird es anfänglich so gegangen sein. Und doch ist Skifahren ein Volkssport – und beileibe kein ungefährlicher.

Erstaunlicherweise nimmt kaum ein versierter Skifahrer Anstoß daran, daß ein Anfänger, ob alt oder jung, auf dem »Babyhügel« übt. Es wird als selbstverständlich angesehen, schließlich hat

»jeder von uns einmal so begonnen«. Wer mit ungelenken Bewegungen Richtung und Halt erzwingen will und dennoch auf die Nase fällt, hat eben Pech gehabt. Er steht wieder auf und übt so lange, bis er es kann. Einige Skifahrer bleiben zeit ihres Lebens »gemütliche Sportler«, andere werden zu Profis und Akrobaten auf der Piste. Eines haben beide gemeinsam: Um überhaupt Skifahren zu können, mußten ganz bestimmte Ängste überwunden werden. Die Überwindung dieser Ängste erfolgte unter Zuhilfenahme ganz bestimmter, erprobter Techniken. Im Lernprozeß des Skifahrens war durch eine gerichtete Wahrnehmung des Individuums die Gefahrenquelle relativ genau bestimmbar, so daß die Reaktion des Organismus instinktiv und artspezifisch war (z. B. Balance halten) und bestimmte, erlernte Techniken zur Beseitigung der Gefahrensituation angewendet wurden (z. B. Schneepflug).

Auch die Nicht-Skifahrer nehmen diesen Lernprozeß als »selbstverständlich und normal« zur Kenntnis, denn wer Skifahren will, muß eben ein paar notwendige Techniken erlernen und üben. Im Verkauf wird ein Lernprozeß mittels notwendiger Techniken (Gesprächstechniken, verkaufspsychologische Techniken etc.) noch keineswegs als normal und selbstverständlich angesehen. Mitunter entsteht der Eindruck, daß dort andere Gesetze existieren. Natürlich kann man Verkaufen und Skifahren nicht unmittelbar miteinander vergleichen, Parallelen ergeben sich allerdings in der Auseinandersetzung und Überwindung von Phobien.

Nochmals: Wer Skilaufen will, muß Phobien überwinden und bestimmte Techniken anwenden. Wer sich selbst motivieren will, muß sich ebenfalls mit eigenen Phobien auseinandersetzen und sie überwinden. Auch hierbei helfen bewährte Techniken. Das Erkennen von und die Auseinandersetzung mit Phobien finden allerdings in der Selbstmotivation dort ihre Grenzen, wo unbewußte Ängste unerkannt bleiben.

Aber auch bei bekannten Phobien ist nicht immer sichergestellt, daß diese durch das Individuum selbst bewältigt und überwunden werden können. Hier können nur erfahrene Psychologen und Psychotherapeuten weiterhelfen, wenngleich der Gang zum Psychologen zumindest im deutschsprachigen Raum noch immer etwas Anrüchiges, Außergewöhnliches ist, welches man tunlichst verschweigt.

Um Maßnahmen zur Selbstmotivation, d. h. hier: Abbau von Phobien, durchzuführen, steht im Zentrum der Aufmerksamkeit nicht die Frage, wie die biographischen Hintergründe dieser Ängste aussehen, sondern folgende Punkte:

1. Was genau sind die Probleme, die mich gegenwärtig belasten?

....

2. Was sind die Gründe für das Weiterbestehen dieser Probleme?

....

3. Welche Möglichkeiten der Analyse und Bewältigung dieser Probleme habe ich? ....

Die Beantwortung dieser drei Punkte ist im Grunde eine eigene Verhaltenstherapie, um ein bestimmtes Ziel zu erreichen. Die verhaltenstherapeutischen Techniken wurden Anfang der 60er Jahre in Deutschland bekannt und werden der problemorientierten Psychotherapie zugerechnet. Einige der zum Teil sehr abstrakten Prinzipien der Verhaltenstherapie, die in praxi vom Psychotherapeuten für den Klienten angewendet werden, sind in unseren Empfehlungen stark vereinfacht und auf praktische Initiative des Handelnden ausgelegt.

3.3.2.2 Systematische Desensibilisierung (SD)

Die SD ist eine Technik, die zur Behandlung von Ängsten entwickelt wurde und gilt heute bereits als »erfolgreicher Klassiker«, weil sie sich vielseitig einsetzen läßt. Die einzelnen Stufen sind:
- Analyse der Angstfaktoren,
- Erstellung der Angsthierarchie,
- Entspannungstraining und
- imaginatives (einbildendes) Durcharbeiten der Angsthierarchie in entspanntem Zustand.

Jeder Verkäufer hat das schon erlebt: Er trat in Situationen ein, die für ihn insgesamt sehr negativ endeten – aus welchen Gründen auch immer; sei es nun eine total verpatzte Produktvorstellung, das in einigen oder allen Punkten miserabel geführte Verkaufsgespräch, die persönliche Unsicherheit durch den eher »feindseligen« Kunden, die Peinlichkeit der eigenen unzulänglichen Vorbereitung usw. In allen Fällen ist es stets ein »Zusammenspiel« von bestimmten Faktoren, die insgesamt zum negativen Ende des Ge-

spächs oder der Verhandlung geführt haben (Kunde ist autoritär/
uninteressiert/anderweitig verpflichtet/unzugänglich usw., oder
Sie sind unvorbereitet, haben Argumentationsschwierigkeiten,
können nicht vor mehreren Zuhörern reden [Sprechblockaden]
usw.).

Es ist nun wichtig, herauszufinden, welche der (erkannten) Faktoren für die entstandenen Ängste verantwortlich sind (Analyse der
Angstfaktoren), um daraus eine »Angsthierarchie« erstellen zu
können.

In der Erstellung der Angsthierarchie werden bestimmte Angstsi-
tuationen je nach Rangfolge bzw. Bedeutung festgestellt und konkret aufgeschrieben. Bei psychotherapeutischen Maßnahmen ist
es sehr wichtig, daß ein entspannter Zustand des Klienten herge-
stellt und ständig erhalten wird. Das kann z. B. durch Atemübungen, progressive Muskelentspannung, psychogenes Training, Meditation, autogenes Training und andere Techniken erfolgen. Da
diese Entspannungstechniken selbstverständlich auch außerhalb
des SD angewendet werden können und als wichtige Trainingsmög-
lichkeiten für die Konzentration des Verkäufers im Verkauf gelten,
wollen wir am Ende dieses Abschnitts drei leicht praktikable Entspannungstechniken beschreiben.

Im Durcharbeiten der Angsthierarchie wird zur Desensibilisierung
mit den nach Rangfolge geordneten angstauslösenden Reizen (Si-
tuationsschilderungen) operiert. Begonnen wird mit dem Auslösen geringer Angst, Entspannungsanweisungen, ansteigend dann
bis zu Beschreibungen von Situationen größter Angst. In der Psychotherapie erfolgt dieses zumeist über mehrere Sitzungen.

Für den Verkäufer, der lediglich bestimmte Ängste gegenüber bestimmten Personen oder Situationen abbauen will, genügt in An-
lehnung an die SD-Technik ein Programm, welches er selbst durchführen kann. Der Regelfall ist nämlich der, daß ein Verkäufer
keine generelle Angst gegenüber dem Kunden hat (oder haben
kann), denn sonst wäre er kein Verkäufer. In diesem Kapitel soll lediglich im Rahmen der Selbstmotivation ein kleiner psychologischer Exkurs über eine leicht durchführbare Methode dargestellt
und beschrieben werden, die eigeninitiativ vom Verkäufer für sich
selbst durchgeführt werden kann. Hierbei stehen einzelne, kleine
Schritte im Vordergrund, und es darf noch einmal der Vergleich des

lernenden Skifahrers bemüht werden, der seine Angst auch nur durch kleine Steigerungen beständig abbauen kann. In den meisten Fällen wird sich der Skifahrer vorstellen, was er tun muß, um das Ziel zu erreichen, ohne zu stürzen. Im Idealfall stellt er sich also »seine Abfahrt« in allen Phasen und Schwierigkeitsgraden bildlich vor und »plant« technische Fertigkeiten für schwierige Passagen, die die Abwendung einer möglichen oder erkannten Gefahr voraussetzen. In der Verhaltenstherapie nennt man das »mentales Training«. Erstellen Sie also ein »Stufenprogramm«, eine Hierarchie von Situationsbeschreibungen, die mit kleinen, Ihnen eher unangenehmen Faktoren zu tun haben, z. B. einem Gesprächsbeginn (Small-talk etc.). Steigern Sie die Beispiele in Ihrem Hierarchiekatalog dann bis zu Schilderungen, die bei Ihnen echte Ängste auslösen, z. B. das cholerische Auftreten oder das arrogant-abwertende Verhalten eines Kunden Ihnen gegenüber, der allerdings für Ihre Firma wichtig ist.

a) Mentales Training

Es gilt als psychologisch gesichert, daß bestimmte Fertigkeiten bis zu einem gewissen Grad in der Vorstellung geübt werden können. Jeder von uns hat das schon erlebt oder durchgeführt; so hat man sich z. B. das Prüfungsgespräch, das Bewerbungsgespräch oder den Abend mit einer gerade kennengelernten Dame gedanklich vorgestellt und auch »durchgespielt«. Wir fühlen uns in der tatsächlichen Situation sicherer, wenn wir uns zuvor in der gedanklich vorgestellten Situation bewegt haben, auch wenn sie real nicht so eintritt, wie wir uns das eben vorgestellt haben. Dieser einfache Sachverhalt ist in vielen wissenschaftlichen Untersuchungen bestätigt worden, und wir sollten uns diese wissenschaftlichen Erkenntnisse praktisch zunutze machen. Nachdem Sie die Probleme, die Sie belasten, definiert haben, müssen Sie sich nun die Situation und den weiteren Verlauf der Situation vorstellen, in die Sie eintreten werden, in die Sie »eingebunden« sind. Das ist z. B. erforderlich, wenn Sie zu einem wichtigen Kunden fahren müssen und sich vorstellen wollen, was möglicherweise »auf Sie zukommt« (siehe auch 4.3.1 Gesprächseröffnung).

b) Gewöhnung durch Konfrontation

Wer das erste Mal einen Schweinestall betritt, wird die Nase rümpfen: Es stinkt. Doch wer seine Ferien einmal auf einem Bauernhof verbracht hat und somit täglich mit dem Stallgeruch konfrontiert wurde, der rümpft seine Nase höchstens noch über den Neuankömmling, der sich über den Stallgeruch echauffiert. Wer das erste Mal mit einem Flugzeug fliegt, wird dankbar sein, wenn er den sicheren Boden des Flughafens wieder betritt. Die Angst vor dem Fliegen wird aber nicht dadurch abgebaut, daß man mit der Eisenbahn fährt, sondern nur dadurch, daß man sich durch ständige Konfrontation an die Normalität des Fliegens gewöhnt. Es ist wichtig, sich einerseits die Gefühle des Startens, des Fluges – z. B. in Turbulenzen – und des Landens vorzustellen, andererseits sich aber auch mit den technischen Bedingtheiten einer Maschine, der Aerodynamik und dem technischen Betreuungsaufwand vertraut zu machen. Mit anderen Worten: Je öfter man einen Flug vom Start bis zur Landung »durcharbeitet« und »durchspielt«, um so »vertrauter« werden die Gegebenheiten, die uns »Angst machen«, und um so eher können wir uns von den negativen Vertrautheiten lösen und positive Dinge erkennen, wie z. B. Nervenschonung und Zeitersparnis beim Fliegen.

Stellen Sie sich also das Problem, das Sie gegenwärtig belastet, immer und immer wieder vor. Wenn Ihnen z. B. bei einem Kunden, der rhetorisch und argumentativ sehr stark ist, die Worte fehlen, Sie Sprechblockaden haben und dadurch Hemmungen in der Kommunikation entstehen, so stellen Sie sich einzelne Passagen des letzten Gespräches vor und versuchen, zunächst einzelne Gedanken, Aussagen und Argumente Ihres Gesprächspartners sukzessive zu beantworten – zunächst in Gedanken, und dann diese Gedanken laut als Diskussionsbeitrag aussprechen.

c) Allmähliche Annäherung (sukzessive Approximation)

Es gibt einen alten Grundsatz, der lautet: **Der Mensch wächst mit der Aufgabe.** Beginnen Sie, die Wahrheit dieses Grundsatzes bei sich selbst zu überprüfen. Hätten Sie, als Sie noch in der Schule waren, sich das vorstellen können, was Sie heute tun? Können Sie sich vorstellen, daß Sie in ein paar Jahren etwas tun, was für Sie heute noch kaum vorstellbar ist?

Nehmen Sie einen kleinen Teil aus dem Problemkatalog, den Sie unter 3.3.2 bereits formuliert haben, und versuchen Sie, eine möglichst harmlose, praxisorientierte Situation, die Ihnen oft Angst gemacht hat, so zu konstruieren, daß diese beim nächsten Kundenbesuch wahrscheinlich eintritt.

Wenn diese kleine Situation so eintritt, wie Sie sie geplant haben, dann können Sie den Lerneffekt übertragen: Was vorher noch unmöglich und schwierig erschien, wird nun »ein Stückchen leichter«. Es kommt nicht darauf dan, daß Sie sofort die gesamte Situation meistern, es kommt nur darauf an, daß Sie in kleinen Teilschritten einen für Sie erkennbaren Erfolg erzielen.

3.3.3 Varianten der SD

In Seminaren kann man, wenn es um soziale Ängste geht, z. B. in Rollenspielen, die Realität nachspielen. Man kann sich gegenüber bestimmten Phobien, wie z. B. Höhenangst, Aufzugsphobien, Agoraphobien usw. dadurch systematisch desensibilisieren, indem Übungen hierzu zunächst in der Vorstellung und dann sehr konkret in der Realität durchgespielt werden.

Es ist allerdings nicht das Ziel (und kann es nicht sein), daß ein Klient oder jemand, der sich selbst motivieren will, sich ganz angstfrei macht, denn Angst ist – wie bereits gesagt – ein wichtiger Teil unseres Lebens und kann nicht einfach »abgeschafft« werden. Wichtig ist aber die Auseinandersetzung mit den eigenen Ängsten, so daß diese bewältigt werden können und Handlungen ermöglicht werden, die zuvor durch Phobien verbaut waren.

Menschen, die das Lebensglück hatten, die Wege bedeutender Zeitgenossen zu kreuzen, lernen von diesen Zeitgenossen Philosophie und Sprache. Doch die Fähigkeit, von anderen zu lernen, muß nicht immer im oberen Bereich der gesellschaftlich-kulturellen Ansprüche erprobt werden. Für viele Verkäufer ist es wichtig, daß sie durch Imitation lernen. Soziale Imitation darf nicht als etwas Schlechtes, Negatives angesehen werden, sondern als Ansporn und Lerneffekt, unter Zugrundelegung der individuellen Verhaltensweise das eigene soziale Verhalten zu erweitern und zu verbessern. Aus dem Verhalten z. B. seines Chefs sich selbst imitierte Verhaltensweisen anzudressieren, ist schlecht. Aus dem Verhalten seines Chefs soziales Verhalten zu lernen, ist vorteilhaft und gut – wie immer das Verhalten des Chefs aussieht oder sich darstellt.

Das **Selbstkommunikations-Training** ist ein noch relativ unerforschter Zweig der Verhaltenstherapie. Zwar ist in der Psychotherapie bekannt, daß Selbstgespräche problemlösend wirken können (rational-emotive Therapie), doch Modellbeschreibungen für konkrete Vorgehensweisen und wissenschaftstheoretische Hinweise für die Selbstkommunikation (Selbstgespräche) fehlen. Selbstkommunikation kann konstruktiv oder destruktiv sein.

Die *destruktive Selbstkommunikation* äußert sich zumeist in negativen Bemerkungen, wie z. B.: »Das werde ich bestimmt nicht schaffen!« oder: »Das hält man ja nicht aus!« usw.

Die *konstruktive Selbstkommunikation* wendet solche wenig hilfreichen Sätze in ein positives Gegenteil um: »Vielleicht schaffe ich es doch!« oder: »Das ist zwar schwer, aber ich halte durch/aus!«
Es ist psychologisch von außerordentlicher Wichtigkeit, daß die konstruktive Selbstkommunikation *laut gesprochen* wird.

3.4 Entspannungstechniken

Zum Schluß dieses Abschnitts beschreiben wir drei Entspannungstechniken, die relativ leicht zu üben und einfach sowie praktikabel sind. Diese Techniken sind jedoch nicht nur im Rahmen der Selbstmotivation anwendbar, sondern geeignet, sie jederzeit zu praktizieren (z. B. Atemübungen für bevorstehende Gespräche oder Redeanlässe vor mehreren Personen; psychogenes Training vor schwierigen Verhandlungen oder in Streßsituationen usw.).

3.4.1 Atemübungen:

Im Grunde hat die Atmung zwei Funktionen des menschlichen Körpers zu erfüllen:
– das Blut mit Sauerstoff zu versorgen,
– beim Ausatmen dem Sprechen oder Singen als Energiequelle zu dienen.
Der Stimmklang entsteht dadurch, daß beim Ausatmen die im Kehlkopf befindlichen Stimmbänder in Schwingungen versetzt

werden. Durch das Formen der Worte (Artikulation) und die Resonanz des Kopfes und der Brust entsteht so die menschliche Stimme. Das Organ zur Atmung ist die im Brustkorb befindliche Lunge, bestehend aus zwei Lungenflügeln mit den Bronchien und der Luftröhre. Ihre Lage im menschlichen Körper ist an der Innenwand des Brustkorbes. Jede Bewegung des Brustkorbes bedeutet also auch gleichzeitig eine Bewegung der Lunge, je nach dem, ob der Mensch ein- oder ausatmet. Brusthöhle und Bauchhöhle werden durch das Zwerchfell voneinander getrennt. Wird nun eine Zwerchfell- oder Bauchatmung durchgeführt, bekommt die Lunge ein wesentlich größeres Volumen, wodurch wiederum ein starker Atemstrom beim Ausatmen entsteht, der für Stimmdruck und Stimmklang verantwortlich ist.

Die meisten Menschen sind »Flachatmer«, d. h., sie nutzen nur den oberen Teil der ca. drei Liter Luft fassenden Lunge. Dadurch wird die Atmung hektisch, kurz und nicht tief genug. In vielen Fällen entsteht dadurch Müdigkeit durch mangelnde Sauerstoffzufuhr, Nervosität und Gereiztheit, abgehacktes Sprechen usw.

Das Entspannungstraining besteht nun darin, daß von der üblichen Flachatmung zur Tiefvollatmung übergegangen wird. Dazu ist erforderlich, daß die Zwerchfell- und Flankenatmung (also Atmung mit dem gesamten Bauch) mit der Brustatmung kombiniert wird.

Bauchatmung: Stellen Sie sich aufrecht hin, lockern Sie sich zunächst ein wenig (entspannen) und konzentrieren Sie sich nur auf die Nabelgegend. Atmen Sie durch die Nase langsam aus und ziehen Sie dabei die Bauchdecke ein – kurzer Atemstopp. Dann atmen Sie durch die Nase ein und wölben die Bauchdecke soweit Sie können nach außen – kurzer Atemstopp. Wieder atmen Sie aus, dann wieder ein und wiederholen diese Übung mehrmals.

Brustatmung: Stellen Sie sich wiederum aufrecht hin, lockern Sie sich ein wenig (entspannen) und konzentrieren Sie sich nur auf den oberen Teil des Brustkorbes. Atmen Sie durch die Nase nun langsam aus, so daß sich der Brustkorb zusammenzieht. Dann atmen Sie durch die Nase ein, so daß sich der

Brustkorb ausdehnt, und wiederholen Sie diese Übung mehrmals.

Tiefvollatmung: Stellen Sie sich aufrecht hin, lockern Sie sich wiederum ein wenig, indem Sie kleine Gymnastikübungen mit den Armen durchführen, den Kopf »kreisen« lassen, die Schultern nach oben und unten bewegen usw. Wie bei einer normalen Gymnastikübung müssen Sie sich am Schluß wieder lockern, um evtl. Verspannungen zu verhindern.

Schließen Sie nun die Augen, atmen Sie drei- bis viermal wie üblich (flach) und konzentrieren Sie sich auf die kommende Tiefvollatmung.

Atmen Sie nun langsam durch die Nase ein, und zwar so, daß Sie mit der Bauchatmung beginnen und stetig auf die Brustatmung übergehen. Sie müssen das Gefühl haben, daß sich der gesamte Brust- und Bauchraum mit Luft gefüllt hat und »kein Platz mehr ist«. Brust und Bauch müssen dabei gewölbt werden.

Halten Sie nunmehr kurz die Luft an und lassen Sie diese dann langsam zum Ausatmen durch die Nase strömen. Durch das bewußt, vollständige Ausatmen müssen Sie stets ein bißchen »in sich zusammensinken«. Dabei muß der Kopf locker nach vorne auf die Brust fallen. Atmen Sie nun wiederum langsam durch die Nase ein, und zwar so, daß sich dabei auch der Kopf hebt. Halten Sie die Augen weiterhin bei dieser Übung geschlossen.

Diese Übung muß mehrmals wiederholt werden. Als Zeitdauer empfehlen wir 10–15 Minuten. Auch während der anderen Übungen zur systematischen Desensibilisierung ist die Tiefvollatmung als Entspannung zwischendurch immer sinnvoll.

Vorsicht: Durch die erhöhte Sauerstoffzufuhr kann es zu Schwindelanfällen, Herzklopfen oder Blutandrang im Kopf kommen. Sie sollten dann sofort die Übung abbrechen und zur normalen Atmung (Flachatmung) zurückkehren.

3.4.2 Progressive Muskelentspannung:

Diese Entspannungstechnik wurde Anfang der 30er Jahre von dem amerikanischen Psychologieprofessor *E. Jacobson* entwickelt. Sie ist als Training ebenfalls gut geeignet, weil sie in einigen Grundübungen sofort und unmittelbar, also ohne vorbereitende Lehrgänge, durchgeführt werden kann. Die Grundtechnik geht von einer natürlichen Ermüdung und Entspannung eines Muskels nach vorausgegangener Belastung aus. Das bedeutet mit anderen Worten: Jede Muskelgruppe des Körpers wird zunächst angespannt, diese Spannung wird einige Zeit beibehalten, und dann erfolgt die bewußt schlagartige »Entspannung«. Wichtig dabei ist, daß – im Unterschied zum autogenen Training – auch die »Verspannung« als spezifische Empfindung wahrgenommen werden soll, und nicht nur die »Entspannung«, um zwischen normaler und überhöhter Anspannung des Körpers unterscheiden zu können. Man beginnt in den Grundübungen mit verschiedenen Muskelgruppen in vorgegebener Reihenfolge, die nacheinander durch die Übungen entspannt werden, d. h. von der rechten zur linken Hand, von den Unter- zu den Oberarmen, vom Gesicht zum Nacken, von den Schultern zum Rücken, von der Brust zu Bauch und Becken, von den Ober- zu den Unterbeinen bis zum linken und dann zum rechten Fuß. Mit jeder Muskelgruppe wird so lange geübt, bis eine Entspannung spürbar ist, also bis sie z. B. als angenehm oder wohltuend erlebt und wahrgenommen wird. Dabei werden stets drei Phasen durchlaufen: Anspannen, (kurzes) Halten der Spannung, Entspannen. Beispiel:

Anspannen: Schließen Sie langsam Ihre rechte Hand zu einer Faust und achten Sie bewußt auf den Übergang des Ruhezustandes in den Zustand einer permanenten Überspannung. Drücken Sie nun Ihre Faust immer stärker zusammen und spüren Sie, wie die Muskeln angespannt werden. Wenden Sie nun noch mehr Kraft auf, so daß Ihre Faust zu zittern beginnt und Sie den Punkt erreichen, an dem ein weiteres Anspannen der Muskeln nicht mehr möglich ist.

(Kurzes) Halten der Spannung: Halten Sie den angespannten Zustand ca. fünf Sekunden und nehmen Sie dabei Ihre Anspannung der Muskeln stets wahr. Zählen Sie dabei die Sekunden rückwärts:»5−4−3−2−1−...«

Entspannen: Lösen Sie nun schlagartig Ihre Faust und lassen Sie somit alle Spannung aus der Muskelgruppe. Versuchen Sie dabei, bewußt wahrzunehmen und tief zu erleben, daß aus der starken Anspannung ein Gefühl der Wärme, der »Befreiung«, der Entspannung wird. Es ist wichtig, daß Sie eher passiv sind, indem Sie alle Empfindungen nur beobachten, wahrnehmen, fühlen und erleben. Stellen Sie eine Verbindung Ihrer Psyche mit Ihren Muskeln her, indem Sie beide erleben, beobachten und somit entspannen. (Schon aus diesem Grunde hat diese Übung rein gar nichts mit Bodybuilding zu tun.)

3.4.3 Psychogenes Training:

Das psychogene Training ist eine Form des *psychoregulativen Trainings,* indem bestimmte psychologische Interventionsverfahren modifiziert übernommen und angewendet werden. Das psychogene Training (eine eher problematische Bezeichnung) besteht in Originalform in den USA schon seit ca. 30 Jahren und beinhaltet im Gegensatz zum autogenen Training keine Körperübungen. Die Erfolge des psychogenen Trainings sind außergewöhnlich hoch, obwohl man noch nicht genau erklären kann, warum das so ist. Es kann vermutet werden, daß durch das eigene Versetzen in eine tiefe Entspannung mit positiven Gedanken ein Zugang zum Unbewußten geschaffen wird, was wiederum eine Transformation zum Bewußten bewirken könnte. Es gibt allerdings – im Gegensatz zum autogenen Training – das Problem, daß, abweichend von der amerikanischen Methode, mehrere Versionen mit z. T. sehr unterschiedlichen Vorgehensweisen in den Übungen vorhanden sind und (meist von freien Psychologen oder Psychogruppen) angeboten werden.

Die verhaltenstherapeutischen Grundmuster sind jedoch miteinander vergleichbar und können wie folgt beschrieben werden:
1. Übung zur völligen körperlichen Entspannung.
2. (Bewußter) Zustand der körperlichen Entspannung.
3. Systematische geistige Vorstellung (meist über Farben).
4. Gedankliche Schaffung einer angenehmen Situation.
5. Systematische Beendigung der Übung.

Aus diesem Grundmuster wird deutlich, daß – ähnlich wie bei der progressiven Muskelentspannung – versucht wird, zwischen Psyche und Körper eine im weiteren Sinne steuerbare Verbindung zu schaffen. Die Übungen sollten *immer nur sitzend* durchgeführt werden, wobei darauf zu achten ist, daß die äußere Umgebung dem Wunsch nach Ungestörtheit entspricht.

Zur Durchführung:

1. Setzen Sie sich auf einen bequemen (nicht zu tiefen) Stuhl, legen Sie die Unterarme auf Ihre Oberschenkel, die Handflächen sind nach oben gerichtet, die Hand ist geöffnet. Ihre gesamte Körperhaltung muß so ausgerichtet sein, daß weder Rücken noch Kopf oder sonst ein Körperteil eine Verspannung erfahren kann. Schließen Sie die Augen.

   Stellen Sie sich nun vor, Sie würden langsam in eine Tiefe sinken, die Sie als angenehm verspüren. Stellen Sie sich z. B. vor, daß Sie in einem gläsernen Aufzug zum Meeresboden hinabgleiten, und versuchen Sie, sich die farbenprächtige Meereswelt um sich herum vorzustellen.

   Betrachten Sie das Hinabgleiten wie eine Aufzugsfahrt nach Stockwerken und zählen Sie zehn Sekunden lang die einzelnen Stationen in Gedanken rückwärts: »10−9−8−7− ...« usw. Seien Sie völlig entspannt und konzentrieren Sie sich nur auf das langsame Hinabgleiten.

2. Verharren Sie nun einige Sekunden in diesem Zustand der Ruhe und genießen Sie ihn. Wiegen Sie z. B. Ihren Kopf leicht hin und her, so, als würden die Bewegungen des Wassers Ihren Rhythmus bestimmen; drücken Sie Ihre Augenlider einmal fest zusammen und lösen Sie den Druck wieder. Halten Sie jedoch die Augen stets geschlossen. Sie werden vermutlich um sich

herum Dunkelheit verspüren, die zumeist sehr diffus von hellen Flächen und Punkten kurzzeitig aufgelöst wird.

3. Sie müssen sich nun darauf konzentrieren, einzelne Farben zu erkennen. Dabei ist eine bestimmte Reihenfolge einzuhalten (wir werden die psychosomatischen Wirkungen der Farben nach Abschluß dieser Übung erklären). Die Farbreihenfolge ist: Rot, Gelb, Grün und Blau (»Urfarben«). Da Farben untereinander eine bestimmte Beziehung haben (bunte und unbunte Farben), werden diese in einem Farbendreieck nach bestimmten Gesetzmäßigkeiten dargestellt:

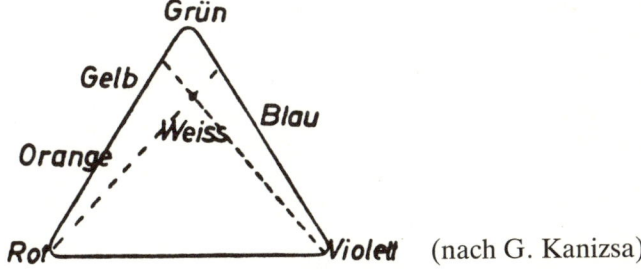 (nach G. Kanizsa)

Beginnen Sie mit einem kräftigen Rot und stellen Sie sich dazu eine Fläche oder einen Ihnen bekannten Gegenstand vor (Feuerschein, Sonnenuntergang, Fahnen, Kleider etc.). Suchen Sie sich zu allen »Farbstationen« einen Gegenstand oder eine Fläche und verharren Sie stets einige Sekunden »in dieser Farbe« – das ist sehr wichtig. Es folgen nun die Farben Gelb, Grün und Blau.
Nach der Farbe Blau stellen Sie sich nun noch die Farbe Violett vor und beenden Sie in jedem Fall Ihre Farbvorstellung mit Weiß. Auch hierbei spielen psychosomatische Wirkungen die entscheidende Rolle.

4. Nach der bisher systematischen Vorgehensweise haben Sie im vierten Teil der Übung alle Möglichkeiten einer freien Entfaltung Ihrer Vorstellungskräfte. Stellen Sie sich nun also Dinge, Sachverhalte, Ereignisse, Orte, zukünftige Erfolge bildlich vor. Erlaubt ist dabei alles – auch das Irrationale. Gehen Sie mit Ihren Gedanken an dem schönsten Ort, den Sie kennen, »spazieren«, oder stellen Sie sich vor, Ihnen würde in einem feierli-

chen Rahmen eine hohe Auszeichnung überreicht usw. Wichtig dabei ist nur, daß Sie sich eine »angenehme Situation« schaffen. Verharren Sie in diesen Gedanken undVorstellungen ca. 10−15 Minuten – oder länger, wenn Sie es wünschen.

5. Im letztenTeil der Übung müssen Sie sich nun wieder auf die »reale Welt« vorbereiten. Sie sollten die Übung also nicht abrupt abbrechen, sondern so »aussteigen«, wie Sie »eingestiegen« sind: mittels des gläsernen Fahrstuhls. Stellen Sie sich also vor, daß Sie langsam mit dem Lift nach oben fahren, und »zählen« Sie dabei wiederum die Stockwerke. Beginnen Sie nun aber in der Zahlenfolge mit 1−2−3... usw. Eine »genaue Anzahl« wie beim Einstieg ist nicht wichtig – der »Ausstieg« kann in ca. fünf Sekunden beendet sein.

Öffnen Sie nun Ihre Augen und strecken Sie sich, so, als wären Sie gerade aus dem Bett aufgestanden.

Sie werden eine sehr wohltuende Ruhe und Gelassenheit empfinden.

Daß bei dieser Entspannungstechnik die Farben eine zentrale Rolle spielen, hat seine Bedeutung darin, daß es zwischen Farben und Menschen kausale Beziehungen gibt. Um auszudrücken, daß niemals der Körper allein angesprochen wird, sondern die Seele immer mitschwingt oder gar den Impuls zur physischen Reaktion gibt, sprechen wir von:

psychosomatische Wirkung von Farben. (griech. *psyche* Seele, *soma* Körper). Bekannt ist, daß z. B. Licht ganz allgemein den Organismus beeinflußt. Entsprechend kann man auch von Reizen reden, die eine bestimmte Wellenlängenart innerhalb der Strahlung auslösen. Das ist aber keineswegs eine nur rein optischeWirkung, denn der die Netzhaut treffende Reiz wird durch dieVermittlung des Zwischenhirns ja auch u. a. der Hypophyse (Hirnanhangdrüse) und dem vegetativen Nervensystem als Erregung zugeführt. Solche Farbreizreaktionen werden in der Medizin als Chromotherapie (Farblichtbehandlung, z. B. Rotlicht) ausgenutzt. Dennoch lassen sich psychosomatische Wirkungen nur schwer übersehen. Ein einfaches Beispiel mag die Komplexität verdeutlichen:

Stellen Sie sich ein gefährliches Ereignis vor, z. B. einen »Beinahe-

Zusammenstoß« mit einem Auto. Durch dieses Erlebnis spielt sich »in Ihnen« folgendes ab:

Es wird zunächst der sogenannte Sympathicus angeregt – das ist der Grenzstrang des sympathischen Teils des autonomen Nervensystems, der besonders die Eingeweide versorgt. Dieser regt die Bildung des Adrenalins in der Nebenniere an, welches ins Blut gelangt und wiederum den Sympathicus anregt. Eine weitere Wirkung ist die Verengung von Blutgefäßen (Blaßwerden!). Im enger gewordenen Blutgefäß muß das Blut nun rascher durchfließen als im Normalzustand, das bedeutet: Das Herz wird beansprucht, es klopft. Sind die Gefäße zu stark verengt, so daß praktisch kein Blut mehr durchfließen kann, ist die Atmung in Gefahr, das Herz setzt aus, der »zu Tode Erschrockene« stirbt. Geht man nun aber einmal davon aus, daß das Schlimmste nicht eintritt, dann kommt die anschließende Phase des Zitterns und Schwachwerdens nach der Phase der übermächtigen Kraftbelieferung während des Schreckmoments.

Dieser Vorgang spielt sich im kleinen auch dann in unserem Körper ab, wenn man zuviel Kaffee trinkt oder sympathicotrope Mittel (starke Geräusche, gewisse Düfte, aber auch Farbreize wie vor allem Rotlicht) einwirken. Es ist bewiesen, daß ein Rotreiz eine verstärkte Adrenalinausschüttung auslöst. Damit im Zusammenhang steht die Hemmung der Insulinproduktion (Insulin wird durch die »Langerhans'schen Inseln« der Bauchspeicheldrüse abgesondert), womit natürlich auch der Blutzuckerspiegel steigt. Die Veränderungen durch diese Konstellationen gehen bis in das Gewebe hinein, indem z. B. der Kalkspiegel steigt, zu Ungunsten des Kalziumgehaltes und anderer Hormone. Insgesamt ergibt sich auch eine Rückwirkung auf die Netzhaut, indem sich die Empfindlichkeit für Blaugrün erhöht und sich das Sehfeld für bestimmte Farben erweitert. Natürlich spielt der Zeitfaktor hierbei eine große Rolle, denn es ist ein Unterschied, ob man z. B. Rotreize nur Sekunden oder aber Stunden einwirken läßt. In unserer Übung haben wir die Farbreihenfolge aus den genannten Gründen vorgeschrieben, ebenso die Konzentration auf die jeweilige Farbe und auch die Betrachtungsdauer. Die Dinge, die wir im Leben sehen, oder die Szenen, die sich »vor unseren Augen abspielen«, wirken auf uns nicht »mosaikartig«, sondern stets räumlich. Das wiederum hat einen starken seelischen Einfluß, welches wissenschaftlich bereits Mitte der 30er Jahre in Deutschland untersucht wurde und heute mit gezielten therapeutischen Effekten zur Heilung von Krankheiten eingesetzt wird. Sicher ist dem Leser klargeworden, warum in den Übungen zum psychogenen Training zunächst das »systematische Farbprogramm« und dann erst die Schaffung einer »angenehmen Situation«, eines räumlichen Bildes erfolgt.

3.4.4 Weitere Entspannungstechniken:

Im Verlaufe der letzten Jahrzehnte wurde eine Vielzahl von Techniken zur Entspannung des menschlichen Körpers und der Psyche entwickelt. Einige dieser Techniken gelten heute als Klassiker, andere verschwanden wieder, weil sie entweder den Anspruch der Entspannung nicht erfüllen konnten oder weil sie schlicht in die Rubrik »psychologischer Unfug« einzuordnen waren.

Ein Klassiker ist das »autogene Training«, welches vor ca. 60 Jahren von dem Berliner Psychiater *J. H. Schultz* für viele psychosomatische Beschwerden aller Art entwickelt wurde. Zur Erklärung der Wirkungsweise muß beachtet werden, daß der menschliche Körper mit Hilfe des sogenannten autonomen und vegetativen Nervensystems sich nahezu jedem Lebensumstand anpassen kann. Was immer wir körperlich oder geistig tun: es gibt psychische Begleiterscheinungen, die sich sehr unterschiedlich äußern (z. B. freuen, ärgern, lachen, weinen, Wut haben etc.). Auf solche Reaktionsmuster der *Spannung* ist der menschliche Körper programmiert, und wir »erleben« sie aktiv. Genausogut ist der menschliche Körper aber auch auf *Entspannung* programmiert, die wir allerdings nur zum Teil wahrnehmen, weil wir keine Beobachtungsmöglichkeiten haben; so ist z. B. die höchste Stufe der Entspannung der Schlaf, den wir bei uns selbst nicht beobachten können. Wir spüren nur die Wirkung, die der Schlaf hatte, wenn wir aufwachen. Bei diesen Überlegungen setzt das autogene Training an, füllt diese Beobachtungslücke durch spezielle Übungen aus, um zu lernen, daß man die durch Entspannung ausgelösten körperlichen Veränderungen bewußt wahrnimmt, ohne einzuschlafen. »Herr Doktor, wenn ich so sitze und nichts tue, dann geht es mir gut!« – diesen mehr oder weniger witzigen Spruch kennt sicher jeder. Aber jeder von uns kennt sicher auch das schlechte Gewissen, welches man hat, weil man nichts tut, und eigentlich »hätte man doch dringend die Arbeit ABC zu erledigen ..., statt dessen ...« usw. Beim autogenen Training wird eben diese Zeit sehr bewußt zu einer konzentrierten Beobachtung der Körperreaktionen benutzt, man versucht also, nicht nur die Verspannung zu lösen, sondern Entspannung positiv und bewußt zu erleben, sozusagen: *Nichtstun ohne schlechtes Gewissen.*

Es muß an dieser Stelle aber auch gesagt werden, daß allzu häufig die Entspannungswirkung des Autogenen Trainings zu früh erwartet wird. Ein normaler Grundkurs dauert sechs bis acht Wochen, ein Aufbaukurs ebenfalls ca. sechs Wochen und wird von vielen Institutionen angeboten (Volkshochschulen, Ärzten, Psychotherapeuten etc.). Auch die angebotene Fachliteratur ist sehr umfangreich und ergiebig. Wer sich für diese Technik interessiert, wird also keine Informationsprobleme haben. Zum täglichen Üben muß man sich mindestens 15 – 30 Minuten freihalten – und es ist nachgewiesen, daß man bei ernsthafter Betreibung dieser Entspannungstechnik im Laufe der Zeit eine sehr veränderte Einstellung zu streßauslösenden Ereignissen im positiven Sinne gewinnt.

Der Autor ist der Überzeugung, daß im Sinne des Verkaufens für die meisten Verkäufer ein einfaches, leicht anwendbares Entspannungstraining ausreicht (Atemtraining, progressive Muskelentspannung, psychogenes Training). Zudem kann es nicht Aufgabe dieses Buches sein, alle Entspannungstechniken darzustellen, zumal Wert und Wirkung vieler Techniken umstritten sind. Erwähnt sei noch die *Meditation,* die vergleichbare körperliche Auswirkungen hat wie Muskelentspannung, autogenes Training etc., von der jedoch der Verfasser glaubt, daß sie im Sinne unseres Zieles keine für den Verkäufer geeignete Entspannungstechnik ist.

3.5 Die drei wichtigen Phasen der Verkaufspsychologie

Wenn die innere Einstellung, die Selbstmotivation eines Verkäufers stimmt, lassen sich die drei Phasen: **Vorbereitung, Durchführung** und **Nachbereitung** eines Verkaufsgespräches planen.

Da jedes Gespräch mit einer Vorbereitung beginnt, sollten Sie sich stets folgende Fragen stellen (und auch gut beantworten können):

1. Phase Vorbereitung:

1. Phase

- Wen will ich ansprechen und warum?
- Was will und was kann ich dem Kunden sagen?
- Wie bereite ich die Anmeldung meines Termines vor? Komme ich unangemeldet oder nicht?
- Ist meine Touren-/Zeitplanung optimal?
- Kenne ich den Kunden und bin ich in der Lage, seine Motive herauszufinden?
- Bin ich darauf vorbereitet, zunächst einmal den Bedarf des Kunden festzustellen?
- Habe ich alle Unterlagen in ausreichender Zahl dabei?
- Kann ich mir die Situation vorstellen, in die ich eintreten werde?
- Habe ich Vorinformationen vom Kunden, die geeignet sind, sie anzusprechen (Interessen, Hobbys, Lieblingsthemen etc.)?
- Kenne ich eventuell »Killerthemen«, auf die ich den Kunden nicht ansprechen sollte?
- Bin ich auch bei diesem Kunden innerlich darauf eingestellt, mich in die Lage des Kunden zu versetzen?

114

- Gehe ich gerne zu diesem Kunden, oder kann er z. B. mich nicht »riechen« – oder umgekehrt? Bin ich darauf vorbereitet, mit meinen und seinen Emotionen »umzugehen«?
- Welches *Image* insgesamt präsentiere ich aus der Sicht des Kunden?

Je nach Kundenerfahrung und -typen ließe sich diese Liste ohne weiteres fortsetzen. Doch in der Verkaufspsychologie geht es nicht darum, daß Sie per Checkliste alle Punkte »abhaken«, sondern es geht um die innere Einstellung – zu sich selbst und zu dem Kunden. Wer dieses »System« begriffen hat, der kommt in der Regel mit einigen wenigen Merkpunkten aus und muß nicht zu jedem Gespräch erneut »den tiefen Teller erfinden«. Analog gilt dieses auch für die Durchführung:

2. Phase: Durchführung

2. Phase

- Wie eröffne ich das Gespräch (»Guten Tag, wie geht's« ... Deutschlands lahmste Verkäufer-Formel ...!)?
- Welche Negativ-Formulierungen und Killerphrasen muß ich unbedingt vermeiden?
- Kenne ich noch die »Grundregeln« im Umgang mit Kunden, oder bin ich schon ein »Zwölfender mit Platzhirsch-Allüren«?

- Beherrsche ich die wichtigsten Frage- und Gesprächstechniken?
- Stelle ich genügend Fragen, um zu erkennen: was will der Kunde, warum will er das und was sind seine Erwartungen?
- Betreibe ich zunächst den Aufbau von Wertvorstellungen beim Kunden oder »rassle« ich einfach unsere Produktvorteile runter?
- Kann ich wirklich und schlußendlich die Frage beantworten: Was habe ich (der Kunde) davon?
- Kann ich Verhandlungsalternativen entwickeln – bin ich darauf vorbereitet?
- Kann ich die Kaufsignale des Kunden erkennen oder »zerrede« ich womöglich alles?
- Kann ich ein Preisgespräch wirklich souverän führen oder arbeite ich mit Platitüden? Wie gehe ich mit Rabatten um?
- Kann ich dem Kunden eine gute Entscheidungshilfe geben? Kommt z. B. ein provisorischer Abschluß in Frage? Wie kann ich den absichern?
- Wird bei Gesprächsvertagung ein neuer Termin gleich zeitlich eingegrenzt?
- Verspricht der Kunde anzurufen – glaube ich daran, oder soll ich besser die Initiative in der Hand behalten?
- Wenn ich später zurückrufen soll: Frage ich, »Was macht unser Angebot« oder »Wie haben Sie sich denn entschieden?«, oder fällt mir etwas Besseres ein? Gebe ich ihm z. B. eine zusätzliche Information und, wenn ja, welche?

Auch hier ließe sich die Liste beliebig weiterführen – je nach Kunden- und Verkäufertypologie.

3. Phase: Nachbereitung

Mit der letzten Phase ist ein äußerst wichtiger Bereich in der Verkaufspsychologie angesprochen, der in der Bauwirtschaft immer noch sehr stiefmütterlich behandelt wird: *die Nachbereitung.* Um eine wirksame Nachbereitung durchführen zu können, müssen allerdings bestimmte Voraussetzungen vorliegen, die zu beachten sind. Zum einen muß natürlich ein entsprechendes Gespräch oder ein Kontakt stattgefunden haben. Zum anderen muß die Art und Weise einer Nachbereitung auch technisch durchführbar sein.

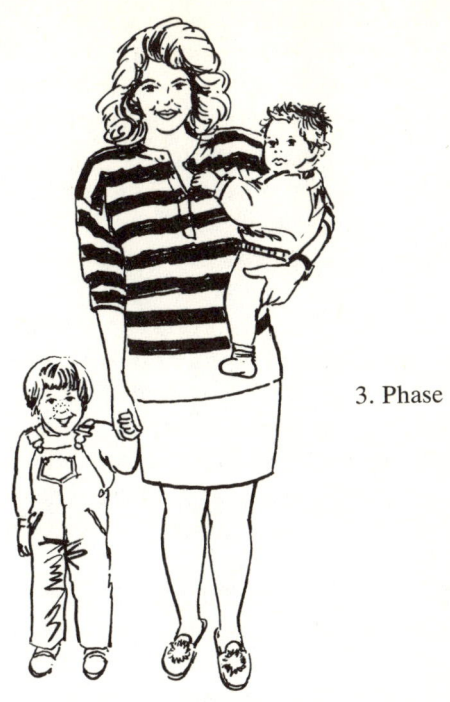

3. Phase

Damit ist folgendes gemeint:
Wenn Sie z. B. eine schriftliche Nachbereitung machen wollen, muß betriebsintern geklärt werden, wer den Brief vorformuliert, wer ihn schreibt und wer ihn *unter*schreibt. So halten wir es für ein Unding, daß ein Verkäufer z. B. mit einem Bauherrn oder Architekten verhandelt hat und sein Chef sowie der unbekannte Prokurist die Briefe unterschreibt. Jeder Kunde kann sich ausrechnen, wo die Kompetenzen des Verkäufers angesiedelt sind – und wenn der Kunde etwas vom Verhandeln versteht, dann kann er seine »Spielchen treiben«. Dieses gilt im Prinzip für alle Branchen und führt im negativen Fall ohne Zweifel zu einer Verstimmung mit dem Verkäufer, der diesmal – zugegeben – seine Demotivation aus einer verkrusteten Organisation bezieht und nicht vom eigenen ICH. Dem Vorschlag, Außendienstmitarbeitern das Recht und die Pflicht zur eigenständigen schriftlichen Nachbereitung einzuräumen, stehen drei hinreichend bekannte Argumente gegenüber:

1. Die innerbetrieblich geregelten Verfahrensweisen der Zeichnungsbefugnis für Briefe »außer Haus«.
2. Die Befürchtung juristischer Nachteile im Streitfall durch rechtsunkundige Formulierungen des Außendienstmitarbeiters einschließlich des Mißbrauchs.
3. Die (zumeist angenommenen) mangelhaften Formulierungskünste von Außendienstmitarbeitern inkl. Image-Verlust (»... sehen Sie sich mal die Berichte an, dann wissen Sie alles ...!«).

Diese Argumente, die dem Verfasser in seiner Beratungspraxis sehr häufig begegneten, führen deutlich und unmißverständlich auf die These zurück, daß die Nachbereitung in vielen Branchen, insbesondere aber in der Bauwirtschaft, sehr stiefmütterlich behandelt wird – da sind einfach einige andere Branchen in der Fähigkeit, eine gute und wirksame Nachbereitung durchzuführen, weit voraus. Den drei vorgenannten Argumenten hält der Verfasser zumeist drei Fragen entgegen:

1. **Sind Sie wirklich sicher, daß Sie sich nicht täuschen?**
2. **Haben Sie den Mut zur Änderung schon einmal aufgebracht und den hohen Motivationswert bedacht?**
3. **Wurde auch ein Teil der Organisation dazu entsprechend modifiziert, handlungsfähig gemacht, von *Ihnen persönlich* überwacht und kontrolliert?**

Wir können an dieser Stelle nur zum Punkt 3 ein paar Anmerkungen machen, müssen aber auch hinzufügen, daß die Lösung dieser Fragen von vielen Komponenten abhängig ist, die markt- und unternehmensspezifisch sehr unterschiedlich sein können. Ein Patentrezept gibt es hier – wie in den meisten anderen Unternehmensbereichen – natürlich nicht. Aber es ist nicht einzusehen, warum nicht eine modifizierte Organisationsform geschaffen wird, die den gegebenen Marktbedingungen Rechnung trägt.

So sollte natürlich keineswegs ein Außendienstler seine Nachbereitung nach Feierabend auf der heimischen Schreibmaschine unter Verwendung von Firmenbögen »klappern« müssen oder sollen, sondern diese Aktivität muß betriebsintern zentral (Schreibbüro/Sekretärin) erfolgen – und zwar möglichst kurzfristig. Für alle Schriftsätze der Nachbereitung können Mustervorlagen erstellt werden, die je nach Bedingung oder Situation erweitert, geändert oder modifiziert werden können. Es ist hier nicht der Platz, genaue Ausführungen über diese wichtige Stufe der Verkaufspsychologie (und des letztendlichen Erfolges) zu machen, aber eines kann deutlich gesagt werden: Es gibt auf jeden Einwand eine Antwort! Das Grundprinzip ist, daß ein Außendienstmitarbeiter von allen Berichts- und Schreibarbeiten soweit wie möglich entlastet werden muß. Ein genaues Berichtswesen ist für jeden Verkaufsleiter zwar unerläßlich – wie sollte er sonst agieren, Maßnahmen ergreifen und Aktionen durchführen? Aber die Struktur und Organisation muß so gestaltet werden, daß der Außendienstmitarbeiter die meiste Zeit im Markt, bei den Kunden ist und nicht vor Berichten »hockt«. Abwesenheit vom Markt ist nur begründet durch: Jahrestagung/Schulung, Urlaub und Weihnachtsfeier.

Wichtig ist, daß Nachbereitung zu einer Zeit durchgeführt wird, die auch »Wirkung« verspricht. **Nachbereitung ist keine »späte Rache als Gericht, das kalt genossen wird«, sondern Nachbereitung ist »ein Eisen, das geschmiedet werden muß, solange es heiß ist«.** Es sei denn, Sie setzen die Nachbereitung als eine sehr subtile Form, z. B. nach Abschluß aller Arbeiten und Bezahlung der Rechnung, »etwas später« ein …! Das ist dann (fast) schon die HOHE KUNST DER VERKAUFSPSYCHOLOGIE …!

Dazu wieder ein Beispiel aus der Baupraxis. Ein Unternehmen, welches sich auf den Einbau von Kunststoff-Fenstern in der Althaussanierung spezialisiert hatte, wies seine Verkäufer an, ca. drei bis vier Wochen nach Bezahlung der Rechnung den Kunden nochmals gegen 18.00 oder 19.00 Uhr anzurufen, um sich nach seiner Zufriedenheit zu erkundigen. Der Zeitpunkt war so gewählt, daß die Familie den Anruf beim Abendessen bekam. Der Verkäufer hatte in etwa folgende Statements und Fragen zu bringen: »Guten Abend, Herr/Frau Müller, hier ist nochmals Lehmann von der Firma Fensterbau GmbH. Die Arbeiten an Ihren Fenstern sind nunmehr abgeschlossen, und ich möchte mich erkundigen, ob Sie zufrieden mit unserer Arbeit sind?« Häufigste Antwort: »Ja, äh, aber die Rechnung haben wir doch bezahlt …!« »Das ist richtig, Herr/Frau Müller, und wir dürfen uns an dieser Stelle nochmals für Ihren Auftrag bedanken. Unsere Firma hat ein kleines Pflege-Set entwickelt, das wir Ihnen gerne kostenlos überlassen möchten. Darf ich Ihnen dieses Set morgen nachmittag vorbeibringen?«

Es bedarf keiner großen Phantasie, sich vorzustellen, was nach dem Telefonat für ein Gespräch am Abendbrottisch stattfand: »Wer war denn das?« »Herr Lehmann von der Firma Fensterbau GmbH. Er wollte wissen, ob wir zufrieden sind und bringt uns morgen ein kostenloses Pflege-Set vorbei.« »Das finde ich aber sehr aufmerksam von der Firma. Die kann man guten Gewissens weiterempfehlen.«

Der Einwand einiger Verkäufer, der Kunde müsse doch den Eindruck gewinnen, die Firma sorge sich bereits nach vier Wochen um die Funktionstüchtigkeit der Fenster, zog nicht – es sei denn, die Firma hätte tatsächlich »Mist« eingebaut und schlechte Arbeit geliefert. In dem Fall läge das Problem nicht in der Nachbereitung, sondern in der handwerklichen Durchführung oder im Produkt selbst.

Ein weiteres Beispiel: In der Bauwirtschaft kommt es vor, daß ein Unternehmen, welches bestimmte Arbeiten an einem Bauobjekt durchzuführen hat, mit dem Architekten und seinem Bauleiter aufgrund bestimmter Ausführungsleistungen Streit bekommt. Die Gründe sind sehr unterschiedlich und können sowohl im zeitlichen Ablauf, in der Ausführung selbst, im Produkt oder in der Abrechnung liegen. Kein lieferndes oder ausführendes Unternehmen kann aber daran interessiert sein, sich mit Architekten zu »überwerfen«, denn letztlich erhalten diese Unternehmen die Ausschreibungsunterlagen – oder auch nicht. In den »fetten Zeiten« des Wiederaufbaus und Baubooms war das nicht immer wichtig – jetzt ist es wichtig.

Ein handwerkliches Unternehmen hatte diesbezüglich besondere Probleme, die vorwiegend im Umgang und in der Sprache mit Architekten lagen. Das ging so weit, daß einige örtliche Architekten mit diesem Unternehmen aufgrund der Unfreundlichkeit nicht mehr zusammenarbeiten wollten.

Da die handwerkliche Qualität dieses Unternehmens einwandfrei war und auch die Terminzusagen im großen und ganzen eingehalten wurden, konzentrierten sich die Maßnahmen auf folgende Bereiche:

1. Organisatorische/personelle Änderungen.
2. Durchführung von verkaufspsychologischen Schulungen der Mitarbeiter und (insbesondere) der Geschäftsleitung.

120

3. Nachbereitungs-Maßnahmen.

Diese Nachbereitungen hatten zwei Schwerpunkte:

a) Formulierung von »versöhnlichen« Briefen – ohne »Liebbitten«, d. h. kurzer Hinweis auf den bedauerlichen »Streit«, jedoch klares Bekunden eines Interesses an weiterer Zusammenarbeit.

b) Persönlicher Besuch des Unternehmers und Gespräch mit den Architekten in Gegenwart der Bauleiter *nach* der Kostenabrechnung.

Die dem Architekten unterstellten Mitarbeiter, im vorliegenden Falle also die Bauleiter, wurden bewußt in das Gespräch einbezogen, um die Möglichkeiten einer Spät-Beeinflussung durch diese Mitarbeiter zu verhindern. Da die Unternehmer psychologisch geschult waren, wurden zwar die Streitpunkte diskutiert, aber es wurden keine »Streitgespräche«. Der Erfolg war, daß sich z. T. sehr enge und vertrauensvolle Geschäftsbeziehungen zwischen dem handwerklichen Unternehmen und den Architekten ergaben.

Zusammenfassend:

1. Nichts ist für einen Verkäufer schöner, als eine Sache gut (und möglichst schnell) abgeschlossen zu haben!

- »Auf zu neuen Ufern!«
- »Das war ein guter Auftrag!«
- »Da habe ich die Konkurrenz ganz schön ausgeschaltet!«
- »Dem habe ich gezeigt, wo der Bartel den Most holt!«
- »Da habe ich mich super durchgesetzt. Der hat begriffen, daß wir besser sind als der Wettbewerb!«
- »Bei solchen Kunden macht die Arbeit doch Spaß!«

2. Nichts ist unbefriedigender für einen (guten) Verkäufer, als mit einem »negativen Restwert« leben zu müssen!

- »Bin ich froh, diesen Auftrag endlich abgeschlossen zu haben!«
- »Über den ganzen Käse schlag’ ich ein Ei und vergesse den Mist!«
- »Der Kunde kann mich doch mal! Erst ausquetschen bis zum letzten Pfennig und dann noch große Sprüche klopfen …!«
- »Wenn der Kunde unbedingt mit dem Wettbewerb zusam-

menarbeiten will: Bitte …!! Wir leben auch ganz gern von der Sanierung!«

- »Mein Gott, was soll's? Gegen Dummheit kämpfen selbst Götter vergebens …!«
- »Spitze! Rechtsstreit gewonnen! Alles klar!«

3. Regel

Ganz gleich, ob ein Auftrag positiv oder negativ verlaufen ist, ob es freundliche Worte gab oder ein Rechtsstreit die Folge war, ob Sie den Kunden total unsympathisch oder sehr sympathisch fanden, ob Sie weitere Aufträge vermuten oder genau wissen, »da kommt sowieso nichts mehr …«:

NACHBEREITUNG IST EIN NACHSCHLÜSSEL ZUM ERFOLG!!

Nachbereitung heißt (u. a.):
- Behalten Sie Kontakt zum Kunden.
- Rufen Sie nach der Auftragsdurchführung mal an.
- Schreiben Sie einen Brief – auch und gerade bei sog. »schlechten Kunden«, sofern es »schlechte« Kunden überhaupt gibt …!
- Bleiben Sie in Ihren (schriftlichen) Aussagen ehrlich, kein Zynismus und keine »Schaukel-Lyrik«, kein »Auftrumpfen« – aber auch kein »Liebbitten«. Wenn es Streit gegeben haben sollte, erwähnen Sie diesen kurz. Aber betonen Sie deutlich, daß Sie an einer weiteren Zusammenarbeit interessiert sind.
- Bieten Sie nach Auftragsdurchführung produkt- oder unterneh-

mensspezifische (kleine) Sonderleistungen an – z. B. (sofern möglich) kostenloser Service etc.

Jede Nachbereitung muß sich natürlich nach den jeweiligen Betriebsbedingungen, den Produkten, dem Markt und vor allem den Kunden richten – sie muß behutsam, aber auch konsequent betrieben werden. Und nochmals: Die Nachbereitung sollte unbedingt von der Verkaufsleitung unterstützt werden, indem der Außendienstmitarbeiter von Schreibarbeiten etc. entlastet wird.

Wer dieses einfache Prinzip verstanden hat und konsequent beachtet, der hat klare »Platzvorteile« in einem Verkaufsgespräch – auch im Verkaufsabschluß.

KAPITEL IV

Sach- und Beziehungsebene

4.1 Bedeutung der Sach- und Beziehungsebene

Wir wollen dieses Kapitel mit folgender Frage an die Leser beginnen:

»Stellen Sie sich bitte vor, alle Entscheidungen unseres Lebens in allen Bereichen und Größenordnungen, politische, wirtschaftliche, geschäftliche und persönliche Entscheidungen, werden zusammen mit 100 % angesetzt. Wieviel Prozent davon werden auf der rein sachlichen Ebene und wieviel auf der Ebene der emotionalen Beziehungen (Gefühlsbereich) gefällt?«

Viele Befragte vermuten schon durch die Fragestellung, daß gefühlsmäßige Entscheidungen überwiegen, und so gleichen sich die Antworten stets: 40/60 %, 50/50 %, manchmal auch 30/70 %. Im Prinzip sind aber diese Antworten falsch, denn *ca. 95 % aller Entscheidungen unseres Lebens werden auf der Ebene der emotionalen Beziehungen gefällt!*

Das erscheint vielen sicher sehr unglaubwürdig unter der Berücksichtigung, daß z. B. Abrüstungsverhandlungen, politische Maßnahmen oder Entscheidungen von Großkonzernen auf der Beziehungsebene getroffen werden könnten. Und doch ist es so, wenngleich die Fragestellung und die gegebene Antwort sehr stark vereinfachend dargestellt sind. In den USA wurde dieses Phänomen schon vor Jahren wissenschaftlich untersucht, und zufolge dieser Untersuchung ist dieses erstaunliche Ergebnis bekannt geworden.

Wenn man davon ausgeht, daß es in der Antwort nicht auf ein oder zwei Prozentpunkte ankommt, so lassen sich doch einige sehr wichtige Umkehrschlüsse ziehen. Wer z. B. eine Antwort vom Kunden oder vom Chef bekommt oder gar seine abgelehnte Bewerbung mit den Worten zurückerhält: »Aus rein sachlichen Erwägungen müssen wir Ihnen leider mitteilen ... usw.«, der möge – wenn er noch kann – still vor sich hinlächeln, wohl wissend, daß er kaum unter die 5 % Sachentscheidungen gefallen ist, denn diese sind aus psychologischen Gründen in aller Regel dann ausgeschlossen, wenn »Menschen« beteiligt sind – und eine Entscheidung zwischen zwei Computern wird wohl kaum gefallen sein …! Solche durchaus üblichen Formulierungen sind Mischungen zwischen Beruhigungspillen, Geschäftsfloskeln und Vernebelungen. Die wahren Gründe beschreiben sie meist nicht.

Doch für jeden, der verkauft (und wer muß das nicht?), ist eine andere Konklusion daraus viel wichtiger und entscheidender. Nämlich: **Wenn es so ist, daß 95 % aller Entscheidungen auf der Beziehungsebene getroffen werden, dann heißt das doch für jeden Verkäufer, daß er lernen muß, mit den »Beziehungen«, also mit den eigenen Emotionen und Gefühlen sowie denen anderer, umzugehen.** Und wer sind die »anderen«? Die anderen sind immer die, nach denen *wir* uns richten müssen – leider: der Chef, die Kollegen, die Nachbarn, die Familie und … die Kunden. Wer behauptet, daß er das nicht macht (oder nicht nötig hat), der liefert den besten Beweis für die Behauptung, daß 95 % aller Entscheidungen auf der Beziehungsebene getroffen werden – denn das wäre bereits eine emotionale Entscheidung.

Grundsätzlich darf (und muß) aber unterstellt werden, daß jeder Mensch und jeder Verkäufer seine eigenen und auch weitgehend die Emotionen der anderen (z. B. der bekannten Kunden und Partner) kennt. Das Problem besteht nur eben darin, mit den Gefühlen und Emotionen »richtig« umzugehen. Ein Beispiel dazu: Wer gerade im Fernsehen das »Wort zum Sonntag« hörte, sich – geläutert ob seiner Sünden – nunmehr verstärkt der »Liebe zum Nächsten« widmen will, friedlich aus dem Fenster schaut und sieht, wie sein streitsüchtiger Nachbar trotz mehrfacher Ermahnungen schon wieder mit seinem Auto über das Blumenbeet fährt, der wird wohl trotz guter Vorsätze eher damit beschäftigt sein, seine überschwappenden Emotionen und Zornesausbrüche in juristisch gerade noch zulässige Worte zu kleiden. **Grau ist eben alle Theorie!**

Kommunikation scheint etwas sehr Einfaches zu sein. Je weiter man sich jedoch von leeren Floskeln über das Wetter, die Gesundheit und anderen alltäglichen Informationen entfernt, je mehr man persönliche Eindrücke vermitteln oder sogar Problemlösungen erreichen möchte, um so mehr treten in vielen Fällen nicht erwünschte Effekte und Mißverständnisse auf. Und wenn der Gesprächspartner gar emotional reagiert bzw. mit unfairer Dialektik antwortet, treten nicht selten Verwirrung, Hilflosigkeit und kommunikative Fehlleistung auf: Die Emotionen »lassen schön grüßen«.

Generell haben wir es in diesem Bereich mit einem äußerst schwierigen Problem zu tun. Auf der einen Seite wissen die meisten, wie wichtig der Umgang mit den Emotionen ist. Aber auf der anderen Seite hat jeder von uns persönlichkeitsbedingt ein bestimmtes Verhalten in verschiedenen Situationen, und viele lehnen es schlicht ab, sich »ein besonderes Verhalten anzudressieren«. »Jeder ist so, wie er ist, und ich bin so, wie ich bin – basta! Ich laß mich doch nicht umerziehen und spiele vorm Kunden Kasperletheater – das merkt der doch!« »Jeder Kunde hat wenig Zeit und erwartet eine kurze, präzise und sachliche Information – darauf und nur darauf müssen wir getrimmt werden.«

Durch diese und andere, ähnlich markige Einwände wurde ich von einem Seminarteilnehmer (eines von der Geschäftsleitung angeordneten Seminars) bei meinen Ausführungen über diesen Themenbereich mehrfach unterbrochen. Auf meine folgende Frage: »Ich wollte Ihnen wichtige Erkenntnisse im Zusammenhang darstellen und bin mehrfach unterbrochen worden. Was glauben Sie, wie ich mich jetzt fühle ...?«, erntete ich zunächst ein eher hilfloses Schulterzucken und – als sich die Beispiele häuften – nach und nach mehr Verständnis und Einsicht, obwohl dieser Teilnehmer den »Zwölfendern« zuzurechnen war und er durchaus – auch später – kein Blatt vor den Mund nahm.

Genau um diesen Punkt geht es: *Einsicht.* Und um es vorwegzunehmen: Es geht niemals um »andressiertes Verhalten« oder gar »aufgesetzte Sprüche«. Verkäufer können und sollen ihre Persönlichkeit nicht verändern, sondern sie müssen diese weiterentwickeln – nicht mehr, *ABER AUCH NICHT WENIGER!* Es geht ganz einfach darum, daß man die emotionalen Abläufe und psychologischen Zusammenhänge z. B. im Kundengespräch erkennt, sich für eigene und andere Reaktionen sensibilisiert und damit – wenn man daran interessiert ist – ganz einfach mehr Erfolg hat. In den USA, die uns auch in diesem Punkt wieder einmal um Jahre voraus sind, werden diesbezügliche Seminarprogramme für Verkäufer durchgeführt, die bei uns (jetzt noch!) auf reinste Ablehnung stoßen würden. Die Entwicklung dazu ist aber auch bei uns nicht aufzuhalten, denn die Märkte haben sich genauso geändert wie das Kaufverhalten.

4.2   Ihr Image ist wichtiger als der Preis!

**IMAGE
kontra
PREIS?**

Ein Image wird sehr häufig gesteuert durch Vorurteile – Sie alle kennen Beispiele dazu. Besonders ein schlechtes Image hält sich hartnäckig, obwohl vielleicht nachgewiesen werden könnte, daß es nicht stimmt oder daß es sich wesentlich verbessert hat.

**IMAGE
gesteuert durch
...VORURTEILE...?**

Zum Beweis stellen Sie doch einmal in Ihrem Bekanntenkreis die Fragen:
Schöne Frauen sind . . . . ?
Beamte sind . . . . ?
Ostfriesen sind . . . . ?
usw.
Die Ergebnisse werden bei Ihnen nicht anders aussehen als unsere Ergebnisse aus mehr als 1000 Antworten von Seminarteilnehmern (schöne Frauen ... teuer, eitel. Beamte ... faul. Ostfriesen ... dumm, naiv).

Beamte sind ...

Die Antworten gleichen sich, obwohl jeder von uns weiß, daß schöne Frauen durchaus nicht eitel oder teuer sein müssen, und jedem ist auch bekannt, daß es sehr tüchtige und fleißige Beamte sowie hochintelligente Ostfriesen gibt. Man nimmt diese »Vorurteile« allerdings auch lächelnd zur Kenntnis – man hat sich »daran gewöhnt«, und mancher Witz über Beamte, Ostfriesen usw. »funktioniert« nur deswegen so gut, weil die Pointe in das oben genannte Klischee »paßt«.

UND IHR IMAGE?

Den meisten Teilnehmern von Seminaren verging allerdings das Lächeln, als man ihren Berufsstand, einige Produkte und Eigenschaften nach dem gleichen Muster zum Image befragte – oder ihnen entsprechende Vorurteile über ihre Branche bzw. Firma entgegenhielt. Und plötzlich waren auch bestimmte Witze nicht mehr »gefragt«. Insbesondere bei Anwesenheit weiblicher Teilnehmer hielt sich der Lacherfolg eines frauenfeindlichen Witzes nicht nur in Grenzen, sondern löste oftmals Proteste der anwesenden weiblichen Teilnehmer aus, obwohl alle zuvor über andere Klischee-Witze gelacht hatten. Das Beispiel: »Woran erkennt man, daß eine Frau am Computer gearbeitet hat? An der Korrekturflüssigkeit auf dem Bildschirm.« Entsprechend deutlich fielen dann auch die (Vor-)Urteile über das Image der eigenen Firma aus:

Die Verkäufer von Firma *Müller* sind viel zu .... !
Die sitzen doch alle auf einem .... !
Die ganze Firma ist .... !
Der *Müller*-Verkäufer XY weiß immer alles .... !
Der redet immer ... und kann nicht .... !
Der *Müller*-Berater AB ist ... und will nur schnell .... !

Sie können das auch an anderen Beispielen gut überprüfen. Beurteilen Sie einmal das Image von Handwerkern nach diesem einfachen Prinzip. Sie werden feststellen, daß sich sehr hartnäckig Vorurteile halten, die in den 60er und 70er Jahren entstanden sind – obwohl das heute längst nicht mehr in dieser allgemeinen Form stimmt:

Handwerk hat goldenen Boden … und … (goldene *Preise?*) …!
Industrielle Produkte gibt's schneller, besser und … (*billiger?*) …!
Gute Handwerker sind heutzutage … (*schwer?*) … zu bekommen, und wenn, dann … (sehr *teuer?*) …!
Bei Mängeln schiebt doch einer die Schuld auf den anderen. Wir Bauherren haben mit (*Handwerkern?*) doch meistens nur … (*Ärger?*) …!
Wenn eine Arbeit halb fertig ist, laufen die zur anderen Baustelle und wir können … (*warten?*) …!
Herr Schmidhuber ist ein Handwerker …!

Vorurteil?   *Image?*

Hier ist IHR Ansatzpunkt zu Verbesserungen – hier müssen SIE angreifen!

Nach welchen Kriterien wird ein Kunde entscheiden, wenn er die »Wahl der Qual« hat?
Dazu ein bekanntes Praxisbeispiel: Ein Kunde hat zwei Angebote über die Erneuerung seiner Fenster und Türen. Beide Anbieter sind preisgleich, betrieblich gleich groß, am gleichen Ort, haben die gleiche Qualität und können gleich schnell liefern und montieren. Wie soll der Kunde sich entscheiden, was soll er tun? Was würden *Sie* an seiner Stelle tun?

Anbieter A   Anbieter B

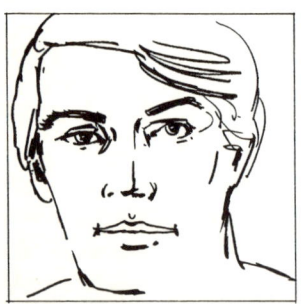   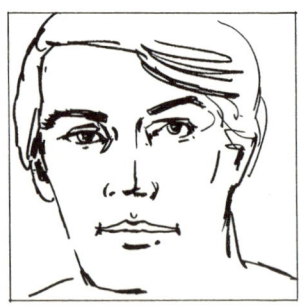

Mein Angebot: Mein Angebot:
10.100,– DM   10.101,– DM
Das überrascht Sie?   Das überrascht Sie?
Worauf warten Sie noch?   Worauf warten Sie noch?

130

PREISNACHLASS...............!!!

Sicher das gleiche: um den Preis feilschen, beide Anbieter über den Preis gegeneinander ausspielen, so lange, bis einer »passen« muß. Einer der beiden »Anbieter« hat dann das zweifelhafte Vergnügen dieses Auftrags – zu oft haben solche Anbieter aber nur »Geld gewechselt«, meist ist auch die Kostendeckung dahin. Aber eines wissen wir auch: Mit irgendwelchen »flotten Sprüchen« wäre dieser Kunde nicht zu bewegen gewesen, sich für das teurere Angebot zu entscheiden. Was kann man also tun?

Zunächst müssen wir auf eine alte, Ihnen allen bekannte Weisheit zurückgreifen: *Entscheidend ist der »erste Eindruck« und das, was »man zuletzt hört«* – ein verblüffender Nachweis dieser Aussage läßt sich in Seminaren durch einige originale Übungen durchführen, die wir Ihnen in Kapitel I bereits vorgestellt haben.

Wir wollen versuchen, dem Leser diesen (komplizierten) psychologischen Sachverhalt in sehr stark zusammengefaßter und vereinfachter Form darzustellen. Vorausgesetzt werden muß folgendes:

Wie werden Informationen vermittelt...

SACHEBENE

BEZIEHUNGSEBENE

...und aufgenommen?

Wenn Menschen miteinander kommunizieren (z. B. Kunde – Verkäufer), so geschieht dieses auf zwei Ebenen:
- *der Sachebene* als Ebene verstandesmäßiger Leistungen und sachlich-inhaltlicher Probleme,
- *der emotionalen Ebene* als Ebene der Gefühle und Empfindungen, der Beziehungen und Stimmungen.

Das bedeutet, daß auf der Sachebene die rationalen Informationen mit dem »Kopf« aufgenommen werden. Dementgegen werden auf der Beziehungsebene emotionale und nicht verbalisierte (nonverbale) Informationen »über den Bauch« aufgenommen. Doch beide Ebenen bilden eine Einheit und können nicht getrennt werden, sie beeinflussen sich ständig wechselseitig. Ist die emotionale Ebene durch unausgesprochene Störungen und unausgetragene Konflikte gekennzeichnet, so kommt es auch auf der Sachebene zu Problemen. Mißverständnisse häufen sich, es wird aneinander vorbeigeredet und vorbeigehört. Wenn etwa der Vorgesetzte zu einem Mitarbeiter sagt: »In Ihrem Vorschlag ist ein Fehler«, dann kann der Mitarbeiter zum Beispiel heraushören: »Sie haben nicht sorgfältig gearbeitet« oder: »Sie haben mich enttäuscht« oder: »Ich habe Ihren Vorschlag mit großem Interesse gelesen, aber ...«.

Störungen auf der Gefühlsebene werden gewöhnlich »nur« als Störungen auf der Sachebene wirksam und sichtbar, also Probleme auf der Sachebene sind oftmals verlagerte Beziehungsstörungen.

Üblicherweise verhält man sich in einer Geschäftsbeziehung nur auf der Sachebene (»Bitte bleiben Sie doch sachlich ...«). Die Signale auf der Gefühlsebene werden aus Gründen der sozialen Norm deshalb verschlüsselt und sachcodiert. Einwände auf der Sachebene sind deshalb in vielen Fällen eigentlich nur Vorwände, weil sie ihren Ursprung in unausgesprochenen und latenten Störungen auf der Gefühlsebene haben. Dieser Sachverhalt ist im Grunde allein schon deswegen paradox, weil die Gefühlswelt generell die Sachebene wesentlich stärker bestimmt als umgekehrt – Sie erinnern sich bestimmt noch an die 95 % Entscheidungen auf der Beziehungsebene.

Das im folgenden beschriebene »Kommunikationsfenster« zeigt in systematischer Form Kommunikations- und Gesprächsbereiche auf, die dabei helfen sollen, sich selbst für eine effiziente Kommunikation zu sensibilisieren und durch entsprechende Kommunikationstechniken im Gespräch mit anderen Problemlösungen zu erreichen. Hierzu ist es zunächst einmal wichtig, daß man die Bereiche und Ebenen, auf denen ein Gespräch stattfinden kann, gut kennt, unterscheidet und mit ihnen »vertraut« ist. Eine solche Analyse hat einen bedeutungsvollen Sinn: Der Wechsel von einem Quadranten (Fenster) in einen anderen mit Hilfe bestimmter Gesprächstechniken bleibt »überraschungsfrei«, weil er *erkannt* wird. Diese Techniken gelten gleichermaßen für den Verkäufer, der verkaufen will, den Vorgesetzten, der ein Mitarbeitergespräch zu führen hat, und auch andere gesellschaftliche Gruppen, wie z. B. Politiker, die Gespräche sowohl mit der Führungsspitze, mit der Mitte wie auch mit der berühmten »Basis« führen müssen – erfolgreich, versteht sich. Das Kommunikationsfenster besteht aus vier Teilen:

	Sachebene	Beziehungsebene
Kooperative Gesprächsführung	I	II
Konfrontative Gesprächsführung	III	IV

Quadrant I:
Dieser Quadrant enthält Merkmale und Beispiele für **kooperative Gesprächstechniken auf der Sachebene**. Der häufigste Versuch einer kooperativen Gesprächstechnik auf der Sachebene ist auf dem Gebiet der Problemlösungstechnik zu sehen. Hierbei ist vor allem die Klärung von Gesetzmäßigkeiten und Zusammenhängen, von Ursachen und Konsequenzen wichtig. Eine sogenannte »sachliche Problemlösung« beginnt in der Regel mit einer Situationsanalyse und der Analyse des Problems. Unübersichtliche Situationen sollen hierdurch vereinfacht und gegliedert werden, Prioritäten sollen festgelegt, das Problem soll lokalisiert, beschrieben und definiert werden. Die anschließend darauf abzielende Entscheidungsanalyse ist ebenso sachlicher Art: Sie soll Zielsetzungen definieren, klassifizieren, dieselben gewichten und schließlich Alternativen bewerten. Sie endet mit der Festlegung von Maßnahmen, prognostiziert potentielle Programme, um vorbeugende Maßnahmen bei auftretenden Zukunftsproblemen festzulegen. Kooperative Gesprächstechniken auf dieser sachlichen Ebene bemühen sich damit grundsätzlich um die Klärung eines problemhaften Tatbestandes, indem primär *Informationsfragen* in Form sogenannter *W-Fragen* gestellt werden (wer, was, wann, wieviel, wo, warum usw.; vgl. auch Kapitel IV, Abschnitt 4.3.2). Durch die Anwendung derartiger Fragetechniken erhält man meist auf im weiteren Sinne sachbezogene Art und Weise Kenntnis über Motive und Gründe, die beim Kommunikationspartner zu Problemen geführt haben. Die Gefahr – und damit ein Abgleiten aus der kooperativen Basis – besteht darin, kritische persönliche Fragen zu stellen bzw. die Fragen in der Form eines Verhörs oder einer Vernehmung vorzunehmen. Um selbst die Ebene dieses Quadranten nicht verlassen zu müssen, könnten die Antworten z. B. nach dem Muster der Gesprächstechnik »Alternativ-Antwort« gegeben werden. Da aber wissenschaftlich bewiesen wurde, daß sich Gesprächspartner stets »auf die soziale Situation in einem Gespräch einstellen«, sich also auf gut deutsch »als Menschen verhalten«, ist **ein Gespräch ausschließlich und rein im Quadranten I nur theoretisch möglich – praktisch also nicht durchführbar.**

Quadrant II:
Dieser Quadrant enthält Merkmale und Beispiele für **kooperative Gesprächstechniken auf der Beziehungsebene.** Darunter ist zu verstehen, daß im Bereich der mehr emotionalen Ebene sehr stark auf die Person des Gesprächspartners eingegangen wird. Die kooperative Form derartiger Gesprächstechniken ist von Kommunikationsmustern geprägt, die dem anderen signalisieren, daß man persönlich für ihn und seine Probleme Verständnis aufweist, den anderen also »annimmt«. Diese Verhaltensweise – übrigens sehr häufig von professionellen Beratern und Therapeuten angewandt – ist ein wichtiges Instrument, um den Gesprächspartner »aufzutauen« und um ihn seine Probleme schildern zu lassen. Dies macht den anderen innerlich frei; er erhält bezüglich seiner Probleme zunächst keine Ratschläge (solange er diese nicht selbst wünscht), sondern kann, wie er es zunächst ja auch einmal möchte, emotional »Dampf ablassen«. Die entsprechenden Gesprächstechniken sind hierzu das aktive Zuhören und der kontrollierte Dialog (siehe Kapitel I: Rhetorik).

Quadrant III:
Dieser Quadrant enthält Merkmale und Beispiele für **konfrontative Gesprächstechniken auf der Sachebene.** Konfrontative Gesprächstechniken zielen darauf ab, den Gesprächspartner als »Gegner« zu behandeln, den es zu besiegen gilt. Die hier wirksamen Techniken sind häufig im Bereich der Politik oder wichtiger Verhandlungen zu finden. Dazu gehören vor allem das Extremisieren und Schablonisieren (»Ihr kapitalistisches Wirtschaftssystem liefert doch selbst den Beweis für die Notwendigkeit einer staatlichen Investitionslenkung«, »Investitionslenkung ist nichts weiter als eine Kontrolle des Mißtrauens und damit euer letzter Strohhalm, weil Ihre Genossen mit den wirklichen Problemen nicht fertig werden«, »In der Profitgier sind doch alle Unternehmer gleich«, »Wollen Sie unseren ausländischen Mitbürgern auch noch den letzten Rest ihrer Würde nehmen?« usw.).

Quadrant IV:
Dieser Quadrant enthält Merkmale und Beispiele für **konfrontative Gesprächstechniken auf der Beziehungsebene.** In diesem

letzten Quadranten des Kommunikationsfensters ist primär der Bereich der unfairen Dialektik vorzufinden. Derartige Gesprächstechniken sind dadurch geprägt, daß sie durch die Ansprache rein persönlicher Aspekte – oft »unterhalb der Gürtellinie« – das Gespräch bzw. die Verhandlung gewinnen wollen, mitunter auch nach dem Prinzip: »Koste es, was es wolle, der Sieg ist jeden Preis wert!« (Siehe hierzu auch Kapitel II: Dialektik.) Beispiele: »Sie haben ja noch nie mit offenen Karten gespielt!«, »Sie wollen sich doch nur persönlich in Szene setzen!«, »Reicht Ihr Sachverstand auch aus, sich klarer auszudrücken, statt immer nur forsche Forderungen in den Raum zu stellen?«, »Sie haben Ihr Sprüchlein gesagt, sich dargestellt und werden mit sich zufrieden sein! Können wir jetzt in die Sachdiskussion einsteigen?«, »Sie spielen sich auf, als wären Sie ein Erbonkel von Allah«, usw.

Zusammengefaßt: Während die Verstandesebene also sachbezogene Überlegungen und rationale Logik zum Inhalt hat, ist die Gefühls- oder Beziehungsebene der Bereich der Wünsche, der Empfindungen und der Sympathie oder Antipathie. Da Entscheidungen meistens gefühlsgelenkt getroffen werden, wird in vielen Fällen, wie bereits dargestellt, der Verstand nur vorgeschoben, um mit rationalen Argumenten zu erklären, warum eine (dennoch gefühlsmäßige) Entscheidung »vernünftigerweise« gefallen ist.
Sehr wirkungsvoll kann man dieses feststellen, wenn z. B. ein »eingefleischter« Junggeselle einen Heiratswilligen davon überzeugen möchte, daß die Ehe im Grunde überflüssig, ja sogar unsinnig ist. Der Junggeselle wird vielleicht durch rationale Argumente die Diskussion »gewinnen« können; dies muß jedoch noch lange nicht bedeuten, daß der Heiratswillige von den Vorteilen des Junggesellendaseins überzeugt ist. Er wird in vielen Fällen allenfalls »überredet«, aber nicht davon überzeugt sein – und den Verlockungen eines weiblichen Pendants zum Zwecke der Eheschließung wird er wohl auch in Zukunft kaum widerstehen können (und die Einladung an den Junggesellen zur Hochzeitsfeier setzt einen lieben Schlußpunkt hinter den mißratenen Überzeugungsversuch ...).
Überzeugen kann man nur, wenn man die Bedürfnisse des anderen – seine emotionale Ebene – berücksichtigt.
DOCH ACHTUNG: DIE EMOTIONALE EBENE WIRD

136

***SCHON »AKTIV«, WENN SIE NOCH KEIN WORT GESAGT
HABEN – UND DAS VERGESSEN VIELE VERKÄUFER!***
Es soll aber auch Verkäufer geben, denen dieser Sachverhalt zwar
bekannt, aber bewußt »egal« ist. Wir behaupten, daß das nicht die
Erfolgreichen und mit Sicherheit nicht die Verkäufer »von mor-
gen« sind, denn sie vergessen die »emotionale Akzeptanz«.
Begründung:
Es gibt keine Möglichkeit, sich dem Ablauf des nebenstehenden
Vorgangs zu entziehen, wenn Sie unbekannten Menschen (z. B.
Neukunden) gegenübertreten:

WIE ENTSTEHT MEIN BILD
BEI MEINEM GESPRÄCHS-
PARTNER ?

zunächst

Unsicherheit !!

WAS IST DAS
FÜR EIN MENSCH ??

emotionale   sachliche

Infos   Infos   Infos   Infos   Infos

Das kenn' ich doch…!

Sie haben zunächst eine gewisse Unsicherheit (nicht »Angst«) und fragen sich: Was ist das für ein Mensch? Sobald Sie diesen Menschen hören und sehen, werden bestimmte sachliche und emotionale Informationen bei Ihnen »abgerufen«, die unbewußt zu Vergleichen mit vorhandenen Personen und Erfahrungen führen. Dadurch entsteht eine Kategorisierung – die zunächst grob in »Sympathie« oder »Antipathie«.

Das kenn' ich doch...!				
er ist arrogant wie ...	er brüllt wie ...	seine Brille sieht aus wie ...	er lacht wie ...	er belehrt wie ...

Kategorisierung

Entscheidend dabei ist, daß Sie sich nunmehr auf der Beziehungsebene befinden – und im Prinzip sie auch nicht mehr verlassen. Es ist nämlich gleich, ob Sie zur Sympathie oder Antipathie tendieren: Sie nehmen bestimmte Informationen mit dem »Bauch« auf, und damit reagieren Sie schlicht und ergreifend wie ein Mensch und nicht wie ein Computer oder Roboter. (Die Kommunikation zwischen Menschen, die sich nicht sehen, z. B. beim Telefonieren, hat noch einige andere Aspekte, denn Sie hören nur, WIE einer etwas sagt und WAS er sagt. Trotzdem »kategorisieren« Sie den Partner am anderen Ende der Leitung, und nicht selten ist man überrascht, welche andere Vorstellung man sich vom Gesprächspartner gemacht hat, wenn man ihn persönlich sieht.)

138

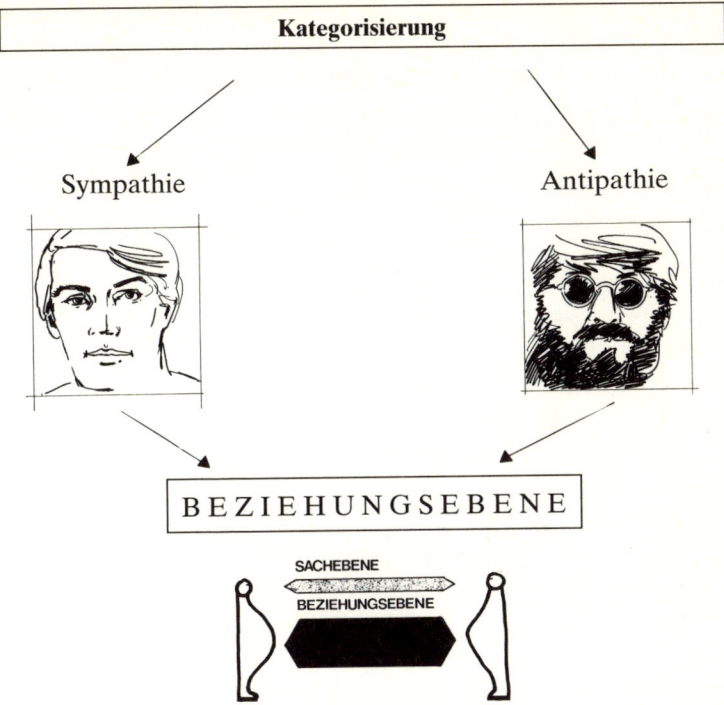

Sie alle kennen das: Sie stehen einem Menschen das erste Mal gegenüber, dieser hat noch kein Wort gesagt, aber Sie können ihn einfach »nicht leiden« – er ist Ihnen schlicht unsympathisch, aus welchen Gründen auch immer (»So ein Typ liegt mir nicht«, »Wenn ich den schon sehe«, »Komischer Kauz« usw.).

Aber auch das kennen Sie: Mit einem vorher (scheinbar) unsympathischen Menschen trinken Sie z. B. ein Bier, reden ein bißchen miteinander, tauschen Meinungen aus (»... die sind gar nicht so dumm, der hat ja prima Ansichten ...«), und nach einer gewissen Zeit wird Ihnen dieser Mensch sogar sympathisch. Im universitären oder politischen Bereich kann dieses gerade bei den Menschen geschehen, die allein durch ihr Äußeres (Kleidung, Haartracht etc.) nicht der vorgegebenen Norm entsprechen und bei den »Nadelstreifen-Etablierten« wenig Sympathie haben.

Selbstverständlich ist auch der umgekehrte Fall denkbar und bekannt. Jemand wirkt auf Sie sehr sympathisch (z. B. ein Bauherr oder Architekt), und Sie glauben, daß Sie sich gut verstehen werden. Doch nach dem ersten Baustellentermin oder einer Verhandlung schlägt allerdings Ihr Pendel von Sympathie zu Antipathie um, und wir alle wissen, wie schwierig es ist, jetzt wieder zu einer Sympathie-Ebene zu gelangen.

Oder stellen Sie sich z. B. einmal nachbarschaftliche Verhältnisse vor. Nicht selten gibt es den Fall, daß insbesondere Nachbarn, die sich zuvor scheinbar bestens verstanden haben, durch irgendeinen Vorfall zu einem jahrelangen, heftigen Streit gelangen.

Offensichtlich gibt es weder eine Garantie darüber, wohin das Pendel ausschlägt, noch darüber, ob es dort auch bleibt. Damit ist klargestellt, daß Sie stets daran arbeiten müssen, daß das Pendel dieses psychologischen Schemas den »Sympathie-Bereich« nicht verläßt. Bedenken Sie also, daß dieses »psychologische Schema« selbstverständlich auch beim Kunden abrollt, denn darum geht es! **Der sog. »erste Eindruck« ist daher von nonverbalen Signalen und verbalen Aspekten abhängig.** Zu den nonverbalen Signalen zählen Auftreten, Aussehen und Äußeres (Kleidung, Haltung, Fahrzeug etc.), Mimik, Gestik und Körpersprache (Kinesik), Einhaltung von Distanzzonen, Blickkontakt etc. Zum »ersten Eindruck« verbaler Aspekte gehört das häufige Ansprechen mit Namen (Kontaktbrücke), korrekte Ansprache mit dem Titel, die Vermeidung von »Schüssen nach hinten« (»Da haben Sie mich falsch verstanden«) und vor allem: *DAS AKTIVE ZUHÖREN.*

Doch genau dieser Punkt ist schwierig, denn *aktives Zuhören heißt nicht »Schweigen« und ist doch das Gegenteil von »Reden«.* Gute Beispiele lassen sich aus Branchen finden, die (noch) wenig Absatzprobleme haben: Als im Beisein des Autors ein Kollege für eine neue Computeranlage von verschiedenen Firmen »beraten« wurde, kam beim Autor (das ist sicher menschlich verständlich!) eine klammheimliche Schadenfreude nach dem Motto »Ihr lernt es auch noch!« auf, weil er schnell feststellte, daß die »Herren« des Verkaufs im Beratungsgespräch so ziemlich alles falsch machten, was falsch zu machen war. Da wurde dem Kunden in aufdringlicher Schwatzhaftigkeit klargemacht, was der Computer »alles kann« – der wirkliche Bedarf blieb unerfragt und mußte vom Kunden später dargestellt werden. Der Kunde wurde mißtrauisch und eher

140

verunsichert – und die unterschiedlichen Auffassungen über die Software-Programme waren bühnenreif.

Aber geht es in den Verkaufs- und Beratungsgesprächen anderer Branchen grundsätzlich »professioneller« zu? Ein Verkäufer, der einem Kunden eine »Problemlösung« (ein leider unausrottbares Wort) anbietet, weiß im allgemeinen schon nach kürzester Zeit, welches die »beste Problemlösung« für den Kunden ist – und entsprechend wird er sich »in Richtung Abschluß« verhalten. Konkret bedeutet das, daß der Verkäufer – da dieser mit entsprechendem Wissen ausgestattet ist – »seine Lösung« schon präsentiert, wenn der Kunde noch in der Problemdarstellung ist. Allzu häufig ergeben sich gerade aus diesen Situationen Unsicherheit und Skepsis des Kunden gegenüber einer »vorschnellen Lösung« – obwohl sie vielleicht tatsächlich gut ist. *Es wird sehr oft der Fehler gemacht, daß die Befriedigung der emotionalen Beziehungsebene des Kunden vernachlässigt wird* – weil eine »vernünftige Lösung« vom Verkäufer angeboten wurde (emotionale Akzeptanz). Zudem werden Produktvorteile »heruntergerasselt«, statt die Frage zu beantworten: *»Was habe ich, der Kunde, davon?«* Wen wundert's da, daß die nächste Frage die nach dem Preis ist …?

Der zweite Teil der »alten Weisheit« war, daß das am besten behalten wird, was zuletzt gesagt wurde. Und wie sieht das nun in der täglichen Verkaufspraxis aus? Die besten Argumente werden zuerst dargestellt, dann kommt noch ein kleiner Rest, und irgendwie fällt dem Verkäufer zum Schluß noch etwas ein, was er »obendraufsattelt« (»Ach ja, das habe ich noch vergessen zu sagen …«).

Hierzu muß folgendes festgestellt werden: Jede Leistung, jedes Produkt hat zumeist mehrere Vorteile, die in »Kunden-Nutzen« umgesetzt werden können (sofern man dessen Bedarf kennt). Der Grundsatz lautet, daß das wichtigste Argument, der größte Nutzen für den Kunden, nicht an erster, sondern an letzter Stelle genannt werden soll. Das zweitstärkste Argument kann als »Türöffner« verwendet werden, und dazwischen sollten die anderen, nicht so zugkräftigen Argumente gesetzt werden. Diese Regel, die sog. »Stufenregel« (siehe Kapitel I, Abschnitt 1.4) wird sehr selten verwendet, obwohl sie aus verkaufspsychologischer Sicht von nahezu fundamentaler Bedeutung ist. Aber sie ist auch – zugegeben – schwer einzuhalten, denn die Darstellung der Argumente in »Stufenform«

setzt eine hohe Verkaufsdisziplin voraus – und die ist nicht naturge-
geben, sondern man muß sie ÜBEN!

Die einfachste Form der Übung besteht darin, daß Sie sich für das
Produkt oder die Leistung, die Sie verkaufen, vier bis fünf Nutzen-
argumente zusammenstellen und diese nach dem Prinzip »Stufenregel« ordnen. Möglicherweise werden Sie feststellen, daß es nicht
einfach ist und eine gehörige Portion Gelassenheit voraussetzt, das
eigentliche »Zugargument« an den Schluß zu stellen. **Bedenken
Sie, daß in dieser Vorgehensweise für Ihren Verkauf kein Risiko
besteht, wohl aber ein neuer Weg und eine hervorragende Möglichkeit genutzt wird, zum Abschlußerfolg zu gelangen.** Ein paarmal geübt, wird Ihnen diese Technik ganz einfach Spaß machen.
Voraussetzung ist jedoch, daß Sie den Bedarf des Kunden erkannt
haben, seine Motive kennen und somit die emotionale Akzeptanz
erwerben können. Mit anderen Worten: Nicht immer erlangt Ihre
»vernünftige Lösung« die emotionale Akzeptanz des Kunden.

4.3 Die drei Stufen eines Verkaufsgespräches

DIE 3 STUFEN EINES VERKAUFSGESPRÄCHES:

1.	**Vorbereitung**

2.	**Durchführung**
	2.1 Gesprächseröffnung
	2.2 Bedarfsanalyse
	2.3 Angebot
	2.4 Abschluß

3.	**Nachbereitung**

Ihr persönliches Image, Ihre Ausstrahlungskraft, Ihre Wirkung auf
andere ist dann besonders wichtig und entscheidend, wenn Sie in
ein neues Kundengespräch gehen. Im Prinzip läuft jedes Kundengespräch in drei Stufen ab (siehe obenstehende Abbildung). Vorbereitung und bestimmte Punkte der Durchführung sind ohne Zweifel branchenabhängig. Wir haben aber bereits deutlich gemacht,
daß kein Gesprächsverlauf vorher detailliert »geplant« werden

142

kann, denn Sie haben es mit Menschen zu tun. Davon ausgenommen sind die Gesprächseröffnung und die Nachbereitung. Da von »Verkaufspsychologie« die Rede ist, wollen wir uns mit diesen beiden Stufen intensiv beschäftigen, denn sicher haben Sie noch eine wichtige psychologische Erkenntnis in Erinnerung:
Der erste Eindruck und das, was zuletzt gesagt wurde, sind MERK-PUNKTE für den Kunden!

4.3.1 Gesprächseröffnung
Zur Gesprächseröffnung wollen wir Ihnen einen »Kleinen Benimm-Kurs« für Kundenbesuche zumuten. Sie erkennen in diesen Empfehlungen sicher »alte Weisheiten« – aber sie sind nach wie vor gültig, und eine kleine Auffrischung dieser (scheinbaren) Selbstverständlichkeiten dürfte kaum schaden. Der eigentliche Hintergrund aber ist, daß diese verbalen und nonverbalen Aspekte wichtige Signale und Determinanten des vorne beschriebenen psychologischen Schemas über Kategorisierung und Beziehungsebene sind.
Beginnen Sie damit, daß Sie sich die Situation vorstellen, in die Sie eintreten werden. Natürlich können Sie sich ein Ihnen unbekanntes Büro, in das Sie gebeten wurden, nicht direkt »vorstellen«, weil Sie es ja noch nicht gesehen haben und es daher nicht kennen. Aber Sie wissen, daß Sie einem unbekannten Kunden oder seinem Mitarbeiter gegenübertreten und daß bei diesem das vorher erläuterte *psychologische Schema* »abrollt«. Darauf können Sie sich also einstellen – und sich »verhalten« (siehe auch 3.3.2.2 Mentales Training). Aber auch bei Kunden, die Ihnen bekannt sind, sollten Sie sich zur Begrüßung mehr einfallen lassen als Deutschlands lahmste Formel. Zum Nachweis führen Sie dazu doch einmal eine kleine Übung durch, indem Sie Ihre Kollegen wie folgt begrüßen:

»WIE GEHT'S?«

Gesprächseröffnung

Deutschland's lahmste FORMEL

Wie geht's?

Danke, gestern ging's noch.

Schlecht, meine Schwiegermutter hat sich die Krampfadern entfernen lassen und …

Gut, und Ihnen?

Kennen Sie die Antworten? Haben Sie diese schon einmal gehört – und: finden Sie sie originell? Wenn nicht, dann müssen Sie darüber nachdenken, ob Ihre Begrüßungsfrage besonders originell war …! Schaffen Sie sich für Ihre typischen Verkaufsfälle und Kunden eine brauchbare, interessante *Alternativ-Begrüßung* als »Türöffner«. Weisen Sie z. B. auf den hervorragenden (neuen oder bewährten) Verkaufsraum (Ausstellung) hin, fragen Sie interessiert nach einem Entwurf, der z. B. bei einem Architekten an der Wand hängt, äußern Sie sich (gekonnt) über die Dynamik, die Ihnen beim Betreten des Unternehmens entgegenschlägt, loben Sie die Einfachheit des Weges zum Kunden (wer wohnt schon gerne j.w.d.?) usw. Lassen Sie sich nach der Regel *a.a.a. (anders als andere)* etwas einfallen und vergleichen Sie *Ihre* Gesprächseröffnung mit der »Qualitätsbegrüßung« auf Messen oder in Geschäften: »Kann ich Ihnen was helfen?« Reizt es Sie nicht, da manchmal zu antworten: »Nein danke. Mir ist nicht mehr zu helfen!«?

Ein paar Vorschläge zu alternativen Gesprächseröffnungen:

A. Besuch beim Kunden:

»Guten Tag, Herr Müller. Ich freue mich, Sie wiederzusehen. Seit
meinem letzten Besuch haben Sie Ihre Warenpräsentation aber
phantastisch ausgebaut. Herzlichen Glückwunsch.« – Kundenantwort. – Jetzt auf das neue Angebot übergehen, das ausgezeichnet
in die Präsentation paßt.
»Guten Tag, Herr Müller. Zu Ihnen komme ich immer wieder sehr
gerne. Wenn ich mir Ihre Verkaufszahlen/Verkaufserfolge/Ausstel-
lung/marktgerechten Produkte etc. ansehe – Hochachtung! Das
überrascht immer wieder.« – Kundenantwort. – Übergehen auf
Ihren Produktvorschlag, der die positive Entwicklung weiter vor-
antreibt.
»Guten Tag, Herr Müller. Besten Dank für diesen Termin. Nachdem Sie mir den Weg kurz beschrieben haben, war Ihre Geschäfts-
stelle wirklich leicht zu finden. Darf ich fragen, wieviel Zeit wir für
dieses Gespräch haben?«

B. Bei Verspätungen …:

Zu vereinbarten Terminen zu spät zu kommen gehört zu den Pein-
lichkeiten im Verkauf. Jeder – sowohl der Verkäufer wie auch der
Kunde – weiß, daß sehr häufig die Verkehrslage Ursache der Verspätung sein kann. Aus der Sicht der Beteiligten stellt sich jedoch
psychologisch gesehen das Problem anders dar – und wird u. U.
auch anders beurteilt. **Der Verkäufer** mag sagen: »Aus diesem Ver-
kehrsstau war kein Rauskommen. Dafür habe ich dann danach
›kräftig auf die Tube gedrückt‹. War manchmal ganz schön leicht-
sinnig!« **Der Kunde** wird sagen: »Na sowas. Ich halte mir extra den
Termin frei, und der Verkäufer kommt nicht! Wenn diese Firma mit
ihren Lieferungen später auch so nachlässig ist …!« Natürlich muß
sich nun der Verkäufer beim Kunden für seine Verspätung entschuldigen – doch welche Entschuldigung er auch immer bringt: es ist
ein schlechter Start für ein Verkaufsgespräch. Im Grunde haben
Sie als Verkäufer nur die Möglichkeit, in der Entschuldigung Ihre
Vorbereitung zu diesem Gespräch als besonders wichtig herauszu-
stellen. Sagen Sie also nicht: »Entschuldigung. Aber ich habe die
Verkehrslage unterschätzt«, sondern sagen Sie beispielsweise:
»Guten Tag, Herr Müller – um pünktlich bei Ihnen zu sein, habe
ich eine halbe Stunde Fahrzeit zusätzlich eingeplant. Aber das hat

auch noch nicht ganz gereicht, so daß ich zukünftig lieber eine volle Stunde zur üblichen Fahrzeit einplanen werde. Ich bitte für meine Verspätung daher um Nachsicht. Darf ich fragen, was uns an Gesprächszeit zur Verfügung steht?«

Wenn Sie außergewöhnliche Entschuldigungsgründe anführen, dann sollten diese wirklich originell sein und den Kunden interessieren. Daß Sie erst die Kinder zur Schule bringen mußten (Sie hätten in dem Fall einen späteren Termin vereinbaren müssen) oder Ihre Schwiegermutter gestern abend versehentlich Ihren Autoschlüssel eingesteckt hat, ist wenig originell. Gehen Sie auch sehr vorsichtig mit witzigen Entschuldigungen um, denn der Kunde könnte sich »veräppelt« fühlen:

»Tut mir leid, daß ich so spät komme. Aber die Ampel leuchtete dauernd ›Gelb‹ auf, und da habe ich gewartet, bis ›Grün‹ kommt …!«

C. Besucher auf dem Messestand:

»Sie interessieren sich für unser(e) Material/Produkte/Leistungen? Möchten Sie ein paar weitere/zusätzliche Informationen hierüber?«

»Guten Tag. Werden Sie schon von einem Kollegen informiert, oder kann ich Ihnen Fragen beantworten?«

Es sind sehr häufig nur kleine Dinge, die einen großen Unterschied ausmachen. Aber mitunter schwingen – ungewollt – andere »Obertöne« mit, so z. B. bei der Frage: »Kann ich Ihnen (was) helfen?« (»hilflos«, »verloren«, »über die Straße helfen« usw.). Besonders deutlich wird dieses, wenn landsmannschaftliche Eigenarten hinzukommen. So lautet in Norddeutschland in Geschäften die Frage an den Kunden meist: »Bitte schön, was darf es sein?« In Bayern heißt es schlicht: »Was kriegen Sie!?«

D. Beendigung eines Gespräches:

Wer als Verkäufer/Berater auf Messestädten arbeitet, kennt das: Es gibt Schwätzer, die erkannterweise nichts ordern wollen, dafür aber den Messeberater von wichtigen Gesprächen mit interessanten Kunden abhalten. Völlig falsch wäre es, das Gespräch abrupt zu beenden, sich umzudrehen und sich dem anderen Kunden zuzuwenden (Image!). Um den Dauerredner loszuwerden, können Sie eine gesprächstechnische »Notbremse« ziehen:

146

(Nach einem Satzende) »Herr XY, Ihren Ausführungen habe ich eine Menge interessanter Dinge entnehmen können. Doch jetzt sollten wir folgendes tun: Ich notiere mir Ihre Anschrift und setze mich nach der Messe mit Ihnen in Verbindung. Ich bedanke mich für Ihren Besuch und: auf Wiedersehen!«

(Nicht schön, aber wirksam …) »O, pardon, wenn ich Sie unterbreche! Ich sehe, mein Chef sucht mich gerade – einen Augenblick bitte!«

– Berater geht für eine Minute aus dem Besucher-Blickfeld, um dann anschließend dem Besucher zu sagen: –

»Herr XY, es tut mir sehr leid. Es handelt sich um einen Termin, den mein Chef für mich ausgemacht hat. Ich bitte Sie um Verständnis, aber das wird länger dauern. Darf ich mich für Ihren Besuch bedanken – und: auf Wiedersehen!«

4.3.1.1 Name, Titel usw.

Sprechen Sie jeden Kunden immer und sehr häufig mit seinem Namen an. Der Name eines Menschen ist mehr als ein Unterscheidungsmerkmal: er ist eine *KONTAKTBRÜCKE.*

.. mit Namen ansprechen !

„ GUTEN TAG , HERR GRICZJKIBOVSKY ! "

FRAGEN SIE NACH DEM NAMEN !
HÄUFIG MIT NAMEN ANSPRECHEN !

„DARF ICH ZUNÄCHST,
HERR GRICZJKIBOVSKY,
POSITION 1 ERLÄUTERN ?"

Fragen Sie nach dem Namen, wenn Sie ihn nicht genau verstanden oder wieder vergessen haben. Der Kunde spürt, daß Ihnen diese kleinen »Fehler« nicht egal sind. Die meisten Menschen· hören ihren Namen gerne – und noch ein wichtiger Hinweis: Wie immer Ihr Gesprächspartner heißt und welche Assoziationen dieser Name in Ihnen erzeugt: **Namenskommentare oder gar Grinsen sind tabu** – auch wenn Ihr Gesprächspartner eine lustige Erklärung für seinen Namen hat. Denken Sie daran, daß der Kunde auch dann noch so heißt, wenn *Sie* den Raum bereits verlassen haben ... und Ihr Kollege vom Wettbewerb kommt.

Vermeiden Sie sog. *»Rohrkrepierer«:*

- »Ich war gerade in der Gegend und da dachte ich ...!«
- »Entschuldigen Sie, wenn ich störe ...«
- »Ich will Sie nicht stören, aber ...«

»Ich bin nur zufällig hier und will Sie nicht stören...!«

Wie würden SIE sich fühlen, wenn jemand diese leeren Floskeln zu Ihnen sagt – oder anders gefragt: Glauben Sie, daß der Kunde sich nun als VIP-Person vorkommt?

Achtung!
Tretminen!!

DA HABEN SIE MICH   WAS? ICH?
FALSCH VERSTANDEN!

Besser: »Da habe i c h mich leider nicht deutlich ausgedrückt.«

»Aber das sind doch unmodern gewordene Richtlinien!«

Besser: »Nun, Sie haben recht, Herr Müller, einige Zeit ist es so
gewesen. Heute können wir allerdings...«

Verhindern Sie für SICH SELBST sogenannte *»Schüsse nach hin-
ten«* – Sie verschärfen damit jedes Gespräch und weisen sich u. U.
als »rechthaberisch« aus (z. B. »Sie verstehen mich falsch!« Bes-
ser: »Da habe ich mich leider nicht klar ausgedrückt«). Streichen
Sie für immer und alle Zeiten *»Killerphrasen«* aus Ihrem Sprach-
schatz:
– Beruhigen Sie sich mal und werden Sie doch sachlich!
– Als Fachmann weiß ich das besser!
– Vor dem 5.4. läuft nix!
– Ich erhebe warnend meinen Finger!
– Gute Technik verkauft sich von selbst!
– Das haben wir noch nie so gemacht!

– Das haben wir immer so gemacht!
– Unser Geschäft ist anders!
– Ich weiß aus zehnjähriger Erfahrung …!
– Wir haben unsere Vorschriften!
– Das ist nicht neu. Irgendwo habe ich …!
– Darüber sollte ein Team nachdenken …!

Für einen guten Verkäufer gibt es drei Killerthemen, die **unbedingt** zu meiden sind:

POLITIK – RELIGION – SCHMUTZIGE WITZE.

Können Sie über Ihre Kunden mit Bestimmtheit sagen, welcher politischen Richtung diese zugehörig sind oder zu welcher sie tendieren (Tagesaktualität!)? Was kann ein überzeugter Demokrat einem Kunden antworten, der extreme politische Auffassungen äußert? Kennen Sie sich in allen Religionen dieser Welt aus, und sind Sie sicher, daß Ihr Kunde nicht irgendeiner Sekte angehört? Und glauben Sie ernsthaft, daß der Austausch von schmutzigen Witzen »seriöse Gemeinsamkeiten« erzeugt?

Doch **was können SIE tun, um diese Themen »abzubiegen«**, wenn Ihr Gesprächspartner damit beginnt? Hierzu gibt es eine einfache und wirkungsvolle Methode, die wir anhand eines Beispiels aus einem anderen Bereich erklären wollen. Stellen Sie sich vor, Sie haben die Dame Ihres Herzens kennengelernt, sie zum Abendessen in ein romantisches Restaurant mit Tischkerzen, gedämpfter Musik usw. eingeladen. Alles läuft bestens, die Dame beginnt »dahinzuschmelzen«, und nicht nur die Worte werden zärtlicher. Ganz plötzlich wechseln Sie das Thema und erzählen cool und nüchtern etwas über Agraffen, mit denen man Fassadenverkleidungen befestigt, etwas über die technische Sicherheit von Kernkraftwerken oder über die Funktion eines Katalysators. Dieser Abend dürfte für Sie »gelaufen« sein. Um es mit EUGEN ROTH (dt. Schriftsteller 1895–1976) auszudrücken (Auszug):

»Und wird er schließlich doch noch zärtlich,
wird er's zu spät – und auch zu bärtlich.
Infolge schwacher Reizentfaltung
gewinnt die Dame wieder Haltung.«

Mit diesem kleinen Exkurs ist das Abwehrschema beschrieben, wenn es um Themen geht, die Sie meiden wollen, sei es Politik, Religion oder Witze. Versuchen Sie mit einem kurzen »Redebogen« ein nüchternes technisches Detail anzusprechen, um das Thema zu wechseln (»Das ist ja wahrhaftig eine lustige Geschichte, und – ehrlich gesagt – ich wäre froh, wenn unsere technischen Aufgaben auch so heiter wären. Nun ja, Herr Kunde, Ihre Anforderung an die Problemlösung konzentriert sich zunächst auf …«).

Aber auch andere Bereiche können zumindest »**Neben-Killerthemen**« sein:

- Sport (insbesondere Fußball)
- Autos
- Frauen
- Architektur
- Krankheiten
- Dialekte
- Moral/Sitte
- Sicherheit
- Ausländer
- Jugend
- Sprache(n) usw.

… flotter Hirsch oder Heizöl-Maserati …?

Wägen Sie das stets gut ab und seien Sie »auf der Hut«. Wenn Sie Zweifel haben, vermeiden Sie auch diese Themen – es könnte gerade bei *diesem* Kunden Ihr letztes Thema sein, denn – pardon – zu *Ihnen* gibt es immer mindestens eine Alternative, nämlich Ihren Wettbewerb …! Insbesondere die Themen, die die Persönlichkeit Ihres Kunden kennzeichnen, müssen für Sie tabu sein. Dazu gehören z. B. Dialekte, die Sie möglichst »überhören« sollten. Jeder Dialekt ist sprachlicher Ausdruck einer landsmannschaftlichen Zugehörigkeit. Diesen anzusprechen heißt, das Gespräch unweigerlich auf einen (möglicherweise?) empfindlichen Punkt der Beziehungsebene (Emotionen!) zu bringen. Die Bemerkung: »Ach, das hört man, daß Sie aus Dresden kommen«, kann als »Overkill« wirken. Heucheln Sie aber auch keine Dialekt-Sympathie, wenn Sie sie nicht haben. Was Dialekte angeht, haben leider viele Mitbürger Probleme mit ihrer Toleranz (»Wenn ich *den* Dialekt schon höre …«, »*Den* Dialekt kann ich nicht leiden …«). Wenn diese Leute nur wüßten, was ihnen entgeht …!

ACHTUNG!
Der Titel gehört zum Namen...!

Ein »reizvolles« Thema ist die *Titel*-Frage – zu oft auch ein »Reiz-thema«. Auf diesem Feld tummeln sich Unkenntnis, Ablehnung, Anbiederung und Übereifer. Zunächst muß man unterscheiden zwischen »Adelstiteln« (meist erblich, seit 1919 aber nur noch Teil des Namens), »Ehrentitel« (nicht erblich, wie z. B. Doktor-, Pro-fessoren-, Konsul- oder kirchliche Titel etc.) und den »Amtstiteln« (meist Beamten- oder Priesterhierarchie). Man muß weiterhin un-terscheiden zwischen »Titel« und »Berufsbezeichnung« in der schriftlichen und persönlichen Anrede. Direktor, General, Minister, Ministerpräsident, Gesandter, Botschafter usw. sind »Berufsbezeichnungen« und keine »Titel«. Man beweist heutzutage gute gesellschaftliche Umgangsformen, wenn man die Herren (oder auch Damen) höflich mit ihrem Namen, z. B. »Herr Meier«, anspricht – eine Dame sollte ohnehin, sofern nicht ein besonderer Grund zum Abweichen von dieser Regel besteht, im gesellschaftlichen Umgang Männer nicht mit ihren Berufsbezeichnungen ansprechen (»Guten Tag, Herr General!«… dürfte als Anrede eher eine Mischung zwischen witzig und peinlich sein). Es gibt nur eine einzige Ausnahme für Männer und Frauen gleichermaßen, nämlich in der **Anrede des Bundespräsidenten der Bundesrepublik Deutschland** und analog für gleichgestellte ausländische Personen (»Herr Präsident« oder »Frau Präsident« – aber nicht: »Frau Präsidentin …!«).

Unsere Großeltern hatten es in der Anrede mit Titeln einfacher: Wer einen Titel hatte, wurde halt damit angeredet. Das war eben zu Beginn unseres Jahrhunderts so und hat sich nur in einigen (wenigen) Bereichen bis heute gehalten. Am Ausgang unseres Jahrhunderts ist die »Titel-Frage« für den Verkäufer dadurch eher komplizierter geworden, daß eine falsche Titel-Ansprache auch peinlich, anbiedernd, schleimig, dümmlich-naiv usw. wirken kann, eine fehlende Ansprache mit dem richtigen Titel kann aber auch überheblich, uninteressiert, unhöflich – ja sogar gesprächsbeendend wirken.

Als Verkäufer sollten Sie sich das (Verkaufs-)Leben nicht unnötig schwer machen und extreme Positionen vermeiden. Das bedeutet: einerseits keine »übertriebene und anbiedernde«Titelansprache – andererseits kein bewußt »gewaltsamer Verzicht« auf Titel aus »persönlichen XY-Gründen«. Beachten Sie, daß es zu verschiedenen Titeln ein (durchsetzbares!) Recht gibt, mit diesen Titel angesprochen zu werden (z. B. Doktor-Titel usw.).

Es ist in jedem Fall zu unterscheiden zwischen einer brieflichen und einer persönlichen Anrede. In den meisten Fällen (die Ausnahmen beziehen sich vorwiegend auf Personen in hochgestellten Funktionen und Ämtern) ist es richtig, in der Anschrift (z. B. in einem Geschäftsschreiben) auch die Berufsbezeichnung oder die Amtsfunktion unter den Namen zu schreiben, also:

Herrn Heinrich Neuduck
– Bürgermeister der Stadt Entenhausen –
Donaldstraße 1
D-Entenhausen 12

Sehr geehrter Herr Neuduck,

Entsprechend erfolgt die persönliche Anrede korrekterweise auch mit »Herr Neuduck« – und nicht etwa mit »Herr Bürgermeister«. Für die am häufigsten vorkommenden Titel geben wir Ihnen im folgenden einige Empfehlungen, wie die Träger dieser Titel *zeitgemäß* anzusprechen sind:

Konsul Wilhelm Meier	Herr Konsul Meier.
Dipl.-Ing. Architekt Klaus Lehmann	Herr Lehmann.
Landrat Georg Spät	Herr Spät.
Minister Hubert Sorglos	Herr Sorglos.
Pfarrer Gustav Betig	Herr Pfarrer.
Dr. Friedrich Schultze	Herr Doktor Schultze.
Dr. Dr. Dr. Richard Guiness	Herr Doktor Guiness.
Professor Dr. Heinrich Müller	Herr Professor Müller.
Amtsrichter Günter Huber	Herr Huber.
Direktor Walter Springmann	Herr Springmann.
Polizeiobermeister Erwin Streife	Herr Streife.

Grundsätzlich werden also die akademischen Titel wie »Dr.« und »Professor« in der persönlichen Anrede (in Verbindung mit dem Namen) genannt, weil es keine »Berufsbezeichnungen«, sondern »Titel« sind, im Unterschied zum Landrat, Minister, Direktor usw. Eine Ausnahme bilden die Anreden kirchlicher Würdenträger, wobei in der evangelischen Kirche die Titelhierarchie nicht so streng wie in der katholischen Kirche ist. Als Verkäufer machen Sie in der Form nichts falsch, wenn Sie sowohl den evangelischen als auch den katholischen seelsorgerischen Gemeindevertreter mit »Herr Pfarrer« anreden (in einigen Gegenden gilt für den evangelischen Seelsorger auch der Titel »Herr Pastor«). Für die Anreden des hohen Klerus (Papst, Kardinal, Bischof usw.) gelten andere Formen, die hier nicht weiter dargestellt werden sollen, weil sie für den Verkäufer im Normalfall kaum relevant sein dürften.

Anders verhält es sich bei den Adelstiteln. Hier herrscht bei vielen Verkäufern (und nicht nur bei ihnen!) Verwirrung darüber, wie diese anzusprechen sind. Zunächst ist auch hier zu unterscheiden zwischen dem »Hochadel« (Kaiser, Könige, Großherzöge, Herzöge, Fürsten und Grafen) und dem »Niederen Adel« (Freiherren, Freifrauen, Freiinnen und einfache adlige Familien). Dem Chef des Hauses Preußen (Hohenzollern) gibt das »Genealogische Handbuch des deutschen Adels« (Genealogie = griech.: Wissenschaft vom Ursprung, Folge und Verwandtschaft der Geschlechter/ Ahnenforschung) noch heute das Prädikat »Kaiserliche und Königliche Hoheit«. Alle übrigen Prinzen und Prinzessinnen führen den Titel »Königliche Hoheit«, wie auch z. B. Großherzöge. Deren nachgeborenen Kinder heißen aber nur »Hoheit«. Bei Herzögen und Fürsten wäre strenggenommen wieder zu unterscheiden zwischen regierenden (»Hoheit« und »Hochfürstliche Durchlaucht«) und nicht regierenden (»Durchlaucht«). Einige Grafen lassen sich noch »Erlaucht« nennen; normalerweise werden Grafen und Gräfinnen mit ihrem Adelstitel und dem Namen angeredet (»Graf Wetterstein« oder »Gräfin Wetterstein« – aber nicht: Herr Graf oder Frau Gräfin). Freiherren (Niederer Adel) redet man mit »Herr von ...« an. Die Anrede »Baron« ist kaum noch üblich; wenn aber, dann fällt das »Herr« weg, ebenfalls das »von«. Man sagt also entweder »Herr von Crossheim« oder »Baron Crossheim« und nicht etwa »Herr Baron von Crossheim«. Entsprechend gilt auch die Ansprache für eine Freifrau (»Frau von Vanitas« oder »Baronin Vanitas« bzw. »Frau/Fräulein von Pullus« oder Freiin/ Baronesse Pullus«). Alle Angehörigen aus einfachen adligen Familien werden mit »Herr von ...« oder »Frau von ...« angeredet. (Die Rechtsprechung mit dem sogenannten »Primogenitur-Urteil« des Bundesverwaltungsgerichtes vom 11.3.1966 hat darüber hinaus bestimmte Streitpunkte über Adelstitel höchstrichterlich beendet, wenngleich die Praxis völlig anders aussieht.)

Für einen Verkäufer ist die Titelansprache oft ein Dschungel, durch den man nicht durchblicken kann und der auch »unsicher« macht. Zu oft »mogelt« man sich an der korrekten Ansprache vorbei – und begeht damit einen meist folgenschweren psychologischen Fehler. Wenn Sie Zweifel haben, wie Sie den oder die Zeitgenossen anreden sollen, so stellen Sie höflich, aber selbstbewußt die einfache Frage:

»Wie darf ich Sie korrekt anreden?«
Im übrigen macht auch in diesem Bereich stets »der Ton die Musik«, ebenso spielen die Mimik und die Gestik eine entscheidende Rolle bei der Nachfrage und bei der Anrede.

Wir sprechen hierzu die deutliche Empfehlung aus, in Zweifelsfällen den Kunden mit seinem Titel anzureden und zwar so oft, bis dieser von sich aus um Verzicht bittet. Tut er das nicht, dann dürfen Sie davon ausgehen, daß er die Anrede auch wünscht – also: Sie haben es richtig gemacht!

Aber nach Auffassung des Autors ist es genauso lächerlich, eine Person des Adels heutzutage in der dritten Person anzureden (Installateur: »Haben Hoheit heute schon über ein neues Klo nachgedacht?«) wie etwa einen Architekten mit »Herr Architekt« anzureden. Leider hören wir – oft in Süddeutschland – immer wieder, daß Personen darauf bestehen, mit einer Berufsbezeichnung bzw. einem Titel angeredet zu werden, der nicht im Paß eingetragen wird oder werden kann. Und im Verkauf kann es sich leider nicht jeder leisten, die (erfreuliche) Antwort zu geben, die ein Dachdeckermeister einem Architekten gab, der auf Titelansprache bestand. Architekt: »Ich wünsche mit ›Herr Architekt‹ angeredet zu werden!« Dachdecker: »Gut. Dann reden Sie mich bitte mit ›Herr Dachdeckermeister‹ an.«

Sicherlich ist das von Fall zu Fall abzuwägen, und manchmal ist es in der Tat besser, ***nach einem Gespräch*** den Kopf zu schütteln, weil sich ein Irgendjemand (so geschehen in Schwaben) widerspruchslos mit »Herr Kreisbaumeister« anreden ließ. Sehr oft tritt (leider) immer noch der Fall ein, daß sich die Gattin des Titelträgers mit dem gleichen Titel anreden läßt. Zwar ist die »Frau Doktor«, die gar keine ist, offensichtlich sehr selten geworden, aber in verschiedenen Regionen unseres Landes heißt die Frau eines Landrates immer noch »Frau Landrat«. Wir haben allerdings keine Antwort darauf, wie gemäß Gleichberechtigung der Ehemann einer gewählten »Landrätin« nach gleichem Muster angeredet werden könnte … oder sollte (etwa: Herr Landrätin …?). Im Zweifel regelt der Paragraph 132 a des Strafgesetzbuches alle Fragen. Dieser Paragraph stellt nämlich das unbefugte Titelführen unter Strafe …!

Diese Hinweise zur korrekten, zeitgemäßen Ansprache mit Titeln gelten allerdings nur für den deutschsprachigen Raum. Im Ausland, insbesondere dort, wo noch Monarchen und Adel Staatsträger sind oder traditionell eine besondere Bedeutung haben, gelten häufig andere Regeln (England, Beneluxstaaten, Spanien, Schweden usw.).

Ein nicht minder wichtiges Thema ist die Einhaltung von *»Distanzzonen«* – man sollte das nicht unterschätzen. »Bleib' mir vom Leib«, sagt der Volksmund, denn **die Sympathie verhält sich umgekehrt proportional zur Intensität der Zahnfäule und nimmt mit dem Quadrat der Entfernung zu.**
Leider ist in der Praxis zu beobachten, daß gerade diejenigen Zeitgenossen ein Nah-Kontakt-Bedürfnis haben, deren Deos und Mundwasser in aller Regel versagen. Auch starke Raucher sollten sich vor jedem Kundenbesuch »auslüften«, denn Qualmwolken sind Nikotin-Kletten und für nichtrauchende Kunden ein Zeichen der Schwäche und eine Zumutung. Dazu eine wichtige Regel:
Beim Kunden sollte grundsätzlich nicht geraucht werden – auch wenn der Kunde raucht!
Verzichten Sie lieber für die kurze Zeit eines Verkaufsgespräches auf Ihre Zigarette. Sie verbindet nicht, sondern stört. Denken Sie daran, daß der Kunde nach dem Gespräch auch Ihre Kippen entfernen und den Raum lüften muß. Viele »Raucher-Verkäufer« unterschätzen das und machen sich keine Gedanken darüber, in welchem Zustand sie den Gesprächsraum hinterlassen. Was tun *Sie* als erstes, wenn ein »rauchender Besuch« Ihre Wohnung verlassen hat?

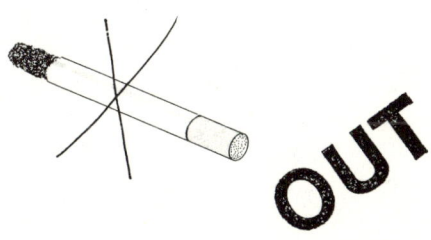

0—60 cm   Intimzone

60—150 cm   persönliche Zone

1,50—4,00 m   gesellschaftliche Zone

Ein wichtiges rhetorisches Instrumentarium ist die *Körpersprache,* d. h. körperlicher Ausdruck, Mimik und Gestik. Sie ist eine nichtverbale Kommunikation, und damit ist gesagt, daß vom jeweiligen körpersprachlichen Ausdruck Rückschlüsse auf psychische Empfindungen, Stimmungslagen, innere Bereitschaft, Ablehnungen usw. gezogen werden können. Hierzu müssen jedoch einige Einschränkungen gemacht werden. Zum einen gelten die folgenden Beispiele nur für den deutschsprachigen Raum (in Italien, Spanien, Japan usw. werden körpersprachliche Aussagen u. U. anders eingesetzt oder gedeutet). Zum anderen muß mit den Rückschlüssen aus erkannten körpersprachlichen Aussagen sehr behutsam umgegangen werden, denn in den meisten Fällen sind sie nur das letzte Mosaiksteinchen (wenn auch ein sehr wichtiges ...) zur Vervollständigung eines Bildes (dauernde körperliche Gebrechen, wie z. B. Nervenkrankheiten/Gliederzucken etc. bleiben für Rückschlüsse ebenso ausgeschlossen wie momentane Krankheiten, z. B. Hexenschuß, verstauchte Glieder, Kopf-, Zahn- oder Rückenschmerzen usw.).

Die weitere Einschränkung ist, daß körpersprachliche Aussagen bewußt eingesetzt werden können, um den Gesprächspartner zu täuschen. Sie kennen das sicher vom Karten- oder Schachspiel. Oft wird keine Miene verzogen, um dem Gegenspieler jeden Hinweis auf eine Gefühls- oder Stimmungslage zu nehmen, aus der Absichten erkennbar wären. Dementgegen sind Sie sicher schon Menschen begegnet, denen Sie z. B. Ihr Produkt vorstellten und aus deren (freundlicher) Mimik und Gestik Sie bis zum Ende des Gespräches den Rückschluß zogen, daß ein guter Verkaufsabschluß mit Sicherheit getätigt werden kann. Doch dann verabschiedete sich der Kunde (wiederum mit freundlichster Mimik und Gestik) – und Sie hatten vermutlich Mühe, Ihre Fassungslosigkeit und Enttäuschung zu verbergen.

Körpersprachliche Aussagen, die diametral zum Verhalten eines Menschen stehen, sind keine Außergewöhnlichkeit. Sicher haben Sie das schon bei Politikern, die gegenteilige Interessen haben, beobachten können. Wir sehen immer stets nur freundlich lächelnde Damen und Herren, die scheinbar artig miteinander umgehen, obwohl längst ein Handelskrieg zwischen ihren beiden Ländern begonnen hat, und manchmal sogar noch Schlimmeres. Zusammenfassend kann man sagen: Die nonverbalen Ausdrucksmittel (Körpersprache) können ebenso wirken und eingesetzt werden wie verbale (sprachliche) Ausdrucksformen, also für ein positives oder negatives Gesprächsklima, als Lüge oder Täuschung, zur Vertrauensbildung, als habituelle Bekräftigung einer verbalen Aussage usw. Daraus folgen zwei Regeln:

1. **Sie müssen mit Ihrer Körpersprache genauso korrekt, überlegt und gezielt umgehen wie mit Ihrer Sprache und Ihrem Sprechen.**

2. **Sie sollten (erkannte) körpersprachliche Aussagen Ihres Gesprächspartners genauso positiv oder kritisch beurteilen wie seine sprachlichen Aussagen.**

Es ist nicht der Sinn dieses »Kleinen Benimm-Kurses«, alle Ergebnisse der Kinesik, also der Wissenschaft, die sich mit der Erforschung nicht-verbaler Kommunikation befaßt, akribisch aufzulisten. Für einen Verkäufer im heutigen Markt ist es sinnvoller, daß

er für körpersprachliche Aussagen und ihre Bedeutungen sensibilisiert wird, die wichtigsten Grundlagen dazu kennt und – sofern vorhanden –
»Kinesik-Marotten« (am Hinterkopf kratzen, Grimassen schneiden, im Ohr oder in der Nase bohren usw.) ebenso abstellt wie
»Sprach-Marotten« (»super, klasse, Spitze, stark, irre, äh«, usw.).
Daß bestimmte Ausdrucksformen der Mimik und Gestik wirkungsvoll eine verbale Aussage unterstreichen können, ist uns allen bekannt. Insbesondere in südlichen Ländern sind diese Formen deutlich sichtbar und wirken auf uns z. T. übertrieben. Wer jemals einen Südländer dabei beobachtete, wie dieser seinen Auffahrunfall »interpretiert«, wie er die Einlaßverweigerung in ein Lokal »kommentiert« oder eine junge Dame »anspricht«, weiß, was gemeint ist. Die meisten aus unserem deutschsprachigen Kulturkreis haben völlig andere Erfahrungen und frühzeitige Hinweise erworben. »Bleib' ruhig stehen und fuchtel nicht immer mit den Händen rum!« – Wer hat das nicht von seinem Lehrer oder seiner Lehrerin in frühen Schuljahren gehört? Selbst viele der heute erst knapp 40jährigen lernten noch – wie ein Sängerknabe auf der Bühne – die regungslose Grundstellung beim Vortrag eines Gedichtes, beim Abfragen des Gelernten oder beim Vorstellen einer »Respektperson«.
Das ist sicher ein wesentlicher Grund dafür, daß manchen Verkäufern das Erlernen des bewußt gezielten Einsatzes nonverbaler Ausdrucksmittel schwerfällt – unabhängig von anderen Gründen, wie z. B. typbedingt generell ruhiges, temperamentloses Verhalten usw. In unseren Seminaren wurde bei bestimmten Teilnehmern deutlich erkannt, daß diese eine innere Sperre, manchmal sogar eine Scham gegenüber diesen rhetorischen Ausdrucksmitteln haben. Aus der Sozialpsychologie ist bekannt, daß gerade die in der frühen Sozialisationsphase erworbenen und gelernten sozialen Werte und Normen Determinanten späterer Verhaltensweisen sein können.
Unbestritten bleibt dennoch die hohe Wertigkeit körpersprachlicher Aussagen. Im folgenden wollen wir Ihnen einige Grundaussagen darstellen:

4.3.1.2 Gestik

Wirkungsvolle Gesten betonen und unterstreichen eine verbale Aussage. Sie sprechen Verstand *und* Gefühl an. Man unterscheidet drei Wirkungsebenen der Gestik:

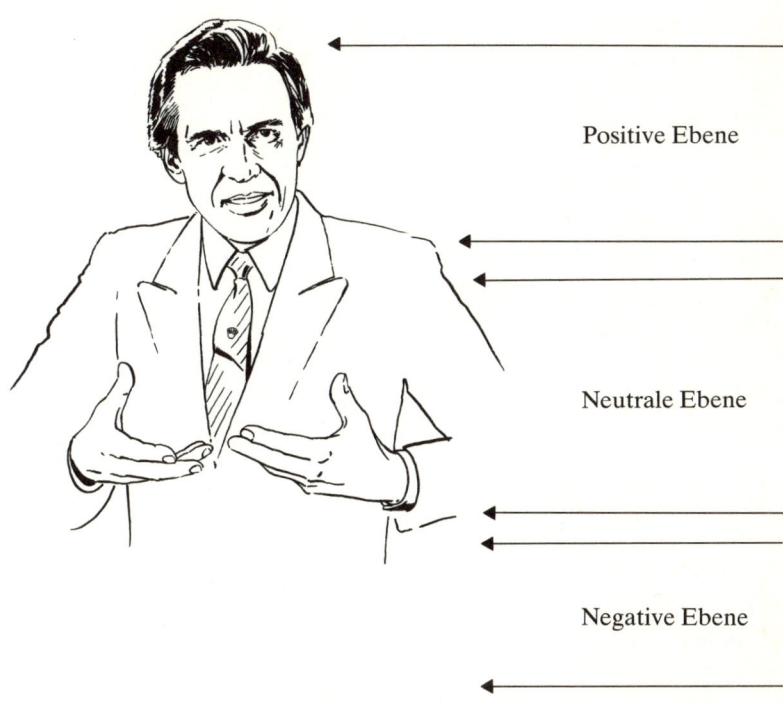

Positive Ebene

Neutrale Ebene

Negative Ebene

Die wichtigste Regel hierzu:
Die Geste muß der Vorläufer der sprachlichen Aussage sein, nicht der Nachkömmling!
Also: Ihre Gestik muß bereits erkannt und wahrgenommen werden, bevor Sie eine zugehörige Aussage machen – oder beide Ausdrucksformen, verbale und nonverbale, werden gleichzeitig (synchron) vorgetragen. Nur in wenigen Fällen ist es rhetorisch sinnvoll, kurz nach einer Aussage eine entsprechende Gestik darzustellen.
Die Gesten müssen zu Ihren Worten und Überlegungen passen.
Die Aussage: »Wir haben hervorragende Erfahrungen mit dem

Produkt« und eine Gestik im unteren, negativen Bereich passen nicht zueinander. Und weiter: Gesten sind nur dann sinnvoll, wenn sie etwas aussagen. Ob Sie eine Hand oder zwei benutzen, hängt von dem Gedanken ab, den Sie ausdrücken wollen. Wenn Sie sehr emphatisch sind, heben Sie beide Hände. Eine Geste, durch zwei Hände ausgedrückt, wirkt meist doppelt so stark wie mit einer Hand.

Eine sichere Regel ist immer: »Weder zuviel noch zuwenig, aber besser zuwenig als zuviel.« Denken Sie bei Ihren Gesten daran: keine Windmühle, aber auch keine Statue!

Eine alte Regel – auch aus unseren »Kindertagen« – sagt: »Man zeigt nicht mit nacktem Finger auf angezogene Leute!« Unabhängig davon, daß dieser Satz nur beim Betrachten von FKK-Strandbesuchern umkehrbar ist, enthält er doch die Erkenntnis, daß mit dem direkten Zeigen auf eine Person, sei es mit der ganzen Hand oder mit einem einzelnen Finger, sehr behutsam umgegangen werden sollte. Es kann zu leicht mißverständlich gedeutet werden. Folgende Grundformen können unterschieden werden:

1. Präzisieren   2. Drohen

3. Ausgleichen/beschwichtigen

4. Abwehren/ablehnen

5. Fragen/fordern

6. Bitten

7. Konfrontation

8. Zusammenfassen/verbinden

9. Abwerten, dämpfen, beruhigen   10. Belehren

Aber auch andere Körperteile können eine unterstützende Rolle bei den gestischen Ausdrucksmitteln spielen z. B. Kopf und Augen. Ein ruckartiges Heben des Kopfes kann sowohl Konzentration wie auch Überheblichkeit/Arroganz signalisieren, je nach dem, welche Augenbewegungen und Mimik Sie anwenden. Ein Senken des Kopfes kann ebenso ein Schuldgefühl wie auch eine Abwehrhaltung darstellen; auch hier sind Augenbewegung und Mimik entscheidend.

Kopf- und Augenbewegungen, Mimik und entsprechende gestische Ausdrucksformen der Arme und Hände bilden stets eine Einheit. Sie können zusammen so stark wirken, daß jedes weitere Wort überflüssig wird. Um die Wirkung dieser rhetorischen Instrumentarien zu üben, sollten Sie sich mit einem Kollegen einmal in einer Art »Taubstummensprache« verständigen, also ohne ein Wort zu sagen. Sie werden verblüfft sein, was Sie alles an gestischen und mimischen Ausdrucksmitteln »erfinden«, um sich zu verständigen. Kleiner Familienhinweis: Diese Übung ist als Spiel bestens geeignet, an einem verregneten Tag Frau und Kinder kurzfristig zu beschäftigen.

4.3.1.3 Blickkontakt und Mimik

Suchen Sie stets den *Blickkontakt,* denn Blicke erzeugen Sympathie. Aber vermeiden Sie den »Röntgenblick« ebenso wie den ständigen Augenaufschlag gen Himmel zu unser aller Chef. Es soll

164

Das Lächeln, das Du aussendest,
kehrt zu Dir zurück!

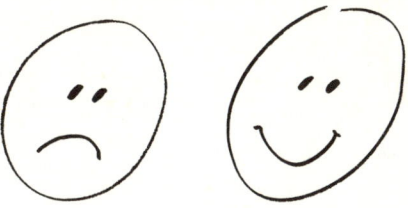

sogar Verkäufer geben, die beim Kunden (verstohlen) gähnen.
Der nächste Schritt wäre dann einschlafen …!
Üben Sie sich in positiver Mimik und lächeln Sie – auch wenn's
manchmal schwerfällt. Mit einem offenen und befreienden Lachen hat schon mancher Zeitgenosse schwierige Situationen ge-
meistert. Es ist erstaunlich (und oft unbegreiflich), daß Gesprächspartner ernst, manchmal verbissen ihre Gespräche führen, als ob
befreiendes Lachen ein verkäuferisches Tabu sei. Im Grunde gibt
es nur einen Berufsstand, der situationsbedingt beim Kunden
nicht lachen sollte: Beerdigungsunternehmer.
Natürliches Lachen ist heilende Medizin, und:
Lächeln ist die charmanteste Art, die Zähne zu zeigen.

Besonders im Geschäftsleben gilt die chinesische Weisheit:

… wer nicht imstande ist zu lächeln, braucht seinen Laden gar nicht erst zu
öffnen!

… kein subtiles Dauergrinsen …

… aber auch kein Poker-Face …

… bleiben Sie natürlich, in dem
Sie natürlich lächeln und
freundlich sind …!

... und ein befreiendes Lachen hat schon manche kritische Situation »gerettet«

4.3.1.4 Körperhaltung

Denken Sie – wie bereits gesagt – stets daran, daß Ihre *Körpersprache* verräterisch ist. Wählen Sie die »offene Körperhaltung« – sie signalisiert Offenheit, Zuwendung und Interesse. Die »verschlossene Körperhaltung« ist verkrampft und signalisiert Verschlossenheit und auch Unsicherheit. Zudem gibt es einige körpersprachliche Aussagen, die arrogant und überheblich wirken, wie z. B. das demonstrative Verschränken der Arme oder das Abstützen der Arme auf den Hüften, das breitbeinige Stehen oder die Unart, beide Hände in die Hosentaschen zu stecken. Auch das Versenken einer Hand in die Hosentasche und das gleichzeitige »Herumfuchteln« mit der anderen Hand wirkt u. U. sehr überheblich; zumindest ist es ein Zeichen »schlechter Kinderstube« und keinesfalls eine »Lässigkeit, die Sicherheit ausstrahlt«.

Erinnern Sie sich:

95 % aller Entscheidungen werden auf der emotionalen Beziehungsebene getroffen!

Einige wichtige körpersprachliche Aussagen wollen wir in den folgenden Abbildungen darstellen:

167

offene Körperhaltung
signalisiert
- Offenheit
- Zuwendung
- Interesse

verschlossene Körperhaltung:
signalisiert
- Verschlossenheit
- Ablehnung
- Unsicherheit

Um **sicher** zu stehen, brauchen Sie **2 Standbeine.**

←

Diese Haltung verrät Unsicherheit!

→

NEGATIV: Diese Körperhaltungen verraten:

Arroganz

Überheblichkeit

Lässigkeit (im Sinne von schlechten Manieren)

POSITIV: Diese Körperhaltungen verraten:

Offene Körperhaltung im
sitzen!
- Offenheit
- Zuwendung
- Interesse

NEGATIV: Diese Körperhaltungen verraten:

Verschlossenheit/Unsicherheit

Ablehnung/Distanz

Unflätigkeit/Überheblichkeit

Verkrampfung/Unsicherheit

4.3.2 Bedarfsanalyse

Der Witz ist alt: Ein Unternehmen der Schuhindustrie schickt einen Verkäufer nach Zentralafrika, um den Markt zu erkunden. Dieser telegrafiert zurück: »Keine Absatzchancen für uns. Die Leute laufen seit Generationen ohne Schuhe herum.« Ein »Spitzenverkäufer« wird daraufhin erneut nach Zentralafrika geschickt, um das zu überprüfen. Doch dieser telegrafiert zurück: »Hervorragende Absatzchancen für uns. Kein Mensch hat hier Schuhe.« Der sogenannte »Top- oder Spitzenverkäufer« schafft angeblich das, was der »Normalverkäufer« nicht schaffen würde: einem Eskimo den Kühlschrank und dem Kardinal ein Doppelbett zu verkaufen. Diese »Verkäuferwitze« sind aber Synonym für eine Auffassung, die immer noch in den Köpfen vieler Zeitgenossen herumgeistert: Ein Verkäufer muß gut reden können.

Lassen wir es dahingestellt sein, ob das jemals für unseren Markt gegolten hat. Fest steht demgegenüber die Tatsache, daß manche Unternehmen nur deswegen so schlecht verkaufen, weil ihre Verkäufer zuviel reden, kaum zuhören und zuwenig fragen! Viele Verkäufer lassen sich auch fragen … und zwar zuerst nach dem Preis.

Die häufigste Anmerkung in unseren Seminaren zur Stufe »Bedarfsanalyse« war die, daß der Verkäufer meistens ohnehin sehr gut weiß, was der Kunde will – vielfach wurde ihm das schon während der Vereinbarung zum Gesprächstermin vom Kunden selbst genannt.

Wir meinen dagegen, daß diejenigen, die daraufhin sofort ins konkrete »Verkaufsgespräch einsteigen«, die wohl wichtigste Chance zum guten Verkaufsabschluß bereits vergeben haben, denn ohne Erfragung des Bedarfs kann der Verkäufer eigentlich nur noch »reagieren« – und zwar auf die Forderungen des Kunden nach Preisnachlaß und Rabatten. Diese – wir wollen das klar sagen – fundamental falsche Vorgehensweise ist besonders dort anzutreffen, wo meistens nachgeordert oder ein bereits bekanntes Produkt »verkauft« wird. Aber nicht nur dort. Auch bei Neukunden wird sehr oft der Fehler gemacht, daß nach der Begrüßung die Ware sofort »präsentiert« wird. Es folgen sodann ein paar Bemerkungen, manchmal auch Fragen vom Kunden – und dann die das weitere Gespräch bestimmende Frage:

»Und was kostet der Artikel?«

Wer erst an diesem Gesprächspunkt »aufwacht«, sich (ur)alter Seminar-Empfehlungen erinnert und die Frage stellt: »Darf ich den Preis zunächst zurückstellen?«, sollte sich nicht wundern, wenn der Kunde sagt: »Nein. Dürfen Sie nicht.«

Es ist gleichgültig, ob Sie einen bekannten oder unbekannten Artikel verkaufen. Das wichtigste für einen Verkäufer ist, herauszufinden:

- Was will der Käufer?
- Warum will er das?
- Was sind seine Erwartungen?

Das einzig mögliche Instrumentarium hierzu sind:

Fragetechniken:

Fragetechniken dienen dazu, die MOTIVATION des Kunden herauszufinden. Kennen Sie die MOTIVATION, so kennen Sie meist auch die Antwort.

Zunächst ein paar Beispiele, an denen Sie erkennen können, daß durchaus auch dann eine »Bedarfsanalyse« erforderlich ist, wenn dem Verkäufer bekannt ist, was der Kunde will:

Elektrohandel:

Kunde:»Guten Tag. Ich brauche einen neuen E-Herd.«
Verkäufer:»… Was darf der denn kosten …?«

Küchenstudio:

Kunde:»Guten Tag. Ich interessiere mich für eine neue Küche.«
Verkäufer:»Schauen Sie doch bitte mal rum. Da hätten wir hier eine sehr schöne Markenküche von Bauschlecht. 8.000,– DM, aber alles drin …«

Holztreppenstudio:

Kunde:»Guten Tag. Wir möchten unsere Treppe erneuern lassen. Die ist einläufig, ¼-gewendelt, über ein Geschoß. Wir wissen aber nicht, ob aus Holz oder Stahl/Kunststein …«
Verkäufer:»Aber, aber. Das kann doch keine Frage sein. Was kann es Schöneres als eine Holztreppe geben? Schau'n Sie doch mal diese Treppe an. Die ist doch wunderschön! Oder diese! Oder diese mit dem geschnitzten Geländer …!«
Kunde:»Ich weiß nicht so recht. Ich überlege mir das mal und komme dann wieder …«

Dümmer kann sich eigentlich kein Verkäufer verhalten. Und doch, Hand aufs Herz: Begegnen Sie nicht nahezu täglich diesen »Meistern der Bedarfsanalysen«? Aber vielleicht erkennen Sie auch aus den Beispielen, wie wichtig das Erfragen des Bedarfs ist – auch wenn dieser (scheinbar) deutlich bekannt ist.

Die richtige Frage zum richtigen Zeitpunkt zu stellen, das ist zweifellos nicht immer einfach. Wenn ein Verkaufsgespräch erst einmal einen bestimmten Punkt in der Diskussion erreicht hat, bestimmen allzu häufig andere, meist technische Aspekte den Verlauf des Gespräches. Doch auch hier müssen wir sagen, daß ganz gleich, welchen Gesprächspunkt Sie und Ihr Kunde erreicht haben, die *Frage das wichtigste Instrument zur Führung des Gespräches* bleibt.

Im folgenden wollen wir Ihnen die wichtigsten Fragetechniken darstellen:

---

1. Geschlossene Frage
Der Partner kann nur mit »Ja« oder »Nein« antworten.
Beispiel: »Gefällt Ihnen dieser Artikel?«

---

2. Offene Frage
Der Partner kann meistens nicht mit »Ja« oder »Nein« antworten.
Beispiel: »Warum gefällt Ihnen dieser Artikel?«

---

3. Alternativfrage
Partner hat nur die Wahl zwischen zwei (positiven) Möglichkeiten.
Beispiel: »Wollen Sie Produkt A oder B ordern?«

---

4. Motivierungsfrage
Regt den Partner an, sich zu »öffnen«.
Beispiel: »Was sagen Sie als Fachmann dazu?«

174

5. Provokatorische Frage

Zwingt den Partner zur negativen Motivierung.
(Vorsicht geboten!)
Beispiel: »Können Sie das als Fachmann nicht?«

6. Suggestivfrage

Dient zur Manipulation des Partners.
Soll möglichst *nicht* verwendet werden.
Beispiel: »Sie wollen doch sicherlich auch ein problemloses Produkt?«

7. Gegenfrage

Schafft Zeit zum Nachdenken; zwingt meist den Partner, seine Fragestellung zu ändern (nicht immer geeignet!).
Beispiel: »Haben Sie eine Erklärung für Ihre Frage?«

8. Fangfrage

Indirekte Frage zum Ermitteln eines Sachverhaltes, der nicht direkt erfragt werden kann oder soll.
Beispiel: Sie wollen wissen, ob der Kunde ein Auto hat, und fragen: »Wo parken Sie denn immer Ihren Wagen?«
Vorsicht! Wenn eine Fangfrage erkannt wird, kann das auf Ablehnung stoßen.

9. Ja-Fragen-Kette

Partner soll durch mehrere geschlossene Fragen, die nur mit »Ja« beantwortet werden können, auch die Schlußfrage mit »Ja« beantworten.
Beispiel: »Finden Sie, daß Holz ein natürlicher Werkstoff ist (»Ja«), daß Holz dauerhaft und beständig ist (»Ja«), daß Holz warm und freundlich ist (»Ja«) und sich daher für den Treppenbau besonders gut eignet?« (»Ja«).

10. Rhetorische Frage
Diese Frage beinhaltet meistens schon die Antwort. Vorsicht ist geboten!
Beispiel: »Haben Sie schon einmal etwas von Mercedes gehört?«

Natürlich weiß jeder, daß man nicht alle Fragetechniken behalten oder zum geeigneten Zeitpunkt die richtige Fragetechnik anwenden kann. **Wir empfehlen daher eine sehr einfache Lösung:**
Arbeiten Sie hauptsächlich mit den sogenannten **»W-Fragen«.** Alle W-Fragen sind geeignet, ein Gespräch lebendig und informativ zu gestalten, denn meistens kann man auf diese Fragen nicht nur mit »Ja« oder »Nein« antworten – es sind offene Fragen. Eine W-Frage beginnt meist mit den Frageworten:
Wer, wo, was, warum, wieso, weshalb, woher, wodurch, womit etc.
Vermeiden Sie Suggestiv-, Fang- oder rhetorische Fragen. Verwenden Sie die bereits vorgestellten Gesprächstechniken, insbesondere den »kontrollierten Dialog«. Vermeiden Sie Formulierungen wie: (»Da haben Sie mich falsch verstanden« … »Das ist aber falsch« … »Das ist doch veraltet« … usw.).
Beherzigen Sie die Regel:
Weniger reden – mehr fragen. Wer fragt, führt das Gespräch!

Ein passendes Angebot, welches »sitzt«, können Sie nur unterbreiten, wenn Sie die Motive des Kunden erkennen. Erst diese führen zum Bedarf. Was sind also »Motive«? Das Wort kommt aus der lateinischen Sprache und heißt »Bewegung«. Ein Motiv ist der Beweggrund, warum jemand handelt. Wir haben bereits dargestellt, daß Menschen vorwiegend emotional, weniger rational handeln. In den seltensten Fällen handelt aber jemand aus nur einem einzigen Grund – auch wenn er es selbst vielleicht glaubt. Eine Handlung, mithin also auch ein Überzeugungsprozeß, wird stets bestimmt von mehreren Motiven. Das bedeutet:
Die Gesamtheit der Motive, die zu einer Handlung führen, nennt man Motivation.
Unter Motivation werden also – vereinfachend dargestellt – Kräfte verstanden, die das Verhalten und die Einstellung von Menschen

antreiben. Jede Motivation hat eine Antriebs- und eine Richtungs- bzw. Zielfunktion. Das Grundmotiv eines Menschen ist, seine Bedürfnisse zu befriedigen. Man muß aber unterscheiden zwischen **»Bedarf«** und **»Bedürfnis«**.

Der Bedarf ist eine normative Größe, der aus einer Mangellage entsteht (»Wir benötigen zur weiteren Produktion das Material A in z-facher Ausführung«). Der Bedürfnisbegriff dagegen ist nur ein theoretisches Hilfsmittel zur Beschreibung von zielgerichteten Wünschen (»Wir möchten A-Qualität in luxuriöser Ausstattung«). Befriedigte Bedürfnisse begründen neue Bedürfnisse, es entsteht ein neuer Bedarf, und dieses Streben trägt seinerseits zum Wirtschaftskreislauf, aber auch zur Umweltveränderung bei.

Als Beispiel: Vor Jahren fuhren Sie noch ein kleines Auto. Ihren Wunsch, ein größeres Auto zu fahren, konnten Sie sich kürzlich erfüllen. Die Automobilfabrik registrierte somit aufgrund einer Mangellage einen »Bedarf«, der durch Ihren zielgerichteten Wunsch entstanden ist. Überspitzt formuliert: Für Sie mußte das große Auto erst produziert werden. Damit belebten Sie den Wirtschaftskreislauf, wie z. B. die Zulieferindustrie, den Straßenbau und Entwicklungsprojekte – und das Automobilwerk geht davon aus, daß sich Ihre Bedürfnisse in ein paar Jahren wieder verändert haben und Sie ein neues Auto kaufen.

Und noch ein kleiner Hinweis ist bemerkenswert: Die Autositze z. B., in denen Sie bequem sitzen, wenn Sie zum Kunden fahren, mußte ein Verkäufer einem Einkäufer (Kunden) »verkaufen« …!

Der Verkäufer, aber auch der Wettbewerb mit einem gleichwertigen Produkt behauptete, die Sitze seien bequem und leierten auf Dauer nicht aus, Beweise hatten sie nicht. Der Einkäufer mußte also »überzeugt« werden, denn bestimmt ließ er sich nicht »überreden«. Gehen Sie auch in diesem Beispiel davon aus, daß die angebotenen Produkte preislich und qualitativ gleichwertig waren, beiderseits keine Lieferprobleme bestanden und sogenannte »Nebenverdienste« des Einkäufers nicht zur Debatte standen. Spekulieren Sie einmal darüber, nach welchen Kriterien sich der Einkäufer entschieden haben könnte, und berücksichtigen Sie dabei, daß 95 % aller Entscheidungen auf der Ebene der emotionalen Beziehungen getroffen werden …!

Der Irrtum vieler Verkäufer besteht oft darin zu glauben, sie könnten sowohl Bedarf wie auch Bedürfnis mit ihrem (ihrer) Produkt/ Artikel/Leistung befriedigen (Verkäufer: »Ich weiß einerseits, was der Kunde benötigt, und wir liefern andererseits A-Qualität in luxuriöser Ausstattung«).

In den meisten Fällen »leben« Verkäufer in der Phase des Angebotes von Behauptungen, und nicht von Beweisen. Um die »zielgerichteten Wünsche«, mithin also die Bedürfnisse eines Kunden befriedigen zu können, müssen Sie – wie bereits erklärt – seine Motive kennen. **Im Prinzip haben Sie zwei Möglichkeiten, die Motive eines Menschen (im Verkaufsgespräch) zu erkennen:**

1. Durch Fragenstellen (und Zuhören).
2. Durch Beobachtung.

Zum Fragenstellen wurden bereits einige Ausführungen gemacht. In der Beobachtung haben Sie u. a. folgende Beurteilungskriterien:

A. Äußere Erscheinung

- Wie tritt der Kunde auf? (forsch, selbstsicher, unauffällig usw.)
- Welche Kleidung trägt er? (salopp, bequem, konservativ, modisch usw.)
- Welche Statussymbole hat er? (Uhr, Schmuck, Bilder, Möbel, Auto usw.)
- Wo und wie wohnt er? (Stadtteil, Hinterhof, Größe, Ausstattung usw.)
- Wie sehen seine Mitarbeiter aus? (wie er – oder anders?)

B. Rhetorik und Dialektik

- Welche Sprachformen verwendet er? (ich – ich, Sie – wir, ich – man usw.)
- Welche rhetorischen Ausdrucksmittel (Mimik, Gestik etc.) verwendet er?
- Unterbricht er Sie häufig oder widerspricht er kategorisch?
- Verwendet er faire oder unfaire Dialektik?
- Ist seine Sprache prahlerisch, bescheiden oder anpasserhaft?
- Verwendet er häufig Konjunktive? (müßte, sollte, hätte, könnte usw.)

C. Individuelles Verhalten

- Welche Hobbys hat er? (exklusive Hobbys, wie Reiten, Golf usw., oder: Risiko-Hobby, wie Abenteuerreisen usw., oder: Ein-

zelgänger-Hobbys, wie Bergsteigen usw., oder: Geselligkeits-Hobbys, wie Kegeln, Fußball usw.)
● Welches Gruppenverhalten hat er? (Eigenprofilierung, Dominanz, Kooperation, Distanz, Individualist, Teambereitschaft, Konfliktverhalten usw.)

Entsprechend diesen Beobachtungen können Sie wichtige Rückschlüsse zu den Motiven des Gesprächspartners ziehen, so zum Beispiel:
– Streben nach: Sicherheit und Geborgenheit,
– sozialer Anerkennung/Prestige/Überlegenheit,
– Selbstachtung und Unabhängigkeit,
– Leistungs- und Verantwortungsbereitschaft,
– Geselligkeits- und Genußbedürfnis,
– Neugier und Spielbedürfnis usw.

Motive

4.3.3 Angebot

Es ist für ein gelungenes Angebot von geradezu fundamentaler Bedeutung, daß Sie die verhaltenssteuernden Motive erkennen. Das erscheint zunächst ziemlich aufwendig, zeitraubend oder gar schwer zu erreichen. Doch wer sich einmal gründlich mit dieser prinzipiellen Vorgehensweise beschäftigt hat und erkennt, daß nur der »Umweg« über die Motive des Kunden zum Ziel (Verkaufsabschluß) führt, wird – nach einiger Übung – gelassen und routiniert in Verkaufsgespräche gehen. Mehr noch: **Es wird Ihnen Spaß machen, die Motive neuer Kunden zu »entdecken«** – und da und dort werden Sie auch über ein erkanntes Motiv schmunzeln …!
Nach einer Motiv-Entdeckung ist der weitere Schritt zum Angebot sehr einfach – und viele Verkäufer tun dieses bereits unbewußt. Sie benötigen jetzt eine »Übersetzungsformel«, mit der die Merkmale und Vorteile Ihres Produktes in einen *Kunden-Nutzen* so umgesetzt werden, daß damit die Motive angesprochen und die Bedürfnisse des Kunden erfüllt werden. Das ist überhaupt nicht kompliziert, sondern im Gegenteil: sehr einfach. Ein Beispiel dazu:
Da Sie eine Frau und vier kleine Kinder haben, die Sie alle lieben, möchten Sie ein Fahrzeug kaufen, in dem Sie Ihre Familie »sicher« fahren können. Weder ein dünnblechwandiges Billiggefährt noch ein (wenn auch rassiger, so doch enger) Sportwagen kommen da in

Frage. Der (hoffentlich gute …) Autoverkäufer hat diese Ihre Motive erkannt und bietet Ihnen ein Fahrzeug mit den Worten an: »Dieses Auto hat eine Sicherheitskarosserie mit einer zusätzlich stabilisierten Fahrgastzelle und steigert somit Ihre Sicherheit.« Daraus ist folgendes festzuhalten:

Produkt-Merkmal: Sicherheitskarosserie und zusätzlich stabilisierte Fahrgastzelle.
Übersetzungsformel: … *»steigert«* …
Motiv: Sicherheit.

Kein Zweifel, Sie werden bei Ihren Motiven dieses Auto kaufen – es sei denn, Sie haben kein Vertrauen zu dem Autoverkäufer, weil er Ihnen schlicht unsympathisch ist und er letztlich etwas »behauptet«, was sich (hoffentlich) niemals beweisen läßt …! Es wird also vermutlich eine emotionale Kaufentscheidung, wie sie zu 95 % getroffen wird.

Zurück zu den Motiven IHRER Kunden. Haben Sie diese erkannt, so ist es nun Ihre Aufgabe, die Produkt-Merkmale in einen Kunden-Nutzen so zu übersetzen, daß die Motive angesprochen und die Bedürfnisse erfüllt werden. Beispiele:

Produkt-Merkmal	Übersetzungsformel	Nutzen
Bedienungssystem	schafft	Bequemlichkeit
Wirkungsgrad	spart	Heizkosten
Form/Design	beweisen	Image/Prestige
Katalysator	bedeutet	Umweltverantwortung
Spiel-Varianten	bringen	Spaß/Originalität
Versicherungsleistung	garantiert	Sicherheit
Vertrag	fördert	Unabhängigkeit
Produkt	steigert	Überlegenheit usw.

Haben Sie schon einmal dem Treiben auf einem arabischen Markt zugesehen oder gar dort »gehandelt« – z. B. als Tourist, der Souvenirs kaufen wollte. Dann wissen Sie sicher auch, daß es dort als DUMMHEIT gilt, um den Preis NICHT zu feilschen. Man lacht über den, der den genannten Preis sofort bezahlt – manche Händler empfinden das sogar als Beleidigung. Der Kunde wird meistens umworben und nicht selten noch vor Verkaufsabschluß zu einem

Getränk eingeladen. Mit aufdringlicher Schwatzhaftigkeit, wie wir sie leider zu oft in südlichen Urlaubszentren finden und die uns jeden Shopping-Bummel vermiest, hat das meistens nichts zu tun.

Von einer nahezu kunstvollen arabischen Geschäftstüchtigkeit sollten wir ohne weiteres lernen. Hat ein solcher Händler erst einmal den Bedarf erkannt, den er sehr feinfühlig, erfahren und treffsicher beim Kunden auskundschaftet, präsentiert er seine Ware und die Vorteile wie ein Pfau seine Federn, um nur nicht über den Preis sprechen zu müssen. Jede Nachfrage nach dem Preis wird entweder zurückgestellt oder stets mit Vorteilsbenennungen verbunden beantwortet. Damit wird versucht, den »Preisschock« deutlich zu verringern und eher den Besitzwunsch zu fördern.

»Das ist ja eben die Masche« – wird mancher einwenden. Stimmt! Und wie steht es in unseren Gesprächen und Verhandlungen mit dem Bedarf und dem Preis?

Erst *NACH* der Bedarfsanalyse (Was will der Kunde?) kann und sollte das Angebot unterbreitet werden. Ein Angebot kann aber nur dann akzeptiert werden, wenn es für den *KUNDENBEDARF* einen bestimmten *WERT, VORTEIL* oder *NUTZEN* hat. Der Kunde muß überzeugt – nicht überredet werden! In der Verkaufsargumentation kommt es vor allem darauf an, die Kaufmotive gezielt und wirksam anzusprechen.

In dieser dritten Stufe eines Verkaufsgespräches ist es daher von größter Wichtigkeit, den

- *Aufbau von Wertvorstellungen*

systematisch zu betreiben, um so den VORTEIL und NUTZEN zu verkaufen, denn letztlich läuft alles »Argumentieren« darauf hinaus, dem Kunden eine einzige Frage überzeugend zu beantworten:

»Was habe ich davon?«

Viele Verkäufer »rasseln« einfach nur die Vorteile ihres Angebotes runter – doch welche Erwartung hat der Kunde? Vorteile allein genügen nämlich nicht. Das Schlüsselwort heißt »NUTZEN«. **Nutzen ist der rationale oder emotionale Gebrauchswert einer Idee, eines Produktes oder einer sonstigen Leistung.** Entscheidend ist jedoch, daß hinter dem Nutzen die »Kaufmotive« stehen – sie müssen also zunächst erkannt werden (Bedarfsanalyse), um dann den systematischen Aufbau von Wertvorstellungen betreiben zu können.

Beachten Sie aber, daß jede Zielgruppe ein anderes NUTZEN-IN-TERESSE haben kann (und wird). Ein Verkäufer in der Bauwirtschaft, der ein Bauprodukt verkaufen will, wird hier unterscheiden müssen zwischen dem Nutzen-Interesse von Bauherren und dem von Architekten, Verarbeitern und Handel. Es ist den Verkäufern daher zu empfehlen, sich eine Argumentationslinie nach der »Stufenregel« für jede Zielgruppe gesondert aufzustellen.

4.3.3.1 Die Behandlung von Einwänden

Versuchen Sie einmal, Ihre Mitmenschen oder Gesprächspartner von der Qualität eines Weines zu überzeugen – und zwar nur mit Worten! Sie werden sehr schnell IHRE Grenzen erkennen. Doch wenn sie sich nun in die Lage Ihres Gesprächspartners versetzen, dem Sie ein Produkt, eine Idee oder eine Dienst- bzw. handwerkliche Leistung verkaufen wollen, so werden Sie auch erkennen, daß in den meisten Verkaufsgesprächen die Argumente lediglich *Behauptungen* sind, die nur schwerlich bewiesen werden können – wir haben das ausführlich dargestellt. Nicht alle Verkäufer befinden sich in einem Verkaufsgespräch in der Lage, daß sie das zu verkaufende Produkt auch gleich vorweisen können. Aber selbst wenn sie das könnten, wäre nur das ein Beweis für den Kunden, was der Verkäufer sofort zeigen und demonstrieren könnte – jede weitere Folgerung des Verkäufers wäre wieder eine Behauptung.

Das ist der Grund, warum Einwände entstehen!

Wann, wie und wozu Einwände in einem Verkaufsgespräch entstehen, ist sehr unterschiedlich. Es gibt sehr verschiedene Auffassungen, Hinweise und Regeln darüber, wie man Einwände auffangen und beantworten soll. In einem Buch über Verkaufstechniken fanden wir über 300 Regeln, um Einwände zu beantworten. Wir fanden allerdings keine Regel darüber, wie man

a) über 300 Empfehlungen behalten kann und

b) wie man zum »richtigen Einwand« dann die »richtige Regel« herausfindet.

Sicher ist, daß in nahezu jedem Verkaufsgespräch »Einwände« entstehen. Die Beantwortung von Einwänden kann ebensowenig »programmiert« werden wie etwa der Gesprächsverlauf an sich – denn nochmals: *Sie haben es im Verkauf mit Menschen zu tun, und Menschen lassen sich nicht »programmieren«.*

182

Aber Menschen lassen sich führen – durch das gesprochene Wort.

Mit den vier vorgestellten Techniken:

- Überraschende-Pausen-Technik,
- Stufenregel,
- Alternativ-Antwort,
- kontrollierter Dialog

lassen sich gesprächstechnisch alle Einwände beantworten. Besonders wirkungsvoll ist in der Einwandbehandlung der »kontrollierte Dialog«, weil er ein Grundprinzip zu diesem Punkt erfüllt: die Wiederholung eines Argumentes und mit »daraufgesattelter« Benennung der eigenen Auffassung/Meinung oder eines Vorteil/Nutzen-Arguments (nach der Stufenregel, rhetorisch dargestellt mit der Überraschenden-Pausen-Technik). Wer also diese vier einfachen Gesprächstechniken beherrscht, kann jeden Einwand mit einer anderen Technik beantworten bzw. variieren.

Die Gründe, die dazu führen, Einwände entstehen zu lassen, sind in nahezu allen Branchen vergleichbar, denn daß »Einwände kommen«, weiß jeder, der verkaufen und nicht verteilen muß. Aber der eine nimmt sie gelassen, der andere fürchtet sie, und einige Verkäufer betrachten Einwände sogar als einen »Wegweiser« zum Erfolg.

Doch dieses Buch wendet sich nicht an die Verkäufer, die gut sind, sondern an die, die besser werden wollen. Und denen sei folgende Frage gestellt:

Was würden Sie tun, einwenden, fordern oder fragen, wenn SIE der Kunde wären?

Stellen Sie sich doch einmal vor, SIE wären der Kunde, hätten eine hohe Verantwortung für Ihren Bereich, Ihre soziale Existenz wäre mit Erfolg oder Mißerfolg des Einkaufs oder Weiterverkaufs, den Sie zu verantworten haben, gekoppelt, Sie wären darum wählerisch, mißtrauisch, risikobewußt und auf Sicherheit bedacht. In Ihrem Kopf kreisen ständig folgende Fragen:

a) Entspricht das Produkt, welches mir angeboten wurde, tatsächlich den Erwartungen »meiner Kunden«, also kann ich es »verkaufen«?

b) Welche Mengen könnte ich ordern, um einerseits mein Risiko klein zu halten, andererseits aber gute Konditionen verlangen zu können?

c) Bekäme ich beim Wettbewerb eine bessere Qualität und eventuell günstigere Konditionen? Wie ist das Reklamationsverhalten der Firma?

d) Binde ich mich nicht zu stark an nur »einen« Lieferanten und kann ich mir diese finanzielle Bindung leisten?

e) *Kann ich dem Verkäufer und damit seiner Firma überhaupt vertrauen?*

Nehmen wir einmal an, die Fragen a–d könnten aus Gründen der Erfahrung und Prüfung noch eventuell zufriedenstellend beantwortet werden – es bleibt somit die sicherlich wichtigste *Frage e.* In diesem Moment betritt ein Verkäufer Ihr Büro (Einkäufer), um Ihnen ein Produkt vorzustellen ...!

Wer sich ernsthaft in die Situation der »Gegenseite« hineinversetzen kann, wird sehr gut verstehen, warum Einwände gegen ein Angebot erfolgen – müssen. Vergleichen Sie die Punkte a–e noch einmal mit dem bisher Gesagten. In allen Fällen steht hinter den Fragen ein entsprechendes Motiv, welches Sie erkennen müssen (Fragen stellen und Beobachtung). Nur durch die Ansprache dieses Motivs können Sie die Bedürfnisse des Kunden erfüllen (Produkt-/Leistungsmerkmale – Übersetzungsformel – Kunden-Nutzen). Dennoch ist der wichtigste Punkt überhaupt in jedem Verkaufsgespräch mit der letzten Frage (e) charakterisiert: VERTRAUEN!

4.3.3.2 Regeln für die Produktvorstellung

Jede Branche hat ihre eigenen Produkte – und ihre eigenen Vorstellungen darüber, wie diese Produkte effizient und wirkungsvoll präsentiert werden können. Ein Verkäufer von Scherzartikeln hat es in der Produktpräsentation sicher leichter als ein Verkäufer von Betonfertigteilen. Und doch gibt es – nicht nur für diese beiden – einige Regeln bei der Produktvorstellung, die eingehalten werden sollen und müssen, wenn das Ziel »Kaufinteresse wecken« erreicht werden soll:

1. Telefonregel: *FASSEN SIE SICH KURZ.* Je kürzer die Präsentation, um so einprägsamer.
2. Spannend und interessant wie eine Kurzgeschichte darstellen. Behalten Sie den »roten Faden«. Stufenregel beachten!
3. Reden Sie verständlich, so daß der Kunde Sie versteht. Vermeiden Sie den »High-Tech-Quatsch«.

4. Reden Sie langsam, damit der Kunde folgen kann. Das beweist Ihre Sicherheit.
5. Lesen Sie nicht vom Prospekt oder Konzept ab, sondern sprechen Sie frei. Sehen Sie nicht das Produkt, sondern den Kunden an und achten Sie auf seine Körpersprache, Mimik und Gestik.
6. Integrieren Sie den Kunden in die Produktvorstellung. Lassen Sie ihn selbst etwas tun (Anfassen, Einschalten, Rechnen etc.).
7. Wenn mehrere Gesprächspartner beteiligt sind, übergehen Sie niemanden. Beachten Sie die »Gruppenregeln« (siehe auch Kapitel V).

Allgemeine Regel:

kurz – langsam – spannend

4.3.3.3 Wenn's ums Geld geht: Ruhig Blut!

Kunde: Lieber Herr Ruede-Wissmann,
wenn Sie wüßten, daß in unserem
Markt alles über den Preis läuft,
dann würden Sie nicht mehr lachen! ...
RW: Und wie läuft es?
Kunde: Na, eben über den Preis! ...
RW: Da kann ich nur lachen! ...

Irgendwann kommt es in jedem Verkaufsgespräch zur »Preisfrage«. Wie Sie Ihren Preis »verkaufen«, ist entscheidend davon abhängig, welche Wertvorstellung Sie beim Kunden aufgebaut haben. Das bedeutet aber andererseits auch, daß der Preis nicht zu früh in einem Gespräch genannt oder erfragt werden sollte. Auch hier wissen die meisten Verkäufer, daß alle Theorie grau ist, denn es gibt die »knallharten Gesprächspartner«, die gleich nach der Begrüßung kategorisch den Preis erfragen. Immerhin hat sich in den letzten Jahren bei den meisten Einkäufern und Kunden herumgesprochen, daß Verkäufer darauf »trainiert« werden, den Preis zurückzustellen, um die Vorteile ihrer Produkte erläutern zu können.

 Wer überwiegend mit Privatkunden zu tun hat, kennt zudem die übliche Vorgehensweise der »Preisabfrage«. Baustoffhändler beispielsweise erleben es als tägliche Praxis, daß Privatkunden anrufen, um mit der Antwort auf die Frage: »Was kosten bei Ihnen 20 qm Glaswolle, 60 mm dick?« beim nächsten Händler unter Hinweis auf diesen abgefragten Preis (oft noch ein bißchen »geschönt«) Rabatt oder Preisnachlaß zu fordern. Der Mitarbeiter im Handel, der diese Preisabfrage zu beantworten hatte, sollte sich allerdings keine Vorwürfe über ein vermasseltes Geschäft machen – denn solche »Kunden« wird es immer geben. Telefonrhetorik ist hier meistens zwecklos und eher Zeitverschwendung.

Grundsätzlich ist die Regel immer noch gültig, daß der **Preis an das Ende eines Verkaufsgespräches** gehört, also zu einem Zeitpunkt genannt wird, zu dem bereits alle Vorzüge und der Nutzen des Produktes für den Kunden bekannt sind. Damit wird auch deutlich, wie wichtig zuerst der WERTAUFBAU beim Kunden ist. Auf eine vorzeitige Erfragung des Preises durch den Kunden könnten Sie versuchen, wie folgt zu erwidern:

- »Darf ich zunächst noch einen Satz über Vorteil ABC sagen?«
- »Herr Kunde, wir alle wissen doch, wer nur eine Zahl kennt, trifft leicht Fehlentscheidungen. Wären Sie einverstanden, wenn ich zunächst sehr kurz über Eigenschaft/Vorteil/Nutzen/Einsatz von ABC spreche?«
- Schreiben Sie das Wort »Preis« für den Kunden deutlich sichtbar auf ein Blatt Papier und kreisen Sie das Wort ein. Sagen Sie: »Ich komme sofort darauf zurück. Darf ich zuvor … usw.«
- Eventuell gelingt es auch, durch geeignete Gegenfragen abzu-

lenken, z. B.: »Herr Kunde, ich habe zuvor noch eine kleine Frage: Welches dieser beiden Produktartikel würde für Ihr Sortiment geeignet sein? (nachfragen: warum?)«

»Man müßte unsere Produkte und Leistungen billig verkaufen, dann hätten wir einen hohen Umsatz.
Mit dem Umsatz käme automatisch der Gewinn –
und wir würden in Geld schwimmen! ...«

Wenn Ihnen die Rückstellung des Preises nicht gelingt, weil z. B. der Kunde auf einer Preisnennung besteht, sollten Sie sich nicht um die Nennung »mit Gewalt« herumdrücken. Nennen Sie den Preis deutlich – **aber verbinden Sie die Preisnennung gleich mit einem wichtigen Vorteil,** an den Sie eine Frage anschließen. Beispiel:
»Unser Produkttyp A kostet DM 120,– bei einer Menge von 300 Stück, wobei wir Ihnen eine außergewöhnlich kurze Lieferzeit von zwei Wochen zusagen können. Was würde es denn für Ihre Kunden bedeuten, wenn diese den Artikel schneller als üblich von Ihnen beziehen könnten?«

In vielen Branchen ist auch eine Zerlegung des Preises in »günstige Teilpreise« möglich. Natürlich kann man sich letztlich nicht um die Errechnung des Gesamtpreises drücken, aber Sie verhindern zunächst einmal den »Preisschock« beim Kunden und können dann jede weitere Kostenposition für den Kunden einsichtig erklären. So ist z. B. die Nennung eines Quadratmeterpreises in fix und fertiger Arbeit einer Fassade mit z. B. DM 160,– zunächst günstiger, als den Gesamtpreis von vielleicht DM 28.000,– zu nennen. Als nächsten Preis können Sie den Gesamt-Quadratmeterpreis der Fassade ohne Anschlüsse nennen, um dann den Kunden danach zu befragen, wie und aus welchem Material er die Anschlüsse, wie z. B. Fensterbänke, Einfassungen etc., haben will. So haben Sie zum Schluß zwar ebenfalls den Preis von vielleicht DM 28.000,– errechnet, aber Sie haben es **gemeinsam mit dem Kunden** getan.

Besonders deutlich muß an dieser Stelle jedoch vor Methoden gewarnt werden, die unseriös sind, obwohl diese nicht immer gleich zu erkennen sind. Als Beispiele seien die »Fassaden-Haie« genannt, die nicht immer fachkundigen Privatbauherren lediglich den Preis der Fassade selbst ohne Anschlüsse nennen. Dieser Preis scheint dem arglosen Kunden oft günstiger. Im Angebot, der Grundlage des späteren Auftrags, sind aber die Anschlüsse und Nebenarbeiten, die einen hohen Teil der Gesamtkosten ausmachen, nur als lfdm-Preise angegeben. Es ist keine Seltenheit, daß die Schlußrechnung für den Kunden dann oft das Doppelte von dem beträgt, was ein seriöser Fassadenbauer/Dachdecker kalkuliert und angeboten hat, von der Qualität der Ausführung ganz zu schweigen!

Auch in anderen Branchen gibt es diese »Haie«. So werden beispielsweise (scheinbar) preisgünstige elektronische Bürogeräte (Schreibmaschinen, Kopiergeräte, Computer, Telefonanlagen etc.) verkauft, ohne den Kunden darüber aufzuklären, was an »laufenden Folgekosten« später auf ihn zukommt. Im sogenannten »Service-Vertrag« schlagen dann diese Firmen zu, und wer keinen Service-Vertrag abgeschlossen hat, der wird spätestens bei der nächsten Reparatur sein »Preiswunder« erleben. Ob das für diese »Saisonverkäufer« wirklich ein »gutes Geschäft« ist, darf bezweifelt werden, denn welcher Kunde kauft schon ein zweites Mal bei diesen Verkäufern? Zudem sollte nicht unterschätzt werden, wie schnell sich solche Verkaufsmethoden herumsprechen – und wie schwer es ist, ein schlechtes Image wieder »umzudrehen«, haben wir Ihnen bereits dargestellt.

Bleiben Sie also in der Preisbenennung seriös – und sagen Sie das, wenn möglich, auch dem Kunden. Sie würden sich andernfalls sonst selbst in eine psychologisch schwierige Situation bringen.

Folgende »Grundregeln« im Preisgespräch sollten Sie beachten:

1. **Eine zu frühe Nennung des Preises gefährdet den Abschluß.** Der Kunde kann noch einen »Preisschock« bekommen (Besitzwunsch kontra Preisbarriere). Wer Produkte mit hohen Preisen verkauft, sollte sich eher glücklich schätzen, kein »Billigverkäufer« zu sein.

Verkaufen Sie gerade die hohen Preise selbstbewußt (aber nicht arrogant!). Die Akzeptanz ergibt sich stets aus dem Nutzen. Nennen Sie Vorteile:

– Qualität des Produktes / der Arbeit
– Personal (Meister)
– Lieferfristen/Standorte/ Lager
– Ersatzteile/Reklamationsbearbeitungen/Serviceleistungen
– Bestand der Firma/Ruf/Image
– usw.

2. **Durch richtiges Fragen das richtige Motiv herausfinden:** »Zu teuer, Herr Kunde, im Verhältnis wozu?« »Zum Wettbewerb, der ist nämlich erheblich billiger als Sie.« »Herr Kunde, macht Sie ein zu billiges Angebot nicht nachdenklich, z. B. hinsichtlich Qualität und somit Reklamationen durch die Kunden?« Detaillieren Sie den Preis in »angenehme Teilpreise«.

Bereiten Sie sich aber auch darauf vor, daß das tatsächliche Motiv lauten kann: Ich kann mir das momentan nicht leisten. Hier müssen Sie brauchbare Alternativen anbieten können, z. B. Teilzahlung, Leasing, längeres Zahlungsziel usw.

3. **Jeder Kunde benötigt eine Entscheidungshilfe – vom Verkäufer!** »Darf ich den Auftrag notieren?« ist – wie bereits dargelegt – die wohl dümmste Abschlußfrage. Fragen Sie immer alternativ: »Wollen Sie lieber Produkttyp A oder die Variante Produkttyp B?« Prüfen Sie – wenn Sie den Eindruck haben, der Kunde zaudert –, ob ein provisorischer Abschluß möglich ist.

4. **Zwischen Verkaufsgespräch und Abschlußphase sollte kein sichtbarer Bruch sein** (»So, dann wollen wir mal …«, »Zur Sache, Schätzchen«). Bestätigen Sie nach dem Abschluß, daß der Kunde richtig gehandelt hat, und geben Sie ihm stets das Gefühl, daß er das größtmögliche von Ihnen erreicht hat.

5. **Glauben Sie an ein Wunder ...?** Gehen Sie stets davon aus, daß der Kunde NICHT anruft. **SIE müssen anrufen!** Vereinbaren Sie im Gespräch gleich einen neuen Termin und grenzen Sie die Frist ein! Geben Sie in dem Telefongespräch zusätzliche Informationen und werfen Sie die Frage: »Ich wollte mal nachfragen, was unser Angebot macht/wie Sie sich entschieden haben?« auf eine Sondermülldeponie, denn es ist eine äußerst gefährliche Frage.

6. **Verschenken Sie nicht ohne Grund Rabatte,** denn das sind Sondervergünstigungen, die entweder als Anstoß zur Kaufentscheidung oder als Möglichkeit zur Gegenleistung ihren Wert haben. Behandeln Sie die Rabatte wie Preise – sie gehören an das Ende des Verkaufsgespräches.

7. **Fragen Sie nach Abschluß eines Auftrages nach Empfehlungen,** aber fragen Sie richtig! Z. B.:

Verkäufer: »Herr Kunde, wir sind – wie ich meine – zu einem beiderseits positiven Ergebnis gekommen. Sehen Sie das auch so?«

Kunde: »Ich denke schon.«

191

Verkäufer: »Was würden Sie mir denn empfehlen, wenn die Vorteile, die Sie geprüft haben, einem Interessenten z. B. aus Ihrem Bekanntenkreis vorgestellt würden?«

Kunde: »Na, Sie könnten mal Herrn Meier in der Müllerstraße 5 ansprechen.«

Verkäufer: »Darf ich mich dabei auf Sie beziehen?«

Kunde: »Ja.«

Aber so nicht ...:

Verkäufer: »Kennen Sie vielleicht noch jemanden, der das brauchen könnte, was Sie heute gekauft haben?«

Kunde: »Im Moment weiß ich keinen. Aber wenn mir jemand einfällt, rufe ich Sie an.«

Verkäufer: »Ach, das wäre aber nett von Ihnen ...«

8. **Analysieren Sie auch Ihren Mißerfolg, wenn Sie kein »Schwein« hatten.** Man sollte aus Fehlern lernen. Stellen Sie sich die Fragen:

- Was habe ich falsch gemacht?
- Wo »kam ich an«, wo nicht?
- Wo muß ich im Verkauf lernen?
- Was sollte ich das nächste Mal tun, und was lassen? usw.

Es gibt Verkäufer, die »schwören« auf das Rezept, daß sie gleich zu Beginn, ohne daß sie gefragt werden, den Preis nennen. Diese Methode mag da und dort zum Erfolg führen, generell empfehlen kann man sie nicht. Die Gründe dafür liegen einerseits in der fehlenden »Spannung« eines Verkaufsgespräches, andererseits aber auch in der psychologischen Gefahr, daß der Kunde das als »Trick« erkennt, mit dem man ihn überrumpeln will.

Völlig anders und auch nicht nachzuempfehlen ist die Vorgehensweise einer unserer Seminarteilnehmer, der – allerdings mit rheinischem Mutterwitz prächtig ausgestattet – seine Kunden wie folgt begrüßt: »Guten Tag, Herr Kunde. Ich komme gerade von einem Verkäuferseminar. Da haben wir gelernt, was wir sagen müssen, damit Sie kaufen. Und wir haben vor allem gelernt, nicht gleich den Preis zu sagen, damit Sie keinen Preisschock kriegen. Was schlagen Sie denn vor, was wir jetzt tun sollen?«

Hinzugefügt werden muß, daß dieser Verkäufer zwar die höchsten Umsatzanteile hatte, aber ein Rückschluß auf seine »Verkaufsmethode«, um den Erfolg zu erklären, sollte besser nicht gemacht werden. Fest steht lediglich, daß dieser Verkäufer auf der emotionalen Beziehungsebene verkauft, die er nach seiner Façon interpretiert.

Sehr unterschiedlich kann auch die Behauptung kommentiert werden, daß ein Verkaufsabschluß beide Parteien zufriedenstellen muß. Ein amerikanischer Millionär, der als »kleiner Verkäufer« begann, erklärte seinen Erfolg folgendermaßen: »Es ist ein Trugschluß zu glauben, beide Seiten müssen ›zufrieden‹ mit dem Kaufabschluß sein. Eine solche Zufriedenheit schafft Mißtrauen, und bald wird ein Partner auf den Gedanken kommen, der andere habe ihn übers Ohr gehauen. Für einen dauerhaften Erfolg ist es darum besser, wenn beide Seiten nach einem Verkaufsabschluß *unzufrieden* sind und Zweifel haben. So kann keiner dem anderen vorwerfen, er habe ihn übers Ohr gehauen.«

Auch diese Vorgehensweise kann – zumindest im deutschsprachigen Raum – nicht empfohlen werden.

4.3.4 Abschluß

Ein Seminarteilnehmer sagte uns einmal: »Informationsgespräche zu führen ist nicht der Sinn unserer Tätigkeit.« Auf den »ersten

Blick« hatte er zweifellos recht – aber was macht der gute Mann, wenn zu einem Verkaufsabschluß mehrere Gespräche erforderlich sind, wie das oft üblich ist? Wenn es richtig ist, daß ein Verkäufer von Abschlüssen lebt, dann müssen allerdings die Informationen den Rang des »Lebenselixiers« bekommen. Natürlich gibt es immer eine Vielzahl von Informationen, die unwichtig und belanglos sind – und noch hat ein guter Verkäufer auch diese Informationen im Gedächtnis zu behalten.

So können z. B. die recht belanglosen Informationen über Hobbys und Eigenarten des Kunden ein ausschlaggebender Grund dafür sein, das Vertrauen des Kunden auch dadurch zu gewinnen, daß der Verkäufer sich dafür interessiert. Es ist wichtig, daß Sie solche »Nebeninformationen« speichern (z. B. in Ihrer Kundenkartei). Das Zurückkommen auf solche Infos im Zweitgespräch kann sehr nützlich sein – der Kunde fühlt, daß Sie sich für ihn auch als »Mensch« interessieren und ihn nicht nur als Käufer betrachten. Unterschwellig kann dadurch das Gefühl entstehen, daß Sie auch im Falle eines Problems, z. B. einer (umstrittenen) Reklamation, mehr als »Mensch« denn als eiskalter Gesprächspartner reagieren. **Allerdings müssen Sie mit dem Wiederholen privater Infos des Kunden sehr behutsam umgehen,** denn jeder weiß, daß Menschen Stimmungen und Launen unterliegen. Somit kann der Fall auftreten, daß das Zurückkommen auf das Gesprächsthema aus dem Erstgespräch, z. B. Hobbys im Zweitgespräch als plump und neugierig aufgefaßt wird. Hier gibt es nur eine Regel: *Fingerspitzengefühl!*

Sie kennen alle das Wort: *»Der Verkäufer XY ist abschlußstark.«* Wenn wir einmal davon ausgehen, daß es in unserer heutigen Zeit zu jedem Produkt und jeder Dienst- oder handwerklichen Leistung immer mehrere, mindestens gleichwertige Alternativen gibt, so muß man sich die Frage stellen, *WIE* diese Abschlüsse zustande gekommen sind. Es gibt nämlich durchaus mehrere Möglichkeiten, die keinesfalls gleichwertig sind. Kamen diese Abschlüsse vorwiegend durch die Einräumung erheblicher Preisnachlässe oder Rabatte zustande? Hatte dieser Verkäufer vielleicht ein »gutes Verkaufsgebiet«? Hatte er den Käufer – wie auch immer – überredet, und kann er sicher sein, daß dieser auch in Zukunft noch »Kunde« ist? Oder hatte er ganz einfach das Vertrauen und Interesse des

Kunden wecken können, um dann die wichtigste Frage in einem Verkaufsgespräch, nämlich die Abschlußfrage, richtig und zum richtigen Zeitpunkt zu stellen?

»Wir bieten Ihnen ... für Ihren Bedarf ...«

Darüber kann man spekulieren – allerdings nicht lange. Denn früher oder später wird sich nur der Verkäufer behaupten können, der etwas von Verkaufspsychologie versteht, auf den Kunden »eingehen« kann, sein »Schlüsselproblem« und seinen Bedarf erkennt, eine Wertvorstellung beim Kunden aufbaut, sein Angebot richtig präsentiert, die »Kaufsignale« erkennt und ... *die richtige Abschlußfrage zum richtigen Zeitpunkt* stellt.
Je nach Branche, Produkt und Situation gibt es unterschiedliche Kaufsignale:
● Kunde sagt, daß er das Produkt »gut« findet.
● Kunde erwähnt, wie er das Produkt einsetzen könnte.
● Kunde zieht weitere Personen ins Gespräch (trotzdem Vorsicht).
● Kunde schweigt und betrachtet (wohlwollend) Produkt/Katalog.
● Kunde greift nach dem Produkt.
● Kunde zeigt durch Veränderung der Körperhaltung und Mimik eine Annäherung an das Produkt.
● Kunde hat keine Fragen oder Einwände mehr.

- Kunde spricht nicht mehr über Preise, sondern über technische Details, Lieferzeiten usw.
- etc.

Gültige Regeln zum »Erkennen der Kaufsignale« für alle Branchen gibt es nicht – jede Branche hat ihre eigenen »Gesetze«. So ist es z. B. im Konsumgüterverkauf üblich, dem Kunden ein Produkt in die Hand zu drücken, damit der Kunde »greift und begreift«. In anderen Branchen kann das als »Kasperletheater« angesehen werden, abgesehen davon, daß viele Produkte per Katalog verkauft werden müssen. Und wenn ein Kunde nach einem Muster greift, dann muß das noch längst nicht heißen, daß er auch »begriffen« hat.

»Welchen Nutzen habe ich?«

Wenn Sie allerdings kurz vor dem Kaufabschluß stehen, dann können Sie einen *Fundamental-Fehler* begehen, und dieser Fehler kann allerdings in allen Branchen gemacht werden:

Der Abschluß wird zerredet!

Darum gilt in jedem Verkaufsgespräch, welches kurz vor dem Abschluß steht:

- Nicht abschweifen.
- Keine neuen Argumente einbringen.
- Nicht drauflosreden.

Sondern:

196

Abschlußfragen stellen!

Welche Abschlußfrage Sie stellen, ist unbedingt abhängig vom Verlauf des gesamten Gespräches bzw. von den Fragen und Einwänden, die der Kunde gestellt hat. Die Abschlußfrage »Darf ich den Auftrag jetzt notieren?« kann ebenso falsch sein, wie die Frage: »Gut, Herr Kunde, und wieviel Stück darf ich jetzt für Sie bestellen?« Kunde: »Schreiben Sie mal 100 auf.« (Schlecht verkauft. Warum nicht 200?)

Ein sehr erfolgreicher, holländischer Marketingmanager erzählte uns einen Witz, über den vermutlich nur Marketing-Leute lachen können:

Ein Vater und sein Sohn betrachten von einem Hügel aus eine Herde grasender Kühe. Plötzlich sagt der Sohn: »Vater, laß uns eine Kuh stehlen …!« Der Vater antwortete »Eine Kuh? Warum nicht *alle?*«

In den meisten Fällen kann die *Abschlußfrage alternativ* gestellt werden. Wenn sich aufgrund der Sachlage diese Gelegenheit ergibt, dann sollten Sie diese Chance klar nutzen, auch wenn die Alternative B schon verworfen wurde:

»Wollen Sie aus der Produktlinie A 200 Stück oder lieber die Produktlinie B?«

»Einverstanden! Das entspricht meinen Vorstellungen!«

Um den »richtigen« Zeitpunkt herauszufinden, der für eine Abschlußfrage geeignet ist, müssen Sie den Gesprächsverlauf entsprechend einschätzen und die Kaufsignale des Kunden erkennen können. Die Regel »Abschlußfrage so früh wie möglich stellen, um Zeit zu sparen«, kann bei vielen Kunden Unbehagen und Mißtrauen hervorrufen. Es gibt nämlich durchaus Verkaufsgespräche, bei denen der Small talk erst zum Gesprächsende beginnt. Durch eine vorschnelle Abschlußfrage können Sie viel verderben, denn daß Sie verkaufen und möglichst schnell abschließen wollen, weiß jeder Kunde sowieso.

4.4 Reklamationen

Es gibt kaum eine Branche, in der Reklamationen »kein Thema« sind. Reklamationen wird es immer geben, auch wenn alle Produkte und Leistungen so perfekt wären, daß Beanstandungen ausgeschlossen werden können (was ohnehin nicht möglich sein wird). Der Grund dafür ist (wieder einmal!), daß Menschen beteiligt sind. Vergleichbar dem Verkaufsgespräch muß auch hier gesagt werden, daß Menschen sich nicht »programmieren« lassen – und schon gar nicht auf »Zufriedenheit«. Es ist stets die »Ebene der emotionalen Beziehungen«, die hauptsächlich beteiligt ist. Und darum ist der Umgang mit Reklamationen, besonders natürlich mit dem Reklamierenden, meistens kein »sachliches Problem« – auch wenn einige glauben, das Problem könne »man doch sachlich lösen, warum die ganze Aufregung«.

Im Prinzip lassen sich fast alle Reklamationen erledigen, entweder durch Austausch der Ware, Reparatur und ... Psychologie. Natürlich können die Konsequenzen, die durch eine fehlerhafte Ware oder Leistung entstehen, für den Lieferanten oder Reklamierenden sehr unterschiedlich sein. Der Austausch z. B. einer fehlerhaften Tür oder eines Maschinenteils ist schnell erledigt, und eine »danebengelungene« Kfz-Reparatur ist auch meistens schnell korrigiert.

Doch sehr häufig zieht ein Materialfehler oder ein falsches Teil schwerwiegende Konsequenzen nach sich. Ein undichtes Wasserrohr im gerade bezogenen Neubau hat zur Folge, daß Wände wieder aufgestemmt werden müssen, und der zu spät entdeckte Defekt an der Lenkung eines Autotyps führt zu einer aufwendigen Rückrufaktion des Herstellerwerkes. Besonders in unserer hochtechnisierten Zeit kann ein kleiner Fehler gigantische Wirkungen haben. So nehmen wir verblüfft zur Kenntnis, daß ein in das Weltall geschossener TV-Satellit (1988) nur deswegen nicht funktionierte, weil ein Techniker einen kleinen Sicherungsbolzen verwechselte. Die Folge: Es wurden über 800 Mio. DM buchstäblich »in den Wind geschossen«.

Ein weiteres Beispiel: Jedes Jahr werden neue Rekordzahlen über Urlaubsbuchungen gemeldet. Im Gefolge dieser Meldungen entsteht eine merkwürdige Begleiterscheinung. Immer mehr Urlauber reklamieren die Unzutreffendheit der Katalogaussagen oder die vertragswidrigen Verhältnisse am Urlaubsort und versuchen, einen Teil der Kosten vom Veranstalter zurückzuerhalten. Jeder Urlauber weiß natürlich, daß es Mängel am Urlaubsort geben kann. Erstaunlich ist nur die Tatsache, daß die Reklamationen sprunghaft steigen, obwohl Auswahl, Prüfungen und Kontrollen der Veranstalter bei den Vertragspartnern nahezu perfekt sind. »Das ist ähnlich wie beim Reisegepäck«, erklärte uns verschmitzt ein Versicherungsmakler, »bei dem sich die Diebe offensichtlich darauf spezialisiert haben, Gepäckstücke usw. stets *nur auf der Rückreise* zu stehlen.«

Damit sollen keinesfalls die berechtigten Reklamationen und Anzeigen in Frage gestellt werden, sondern diese Beispiele sollen einerseits als Hinweis dienen, daß es **»echte« und »unechte« Reklamationen** gibt, andererseits aber auch die Tatsache verdeutlichen, wie schwer es meistens bei Reklamationen ist, »Dichtung« und »Wahrheit« zu erkennen. Nicht jeder ist in der Lage, bei Reklamationen diesen Sachverhalt sofort unterscheiden zu können. Grundsätzlich müssen Sie nämlich davon ausgehen, daß die vorgebrachte Reklamation »echt«, also berechtigt ist, auch wenn vielen Reklamationsempfängern das nicht »schmeckt« oder sie es nicht wahrhaben wollen.

Es ist darum wichtig, daß der genaue Sachverhalt der Reklamation geprüft wird. Die Gründe dafür sind:

– Der Kunde hat das Problem falsch erkannt.
– Die Reklamation basiert auf falschen Fakten, Daten, Informationen etc.
– Der Kunde verwechselt den Lieferanten oder reklamiert das falsche Produkt.

– Die Reklamation ist ein Vorwand, weil der Kunde im Moment nicht zahlen kann.
– Der Kunde bringt eine »Schein-Reklamation« vor und will dadurch eine Zahlungsverzögerung oder einen nachträglichen Rabatt/Preisnachlaß erreichen.

Zum letzten Punkt verstärkt sich in der Tat in einigen Branchen der Trend zur **»Schein-Reklamation«** oder – was immer häufiger auftritt – zur vorsätzlichen oder nachträglichen Mängelerzeugung durch den Kunden selbst. Meist ist dieser vorsätzlich erzeugte Mangel nicht mehr oder nur schwer zu beheben, wird von dem Kunden aber bewußt akzeptiert – nicht jedoch, ohne einen hohen Preisnachlaß zu fordern oder die Restzahlung zu verweigern. Solche sehr dubiosen Machenschaften gibt es schon lange in einigen Branchen; der Gebrauchtwagenmarkt dürfte das wohl traurigste Beispiel dafür sein. Daß dieser Trend deutlich nach oben weist, läßt sich anhand der stark zunehmenden Prozeßflut eindrucksvoll nachweisen. Dieser Trend läßt sich nur schwer stoppen, denn er entspricht u. a. auch einer Entwicklung unserer Gesellschaft, die trotz Wohlstand auf »Pump« ausgerichtet ist. Ergo: Jede Bezahlung einer Rechnung verringert die für andere Bereiche des persönlichen Lebens notwendige Liquidität, wie z. B. für Urlaubsreisen, Gourmetfreuden, Kleidung etc. »Erwartete« Schein-Reklamationen führen – wenn auch vereinzelt – auf der Unternehmensseite in einigen Branchen dazu, daß bestimmte gesellschaftliche Gruppen bzw. Personen von der Lieferung einer Ware bzw. einer Leistung insgeheim ausgeschlossen werden, wie z. B. Lehrer, Rechtsanwälte, Angehörige bestimmter Großfirmen usw. Daß das insgesamt ein fataler Weg ist, liegt auf der Hand. Allerdings muß auch gesagt werden, daß die meisten Maßnahmen, den Schein-Reklamationen zu begegnen, in ihrer Wirksamkeit begrenzt sind (branchenabhängig!).

Unterstellt man aber, daß es sich um eine »echte« Reklamation handelt, dann hat jede Reklamation einen sachlichen Grund: defektes oder falsches Material, Lieferverzug, mangelnde Ausführung usw. Unterstellen wir weiterhin, daß die gerügten Mängel zu den 80 % Reklamationen gehören, die nachzuprüfen und behebbar sind, so wären Mängelbeseitigungen und Reklamationsbearbeitungen ein rein technisch-sachliches Problem, vorausgesetzt, die Reklamation gehört in den 5-%-Bereich der reinen Sachentscheidungen! Mit Sicherheit wird das aber nicht der Fall sein, sondern sie gehört in den 95-%-Bereich aller Entscheidungen, die auf der Ebene der emotionalen Beziehungen getroffen werden. Zu Beginn dieses Kapitels wurde bereits verdeutlicht, daß Verkäufer es lernen müssen, mit den »Beziehungen«, also den eigenen Emotionen und Gefühlen sowie denen anderer umzugehen.

Jede Reklamationsbearbeitung wird zu einem lösbaren, kundenfreundlichen und imageerhaltenden Vorgang, wenn Sie wiederum den kleinen »Umweg« über die Motive des Reklamierenden wählen, einfacher: **sich selbst einmal in die Lage des Kunden versetzen.**

Aus Erfahrung wissen Sie, daß nahezu jeder Reklamierende übertreibt, droht, mit emotionalen Äußerungen – oft in unhöflichem Ton – den Mangel schildert und doch persönlich auf den Menschen (also auf Sie) zielt, daß er kategorisch fordert usw. usw. Stellen Sie sich aber vor, *Sie* hätten die mangelhafte Ware erhalten, Ihr gesamter Ablaufplan gerät völlig durcheinander, die Konsequenzen sind erheblich, und Ihr Chef kritisiert Sie auch noch, weil »*Sie* offensichtlich nichts überblicken können. Das hätten Sie doch … usw.«

»Ich mache Sie haftbar! Wir sehen uns vor Gericht!«

In diesem Moment greifen *Sie* zum Telefonhörer und rufen den Lieferanten an, der für die Reklamation verantwortlich ist ...!
Wer ehrlich ist, wird lächelnd sagen: Wir sind eben *alle* nur Menschen.

So ist zu vermuten, daß auch Sie »menschlich« reagieren, wenn Sie die Reklamation »vortragen«. Und selbst bei größtem Bemühen zur sachlichen Darstellung wird Ihnen (wie den meisten von uns) dennoch der »Kragen platzen«, wenn man Sie voreilig unterbricht, Ihnen widerspricht, die Mängelrüge in Zweifel zieht, sofort anderen die Schuld gibt bzw. nach Ausreden sucht oder Ihnen die »entwaffnende« Empfehlung gibt: »Nun beruhigen Sie sich mal!« (... dabei wollen Sie doch »Dampf ablassen« ...)

80 % aller Mängelrügen und Reklamationen verlaufen so oder ähnlich bzw. vergleichbar. Als Reklamationsempfänger benötigen Sie zur Beantwortung keine »50-Punkte-Regel«, sondern das folgende, einfache Schema, welches die Belange der Ebene der emotionalen Beziehungen berücksichtigt:

---

1. **Lassen Sie den Kunden stets ausreden und hören Sie zu!**
2. **Bedauern Sie den Vorfall und lassen Sie ihn »peinlich« erscheinen!**
3. **Notieren Sie die wichtigsten Punkte und lesen Sie diese dem Kunden nochmals vor!**
4. **Sichern Sie dem Kunden eine persönliche Erledigung bis zum ... (XY-Zeitpunkt) zu ... und halten Sie sich auch daran!**

Bei fast allen Reklamationen ist es wichtig, daß diese notiert werden – sei es während des Telefongespräches oder bei persönlich vorgetragenen Reklamationen. Zunächst erkennt der Kunde, daß der Reklamationsempfänger die Beschwerde ernst nimmt, andererseits ist es auch für den Reklamationsempfänger wichtig, zunächst keine persönlichen Stellungnahmen abzugeben oder Urteile zu fällen, und solange Sie schreiben, können (oder sollten) Sie nur zuhören – und nicht reden. Doch auch ein weiterer Punkt ist von Bedeutung: Der Kunde kann, nachdem Sie ihm das Protokoll vorgelesen haben, später nichts Gegenteiliges behaupten oder weitere Forderungen »nachschieben«. Zudem können Sie eine Schein-Reklamation oder eine unwahre Darstellung des Kunden gut erkennen, wenn z. B. die bei der Erst-Reklamation vorgebrachte Äußerung über einen Sachverhalt in eklatantem Widerspruch zu einer späteren Äußerung steht.

Insbesondere handwerkliche Betriebe, vorwiegend dabei Betriebe des Bauhandwerks, haben sich traditionell mit Reklamationen auseinanderzusetzen. Im Rahmen einer Image-Verbesserung empfahlen wir einem größeren handwerklichen Baubetrieb die Abschaffung von »Reklamations-Formularen«, die deswegen von der Firmenleitung eingeführt wurden, damit bei der Entgegennahme von Mängelrügen in der Reklamationsabteilung kein Punkt unerwähnt blieb und ein vollständiger Sachverhalt notiert wurde (die Bearbeitung sollte »rationalisiert« werden). Ein solches Formular (dazu noch in Rot!) mußte zwangsläufig bei jedem Kunden den Eindruck erwecken, daß diese Firma ständig Reklamationen hat. Auch die »Abnahme-Formulare« der Teil- und Gesamtleistung wurden abgeschafft und durch persönliche Schreiben ersetzt. Mit den heutigen programmierbaren Schreibmaschinen sind solche Formulare bestens zu ersetzen, ohne einen höheren Schreibaufwand zu haben. Die »Reklamations-Abteilung« wurde zwar schon früher in »Kundendienst« umbenannt, dies hatte sich jedoch noch nicht im Sprachgebrauch der gesamten Firma durchgesetzt, weil der Innendienst die »Reklamation« an eine bestimmte Handwerkergruppe weiterreichen mußte. Folglich sprach man stets von einer »Reklamations-Abteilung« – eine folgenschwere Bezeichnung, die im Rahmen von Seminaren abgebaut wurde. Besonderer Wert wurde auf den Briefstil im Rahmen von Reklamationen gelegt. Das Wort »Reklamation« wurde – soweit möglich – durch andere Bezeichnungen ersetzt, wie z. B. »Angelegenheit«, »Fragestellung«, »entstandener Aufgabenbereich« usw. Der Grundsatz lautete:

Keine »bösen Briefe« – man kann Negatives immer positiv ausdrücken!

So kann man – wie bekannt – eine »Briefschlacht« gewinnen, aber meistens hat man dabei den Kunden verloren. Gerade in der Korrespondenz sollte man immer höflich und verbindlich bleiben – schließlich sind Brief (und auch Telefon!) wichtige Imagefaktoren und oft die ersten Visitenkarten, die ein Kunde sieht oder hört.

Es ist eine menschliche Eigenart, zu urteilen bzw. zu verurteilen.

Allzu gerne »spielen« viele darum auch »Richter« oder »Staatsanwalt«. In der Reklamations-Korrespondenz sollte daher weitgehend auf juristische Formulierungskünste verzichtet werden – insbesondere, wenn der Unterzeichner kein Jurist ist. Auch die oft in der Erregung geäußerte Drohung: »Ich gehe vor Gericht. Ich werde Sie verklagen!« sollten Sie durch folgende »Weisheit« stets gelassen nehmen: **Von unterschiedlichen Rechtsauffassungen lebt ein ganzer Berufsstand – und gar nicht mal so schlecht!**
Da in dem benannten handwerklichen Unternehmen mehrere Personen die Korrespondenz bearbeiteten, wurden – um einen möglichst einheitlichen Stil zu gewinnen – einige Musterbriefe entworfen, an die sich jeder Sachbearbeiter (möglichst) zu halten hatte (die in Klammern gesetzten Worte können alternativ verwendet werden, je nach dem, ob der Inhalt zutreffend oder nicht zutreffend ist):

Antwort an Kunden (wichtig: höfliche Einleitung!):

Sehr geehrter Herr Kunde,

für das (ausführliche und) informative Gespräch, welches wir am ... xy ... telefonisch (persönlich) führen konnten, dürfen wir Ihnen an dieser Stelle nochmals danken.
Vereinbarungsgemäß finden Sie in der Anlage ... usw.

Reklamationen/Antwort (Ablehnung der Ansprüche):

Sehr geehrter Herr Kunde,

Ihr Schreiben vom ... ist mit Datum vom ... in unserem Hause eingegangen (hat vorgelegen etc.). Wir haben die von Ihnen vorgebrachte Angelegenheit intern (mit dem Verkaufsleiter ... usw.) ausführlich diskutiert.
Insbesondere haben wir uns mit den Möglichkeiten und Grenzen (auch im Rahmen der ... Kulanz) einer Regulierung Ihrer Forderungen auseinandergesetzt. (In diesem Zusammenhang dürfen wir betonen, daß wir es sehr [außerordentlich] bedauern, daß es zu Unstimmigkeiten ... gekommen ist.)

Wir sind jedoch übereinstimmend zur Auffassung gelangt, daß die zwischen Ihnen und uns getroffenen (geschlossenen) vertraglichen Vereinbarungen der vorgeschlagenen Forderung nicht entsprechen (Regelung auch auf dem Kulanzwege nicht zulassen ... ermöglichen).

Wir bedauern daher, Ihre Forderung zu/auf ... von ... xy ... nicht berücksichtigen zu können.

Dennoch sind wir der sicheren (festen) Überzeugung, daß Sie nach nochmaliger Prüfung des vorliegenden (bereits dargestellten) Sachverhaltes für unsere Entscheidung Verständnis finden werden.

Erinnerungen/Mahnungen:

Sehr geehrter Herr Kunde,

sicher haben Sie übersehen, daß wir als Zahlungseingang zur o. gen. Lieferung/Montage/Leistung etc. den ... xy ... als verbindlichen Zahlungstermin **gemeinsam** *vereinbart haben. Leider konnten wir den Eingang des Betrages/Rechnungsbetrages bis zum ... xy ... noch nicht feststellen.*

Wir dürfen daher an dieser Stelle auf die Überschreitung des Zahlungstermines hinweisen und haben (entgegenkommenderweise) als Zahlungseingang nunmehr den

xyz-Datum

....

vorgemerkt und bitten Sie, diesen Termin **unbedingt** *einzuhalten.*

Bei dieser Art der Mahnung muß hinzugefügt werden, daß es sich um eine »weiche Mahnung« (Image!) handelt, die durch einen Telefonanruf noch unterstrichen werden sollte. Bei rechtsverbindlichen Mahnungen müssen bestimmte Vorgehensweisen und Formen eingehalten werden (in Verzug setzen, Fristsetzung etc.), auf die wir nicht näher eingehen wollen, da die Rechtsformen in den einzelnen Unternehmen bekannt sind. In unseren Beispielen geht es weniger um eine juristische Form als vielmehr um psychologische Aspekte in der Reklamationsbearbeitung, denn **Reklamationen werden meist sofort und unmittelbar vorgetragen, und der Reklamationsempfänger wird »kalt erwischt«.**

In der preußischen Armee war es Vorschrift, daß eine Beschwerde, z. B. gegen einen Vorgesetzten, erst 24 Stunden nach dem »Vorfall« eingereicht werden durfte. Das hatte gute Gründe, denn jeder von uns weiß, daß am nächsten Morgen, wenn man »über die Sache erst einmal geschlafen hat, die Welt wieder ganz anders aussieht«. Diese »Welt« sieht aber keineswegs besser aus, wenn sich am Vortage durch falsche Reklamationsentgegennahme die Emotionen zusätzlich hochschaukelten. Sehr oft werden, weil die emotionalen Grundsätze unüberbrückbar werden, die nächsthöheren Vorgesetzten oder andere Mitarbeiter eingeschaltet. Nach einer Repräsentativuntersuchung einiger Industrie- und Handelskammern aus dem Jahre 1987 erfahren durchschnittlich **elf Personen** davon, wenn ein reklamierender Kunde von der Abwicklung enttäuscht wurde. Diesen Imageverlust mag sich leisten, wer will – oder kann.

Verständlicherweise haben viele Mitarbeiter, die Reklamationen entgegennehmen und bearbeiten müssen, die Befürchtung, daß eine allzu ruhige und verständnisorientierte Beantwortung bereits ein rechtliches Schuldeingeständnis bedeuten könnte, denn letztlich fordern die meisten Schadenersatz. Beachten Sie aber bitte, daß aus einem Telefongespräch im Normalfall keine Rechtsverbindlichkeiten abgeleitet werden können (»Sie haben mir wörtlich am Telefon versprochen ...« ist rechtsunwirksam, wenn Sie das nicht schriftlich bestätigt oder vor Zeugen wiederholt haben). Und in einem persönlichen Gespräch ist der Hinweis, daß Ihnen und Ihrer Firma der Vorfall peinlich ist, ebensowenig ein Schuldeingeständnis wie die Freundlichkeit in der Beantwortung von Vorwürfen, um den Kunden zu besänftigen. In vielen Fällen wollen Kunden auch nur recht von Ihnen bekommen, weil sie das als eine Entschuldigung für ihre Aufregung und den Ärger ansehen, der ihnen entstanden ist.

Erstaunlicherweise gibt es in mehreren Branchen eine offensichtlich tiefverwurzelte Scheu davor, etwas »peinlich« erscheinen zu lassen. Die Gründe dafür sind sehr vielfältig. Sie können einerseits im mangelnden Selbstbewußtsein des Unternehmens oder auch in seiner Überheblichkeit liegen, und andererseits kann der Fall auftreten, daß man sich »gerade bei *dieser Firma* und *diesem Kunden* NICHT entschuldigt, weil ...!«

Von wirklich begründeten Ausnahmefällen (und das bleiben Einzelfälle!) abgesehen, ist diese Scheu grundfalsch, denn man vergibt damit eine gute Chance, trotz auftretender Reklamationen (die es bekanntlich immer geben wird ...) ein positives Image vom Unternehmen und von den Mitarbeitern aufzubauen. Ist es wirklich schwierig, folgende Antwort zu geben (?):

»Herr Kunde, ich habe Ihnen sehr aufmerksam zugehört. Wenn der Vorgang so zutrifft, wie Sie ihn geschildert haben, dann ist das sicher für unsere Firma sehr peinlich, und wir würden uns sofort darum bemühen, das in Zukunft zu verhindern.

Sind die Punkte richtig, die ich mir wie folgt notiert habe ... A ..., B ..., C ..., usw.?

Herr Kunde, ich darf Ihnen versichern, daß ich mich (persönlich) um die Erledigung der Angelegenheit kümmern werde. Sind Sie einverstanden, daß ich Sie morgen anrufe? Wäre Ihnen 14.00 Uhr oder 17.00 Uhr lieber?«

Bei schwerwiegenden Reklamationen sollten Sie für die verbindliche Antwort immer versuchen, die »preußische 24-Stunden-Regel« zu erreichen. Sie schaffen sich damit einerseits genügend Spielraum, um sich nach Prüfung des Sachverhaltes eine geeignete Strategie aufzubauen, andererseits dürfen Sie davon ausgehen, daß bereits einiger »Dampf abgelassen wurde« (nichts wird so heiß gegessen, wie es ... usw.).

Allerdings gibt es einen weiteren, großen Fehler, der in der Reklamationsbearbeitung gemacht werden kann (und allzu häufig auch gemacht wird ...). Die vorgebrachte Reklamation wurde geprüft, und es wurde festgestellt sowie rechtsverbindlich nachgewiesen, daß weder Sie noch Ihre Firma ein Verschulden an dem Vorfall tragen. Ist das nicht eine »günstige Gelegenheit, sich bei dem Reklamierer für seine (persönlichen) Ausfälle zu revanchieren, den Spieß umzudrehen oder gar nur einen arroganten Drei-Zeilen-Brief zu schreiben?«

Bei allem Verständnis auch für IHREN Ärger: *das wäre der schlechteste Weg, den Sie jetzt wählen könnten!* Mit ein paar Worten und mit wenigen Taten haben Sie *jetzt* nämlich die Möglichkeit, den Ruf und das Image Ihrer Firma (und Ihrer Person!) unter Beweis zu stellen oder zu verbessern.

Vergessen Sie zunächst eines nicht: Die Reklamation an sich bleibt bestehen (auch wenn Sie nicht mehr beteiligt sind), und der Ärger des Kunden wird sich vermutlich auf einen anderen Lieferanten konzentrieren. Fegen Sie also die (Ihnen nicht anzulastende) Reklamation nicht einfach »vom Tisch«, so, als hätte Sie nie ein solcher Vorwurf treffen können (vielleicht trifft er Sie doch mal …!), sondern bitten Sie den Kunden nochmals um ein Gespräch. In dieser Besprechung sollten Sie die *Fakten nur sehr, sehr kurz und behutsam zusammenfassen* (falsch: »Sie sehen also, Ihre Anschuldigungen gegen uns waren unberechtigt …!«), um dann dem Kunden das Gefühl zu geben, daß »seine Probleme auch Ihre Probleme« sind, etwa mit den Worten:

»Da ist das Kind wohl offensichtlich in den Brunnen gefallen. Was können WIR denn jetzt *gemeinsam tun, um aus dieser für alle* unschönen Lage wieder herauszukommen? Wäre es z. B. für *Sie* hilfreich, wenn *wir* uns mit dem Lieferanten XY einmal in Verbindung setzen würden, um … usw.?«

Ob Sie wirklich etwas tun können, ist zweifellos abhängig von der gegebenen Sachlage. Aber eines haben Sie durch das kurze Gespräch ganz sicher erreicht: Bei *diesem Kunden* ist *IHR IMAGE* im oberen Bereich angesiedelt.

Solche Kunden sind die besten Werbeträger …!

(Insbesondere gilt das bei den Kunden, mit denen Sie vorher schon Streit hatten oder wo sich »alle nicht leiden konnten« …!)

Wir sind eben alle nur Menschen …! Gottseidank.

208

KAPITEL V

Statement + Frage + Zuhören

5.1 Einfachheit eines Systems – Wunderwaffe oder 08/15?

Die Frage »Wunderwaffe oder 08/15« weckt sicherlich unange-
nehme Erinnerungen, denn nicht nur die älteren Leser kennen
noch sehr gut die Gattung »Wunderwaffen« und wissen, daß diese
teilweise nur einen psychologischen Wert hatten. Erst als die »Auf-
tragsfirma« bankrott war, funktionierten die Wunderwaffen – allerdings beim (damaligen) Wettbewerb. Auch den Begriff »08/15«
kennen viele noch. Er bezeichnet eine sture Vorgehensweise nach
einem gleichen, meist primitiven Schema (der Begriff stammt aus
der Soldatensprache und bezeichnete das Einerlei des sich ständig
wiederholenden Unterrichts an einem Maschinengewehr, welches
1908 im deutschen Heer eingeführt und 1915 verändert wurde).
Ein »Verkaufsschema«, wenn es das überhaupt gibt, kann niemals
eine »Wunderwaffe« sein, wie einige Verkaufstrainer glauben und
verbreiten, denn stets hat man es mit »Menschen« zu tun, und
Menschen lassen sich nun mal nicht programmieren, schematisieren oder durch welche »Wunderwaffen« auch immer beeinflussen.
Ein Blick in die kaum noch überschaubare Fachliteratur zum
Thema »Verkaufsmethoden« verdeutlicht das, was wir meinen: Es
gibt scheinbar doch »Wunderwaffen« – zumindest nach der Vorstellung vieler Buchautoren. Diese »Wunderwaffen im Verkauf«
haben allerdings einen Haken: Es gibt zu viele Knöpfe, Tasten und
Bedienungshebel für ein- und dieselbe Sache, nämlich für das erfolgreiche Verkaufsgespräch. Die ohne Zweifel gutgemeinten und
keineswegs immer falschen Ratschläge »kranken« ganz einfach
daran, daß sie in ihrer Vielfalt unüberschaubar und unstrukturiert
sind und damit gesicherten lernpsychologischen Gesetzmäßigkeiten widersprechen. Eine schwierige Verkaufsmethode und eine
schlechte Didaktik (Unterrichtslehre) verhalten sich zueinander
wie ein schwieriger Neukunde und ein schlechter Verkäufer.
Uns geht es vor allem darum, ein für alle Verkaufs- und Beratungs-

gespräche gültiges, *einfaches System* herauszukristallisieren – aber eben kein 08/15-System. Alles weitere halten wir für eine individuelle Ergänzung, je nach Markt, Produkt, Kunde und … Verkäuferpersönlichkeit. Mit einem solchen »System« soll den Erwartungen der Verkaufsleitung und den Möglichkeiten und Grenzen der »Veränderbarkeit von Verkäufern« gleichermaßen Rechnung getragen werden.

Damit ist folgendes gemeint: Wir halten den Wunsch und/oder die Forderung einer Verkaufsleitung nach einer kräftigen Verbesserung der Verkaufsqualitäten ihrer Mitarbeiter im Verkauf für legitim und verständlich. Auf der anderen Seite ist zu beachten, daß Verkäufer, Fachberater, Außen- und Innendienstmitarbeiter usw. keine Studenten mehr sind, denen man konzentrierte Wissensvermittlung zumuten kann – ganz abgesehen davon, daß Studenten freiwillig ihr Sitzfleisch bemühen, während Mitarbeiter zu Tagungen und Schulungen meistens »eingeladen« (sprich: beordert) werden.

Immer wieder nehmen wir amüsiert zur Kenntnis, daß Chefs ihre Mitarbeiter zu zweiwöchigen Verkaufsschulungskursen schicken. »Ganzheitliche Wissensvermittlung« nennt sich diese Mißachtung von lernpsychologischen Gesetzmäßigkeiten. Mit diesem »Versand der Mitarbeiter« in abgelegene, nachtclubfreie Notstandsgebiete (hat Vor- und Nachteile) verbindet man die Hoffnung, daß die Mitarbeiter nach ihrer Rückkehr nun »fit für den Markt« sind (oft sind sie nur »fix und fertig«). Aus methodischer und vor allem didaktischer Sicht hat sich herausgestellt, daß die Absolvierung »ganzheitlicher Schulungen« über mehrere Tage nicht immer richtig ist. Besser und vor allem effizienter sind Ein- bis Zwei-Tages-Schulungen zu Einzelproblemen mit anschließender Praxiserprobung. Nicht Konzentration der Wissensvermittlung (in sog. verkaufsschwachen Monaten) ist der richtige Weg, sondern Kontinuität im Wissensaufbau, z. B. als »programmiertes Lernen« mit einem deutlichen roten Faden.

Das »System« dieses roten Fadens ist denkbar einfach gesagt, aber schwer getan. Es sind nämlich nur drei Punkte, die dieses System bilden:

1. **Kurzes Statement bringen** ....
2. **Richtige Frage stellen** ....
3. **Gut zuhören können.** ....

Doch jeder Punkt hat seine eigenen Gesetze, seine eigene Welt. Ein Statement ist eine Erklärung, Äußerung oder Behauptung und ist im Zusammenhang mit Produkteigenschaften, Nutzenargumentation oder Einwänden zu sehen. Hierbei müssen wir zusammenfassend auf die Gesprächstechniken der vorangegangenen Artikel verweisen. Wichtig ist bei Statements das, was wir bereits mehrfach ausgeführt haben (z. B. bei der »Stufenregel« und der »Alternativ-Antwort«): Sie müssen kurz sein – also keine langatmigen Monologe. Wer sich noch an die »Überraschende-Pausen-Technik« erinnert, wird wissen, daß diese nur dann »wirkt«, wenn der damit gesprochene Satz kurz ist. Ein Statement kann also auch die Stufenregel plus Überraschende-Pausen-Technik sein – z. B. bei einer Produktvorstellung.

Die Regel: wer fragt, »führt« ein Gespräch, wird in diesem Zusammenhang besonders deutlich. Im Normalfall ist es so, daß auf eine Darstellung z. B. von Produktvorteilen meistens ein Einwand oder eine Kundenfrage kommt. An einem solchen Punkt besteht für Verkäufer die Gefahr, daß sie die Gesprächsführung verlieren, und niemand kann dabei voraussehen, wohin die »Gesprächs-Reise« geht. Gleichwohl darf man aber sicher sein, daß eine solche Reise in die Sackgasse des Preisgesprächs führt.

Mit einer Frage im direkten Anschluß an das Statement jedoch »lenken und führen« Sie das Gespräch in Bahnen, in denen Sie sich auskennen, Ihre »PS auf die Straße bringen« und den Verkaufsabschluß anvisieren können. Natürlich funktioniert das nicht alles »automatisch«, denn irgendwann stellt Ihr Gesprächspartner Fragen oder bringt Einwände, auf die Sie antworten müssen. Um die Gesprächsführung wiederzubekommen, müssen Sie Ihre Antwort als Statement betrachten, zu dem Sie im direkten Anschluß daran gleich eine Frage stellen.

Sie merken damit eines ganz deutlich: **Es werden keine »vorgekauten Verkaufssprüche« trainiert, sondern ein einfaches System, welches leicht zu begreifen ist, zu dem der Verkäufer aber auch »stehen« muß.** Wie er das System handhabt, was er daraus macht, was er sagt und darstellt, ist abhängig von der Situation, vom Produkt, vom Kunden und ... von der Individualität des Verkäufers. Denn das ist doch die Realität: Was in (meist langen) Seminaren als gut und logisch von den Teilnehmern erkannt und am Freitagabend mit ins Wochenende genommen wurde, ist *eine Sache*. Eine *andere Sache* ist, daß am Montag wieder die Welt anders aussieht ... oder ist es immer noch die »gleiche Welt«?

Der erste Kundentermin bringt eine banale Weisheit an den (Mon-) Tag: Theorie und Praxis sind zweierlei. Natürlich gibt es viele Verkäufer, die sich ernsthaft um die Anwendung des erlernten Wissens gleich am Montag bemühen. Aber sie scheitern oft an der »Tücke des Objekts«, oder besser: an der Tücke des Kunden. Wenn es dann auch noch der erste Kunde ist, dann ist das so, als hätte man am Wochenende das Rauchen aufgegeben und raucht am Montagmorgen – aus welchen Gründen auch immer – die neue (alte) Zigarette. Das war's dann – geblieben ist der gute Vorsatz ... und: »Im Winter ist ja wieder eine neue Schulung ...«

Man mag einwenden, daß das insgesamt eine negative Darstellung ist, und viele werden sicherlich auf gute Erfahrungen verweisen. Dennoch: Es gibt eben nicht nur Spitzenverkäufer in einem Unternehmen, und die Frage, ob Top-Verkäufer »von Haus aus gut waren« oder erst durch die Schulungen zu guten Verkäufern »gemacht« wurden, erinnert eher an den Streit, wer zuerst da war, die Henne oder das Ei. Es geht nämlich um *alle* Mitarbeiter, und zwar nicht nach dem Prinzip »Glaube, Liebe, Hoffnung«, sondern nach lernpsychologischen Gesetzmäßigkeiten. Das heißt im wesentlichen:

1. Aufbau eines einfachen Systems, dessen Bestandteile den lernpsychologischen Erkenntnissen und Regeln entsprechen.
2. Förderung der individuellen Persönlichkeit des einzelnen durch das »System«.
3. Kontinuität in der Wissensvermittlung nach »Einzelpaketen« in Kurzseminaren mit Praxiserprobung.

Wie die Umsetzung des einfachen Systems »Statement – Frage – Zuhören« praktisch aussehen kann, wollen wir Ihnen in Mustergesprächen darstellen, wobei wir hier von »schwierigen«, zähen Kunden und Gesprächspartnern ausgehen wollen. Mancher Leser mag einwenden, daß die meisten Kunden zugänglicher und freundlicher sind. Wenn es so ist, dann freuen Sie sich und betrachten die dargestellte Gesprächstechnik als eine gute Möglichkeit, das Potential der schwierigen Kunden zu gewinnen.

In unserem ersten Beispiel geht es darum, daß Sie bei einem Großkunden die Entscheidungskompetenz Ihres Gesprächspartners ermitteln wollen, um gleich an die »richtige Adresse« zu gelangen, damit Sie Zeit sparen.

5.2 Kundenkompetenz im Großbetrieb ergründen

Regel:	Auf die »normale Tatsache« mehrerer Entscheidungswege im Großbetrieb hinweisen. Benutzen Sie den Schlußsatz eines Verkaufsgespräches als Einleitung.
Statement:	Herr Kunde, wir haben jetzt zu allen Aspekten Vorteile und Fragestellungen diskutiert und sind sicherlich zu einem guten Ergebnis gekommen. Aber bekanntlich hat jedes (große) Unternehmen bestimmte Entscheidungswege (… evtl.: das ist in unserem Unternehmen ebenso …).
Frage:	Meine Frage daher: WIE und auf WELCHEM Weg wird der Vorgang jetzt weiterbearbeitet?
Kunde:	*Nun ja, das Ganze wird jetzt dem Einkauf vorgelegt.*
Statement:	Verstehe. Unsere gemeinsame Auswahl (Empfehlung) wird dort vorgelegt und geprüft. In vielen Unternehmen sind ja bekanntlich die Entscheidungswege sehr unterschiedlich.
Frage:	Entscheidet in Ihrem Unternehmen der Einkauf autonom (selbständig)?
Kunde:	*Ja, bei uns entscheidet der Einkauf. … oder: Nein, der Einkauf braucht noch die Unterschrift vom … (z. B. Bereichsleiter). Also der entscheidet auch mit.*
Statement als Frage/	Herr Kunde, was können *wir beide* denn tun, damit der Bereichsleiter nicht nur die *Preis*−Information

hat, sondern auch IHR Wissen und den Nutzen des Produktes XY, damit also auch IHRE Gründe für IHRE Wahl bei ihm vorliegen?

Kunde:	*Ach, das weiß der auch so. Der sieht ja, worum es geht!*
Statement:	Wenn ich das richtig verstehe, wird der Bereichsleiter sofort erkennen, was wir beide geprüft bzw. empfohlen haben.
Frage:	Dennoch: Wäre es nicht vorteilhafter, ihm eine ergänzende oder hilfreiche Information zu … XY … oder ZZ … in einem persönlichen Gespräch Montag oder Dienstag zu geben – was wäre da günstiger?

Achten Sie bei solchen Gesprächen stets auf bestimmte »verbale und nonverbale« Signale des Kunden. Manch ein Kunde empfindet die Nachfrage nach seinen Kompetenzen als »nicht witzig«. Beenden Sie dann lieber diese Nachfrage mit ein paar freundlichen Formulierungen, wie z. B.: »Nun ja, Herr Kunde, warten wir's mal ab. Ich bin eigentlich recht zuversichtlich, was *unser gemeinsam erarbeitetes Ergebnis* anbelangt …« o. ä.

Natürlich gibt es auch einen anderen Fall, der gar nicht so selten ist. Manchmal nämlich läßt Sie die Gegenseite glauben, sie habe uneingeschränkte Verhandlungsvollmacht, obwohl das nicht zutrifft. Später, nachdem der andere hart mit Ihnen verhandelt haben und Sie nun glauben, daß das Ergebnis eine feste Abmachung sei, erklärt Ihnen der Verhandlungspartner, daß er »da noch jemanden um Zustimmung fragen muß«. Eine solche Strategie ist sehr durchsichtig, denn damit versuchen die Verhandlungspartner, sich noch »ein Türchen offenzuhalten«, um alles »abzublasen« oder, was die Regel ist, noch mehr aus Ihnen herauszuholen.

Hierzu muß Ihnen unter allen Umständen empfohlen werden, bei solchen »Überraschungen« auf Gegenseitigkeit zu bestehen. So z. B.: »Einverstanden. Wir sollten unser Gesprächsergebnis als gemeinsamen Entwurf betrachten, an den jetzt noch niemand gebunden ist. SIE besprechen das mit Ihrem Chef, und ICH arbeite den Entwurf nochmals durch und prüfe, ob ich etwas ändern oder ergänzen will. Das würde ich Ihnen dann morgen vorschlagen.«

Oder: »Einverstanden. Wenn unser Entwurf von Ihrem Chef morgen gebilligt wird, gilt er auch für mich. Ansonsten kann jeder von uns Änderungen vorschlagen.«

Für manche Verkäufer ist eine solche Gesprächs- und Verhandlungsführung nicht einfach, weil sie glauben, daß durch diese eher rigide Vorgehensweise das Ergebnis insgesamt gefährdet werden könnte. Doch denken Sie daran, daß allein durch die Kompetenzverschleierung Ihres Verhandlungspartners der Weg vorgezeichnet war, Sie zu übervorteilen. Nur wenn Sie an Wunder glauben, können Sie auch daran glauben, daß der Chef Ihres Gesprächspartners alles widerspruchslos hinnimmt, was ihm von seinen Mitarbeitern vorgelegt wird. Ist das bei Ihrem Chef so?

Sie werden also abwägen müssen, ob Sie ein sicheres, aber vermutlich schlechtes Geschäft machen wollen oder ob Sie für einen guten Abschluß weiterverhandeln wollen – allerdings mit dem Risiko, daß der Abschluß »platzt«.

Im übrigen sollte beachtet werden, daß immer noch »der Ton die Musik macht«. Es kommt also auch darauf an, WIE Sie etwas sagen, wie Ihre Mimik und Ihre Gestik vom Verhandlungspartner verstanden werden. Bleiben Sie daher immer stets höflich, freundlich und verbindlich – auch wenn Sie die Vorgehensweise Ihres Gesprächspartners »wurmt«. Letztlich ist das »Pokern« um Preise und Positionen doch das tägliche Brot eines jeden Verkäufers.

5.3 Bedarf anderer Dienststellen ermitteln (Großbetrieb)

Regel: Die Gespräche sind sehr abhängig von der Unternehmenssituation und ... dem Gesprächspartner.
Niemals kurz vor dem Abschluß einer Verkaufsverhandlung solche Gespräche beginnen.
Bei erkennbarem Zeitdruck des Partners auf Gespräche dieser Art verzichten (vertagen!). Also: nicht um »jeden Preis ...!« Das Gesprächsfeld (Atmosphäre) muß vorbereitet werden – keine »direkten« Fragen stellen ...!

215

Beim Kunden muß Verständnis für die Bedarfsbefriedigung anderer erzeugt werden!

Statement:	Nun, Herr Kunde, wenn ich mir unsere bisherige Zusammenarbeit vor Augen halte, dann muß ich schon sagen, daß diese doch insgesamt sehr positiv verlaufen ist, auch wenn es da und dort Unterschiede gab.
Frage:	Sehen Sie das auch so, Herr Kunde?
Kunde:	*Naja, im großen und ganzen ...!*
Statement:	Wir haben uns ausführlich über den Nutzen des Produktes und die Fragestellungen in Ihrem Aufgabenbereich unterhalten und sind – wie ich meine – zu einem beiderseits positiven Ergebnis gekommen.
Frage:	Ist das auch Ihre Meinung, Herr Kunde?
Kunde:	*Kommt drauf an, wie man's sieht ...!*
Statement:	Nun, jedes Unternehmen ist anders strukturiert und hat entsprechend auch andere Fragestellungen. Im Großbetrieb – und wir gehören Großbetrieben an – sind genaue Klärungen wichtig.
Frage:	Was können WIR denn tun, um z. B. einer anderen Abteilung in Ihrem Hause auch diesen Nutzen zu verschaffen?
Kunde:	*Wie meinen Sie das?*
Statement:	Also häufig ist es doch so, daß eine Abteilung auch benötigt, was eine andere Abteilung, die ein anderes Arbeitsgebiet hat, gerade besorgt hat.
Frage:	Kommen diese Fragestellungen zu Info-Wegen in Ihrem Hause da und dort auch vor?
Kunde:	*Im allgemeinen nicht. Wir wissen im großen und ganzen schon, was eine andere Abteilung benötigt, weil ... wir (Kunde zählt Gründe auf) ... haben.*
Statement:	Verstehe. Doch Know-how und Wissen sind ja oft an

216

EINEN Mitarbeiter gebunden. Nehmen Sie nur unseren Fall. Aufgrund IHRER Prüfungen haben Sie doch sehr ausführliche Infos über den Nutzen des Produktes XY ...!

Frage:	Was können WIR denn tun, damit auch eine andere Abteilung Ihres Hauses z. B. von IHREN Prüfungen profitieren kann?

Kunde:	*Nanu? Suchen Sie etwa neue Aufträge bei uns im Hause?*

Statement:	Also, Herr Kunde, auf diesen Gedanken bin ich spontan gekommen, weil ich den Eindruck gewonnen habe, daß SIE den Nutzen unseres Produktes XY geprüft haben und zu einem positiven Ergebnis gekommen sind. Meine Überlegung war also: Was können WIR tun, damit auch andere von Ihren Prüfungen partizipieren?

Frage:	Wäre es nach Ihrer Meinung sinnvoll, z. B. Abteilung ABC anzusprechen?

Kunde:	*Was versprechen Sie sich denn davon?*

Statement:	Das ist eine interessante Frage, denn einerseits haben wir sicher ein kundengerechtes Konzept – SIE haben das geprüft –, andererseits wollen wir natürlich auch zielgerichtet unsere Kunden ansprechen.

Frage:	Wäre da nicht z. B. die Abteilung ABC genau die richtige?

Kunde:	*Naja, versuchen können Sie's ja mal. Aber ich glaube nicht, daß Sie da ... usw.*

Wenn Sie in einem Gespräch mit einem schwierigen Kunden an diesem Punkt angelangt sind, so ist es unbedingt erforderlich, daß Sie das Thema wechseln, indem Sie z. B. noch einmal »alte, gemeinsame Geister beschwören«. So könnten Sie z. B. auf einen Sachverhalt Bezug nehmen, der zwischen Ihnen und dem Kunden zu einem positiven Ergebnis geführt hat – oder Sie leiten eine »positive Verabschiedung« ein:

Herr Kunde, nochmals auf UNSERE Fragestellung zurückkommend: Wir haben einerseits eine zufriedenstellende Vereinbarung, und andererseits darf ich Ihnen sagen, daß ich stets gerne zu Ihnen komme (gekommen bin). Sie wissen ja, wir (Firma ...) stehen parat, wenn Sie Fragen haben.
Besten Dank, daß Sie sich Zeit genommen haben ... und auf Wiedersehen, Herr Kunde!

Ist Ihnen, verehrte Leser, aufgefallen, daß in unseren »Mustergesprächen« einerseits ganz bestimmte Worte bzw. »scheinbar normalen Begriffe« nicht verwendet werden, aber andererseits die »WIR-Form« oft gebraucht wird?
Ohne näher auf die psychologische Wirkung verschiedener Worte einzugehen, empfehlen wir Ihnen für folgende »scheinbar normale Begriffe« andere Formulierungen zu verwenden:
statt »Auftrag« – Vorgang, Lösungsvorschlag, Sachverhalt, Anforderung, Bezug, Anweisung, Aufgabe, Mandat usw.
statt »Problem« – Frage, Spezialfrage, Fragestellung, Aufgabenstellung, Sachverhalt usw.
(Es ist eben psychologisch ein großer Unterschied, ob Sie sagen: »Das *Problem,* was Sie haben, kann meine Firma XY gut lösen« ...
oder:
»Ihre *technische Aufgabenstellung* kann von uns gut gelöst werden!«).

Merke: **ICH, der Kunde, habe NIE ein Problem. Ich habe nur »Aufgaben zu lösen«. Wenn SIE das nicht verstehen, haben SIE »ein Problem«!**

5.4 Entscheidungs-Beeinflussungen

Kaum etwas ist schwieriger im Verkaufen, als eine Entscheidung zu beeinflussen. Je größer das Unternehmen und je umfangreicher die Entscheidungshierarchie ist, desto länger und undurchsichtiger sind die Entscheidungswege. Aber nichts ist auch gefährlicher und vor allem DÜMMER im Verkaufen, als mit direktem Nachfragen die Entscheidung beeinflussen zu wollen (»Was macht mein Angebot?« oder: »Wie steht's denn jetzt mit dem Kauf unseres Produktes?« oder: »Wann kommen wir denn nun zum Abschluß?« oder die naivste Frage: »Wie liegen wir denn?«).

Ob eine Entscheidung schnell getroffen wird oder »naturgemäß« auf sich warten lassen wird, haben die meisten Verkäufer »im Gefühl« bzw. können es einschätzen. Verständlich ist, daß sie »gefühlsmäßig« auch »Druck dahinter« machen wollen, das ist gut und legitim. **Allerdings wird zumeist dabei vergessen, daß der Druck beim Erst-Partner verbleibt und die eigentliche »Schmorstelle« gar nicht erreicht – und meistens auch nicht erreichen wird (... oder üben SIE z. B. laufend Druck auf Ihren Chef wegen jeder »Kleinigkeit« aus ...?).**

Überlegen Sie sich also stets und immer, wie »wichtig« Ihr Produkt für den Kunden ist. »Wichtig« in diesem Zusammenhang heißt nicht »technisch kompliziert« (ein einziger Dübel, eine Schraube, ein kleines Eckstück etc. kann ganz schön wichtig sein ...), sondern »WICHTIG« ist hier zu verstehen im Sinne der finanziellen Größenordnung und dem momentanen »Lösungsbedarf« des Kunden – z. B. aufgrund des Projektfortschrittes. Und vergessen Sie bitte eines nicht: Der Herr Kollege vom Wettbewerb hat vermutlich auch etwas Gutes zu bieten ...!

Zu den **Entscheidungs-Beeinflussungen** wollen wir Ihnen einige **Regeln** darstellen:

1. Sie müssen immer und stets eine »neue Geschichte erzählen können«, d. h., Sie müssen zu jeder Zeit in der Lage sein, wirklich interessante Zusatzinformationen zu geben, ... und sie auch geben! Aber vermeiden Sie den Fehler, diese Informationen mit der Nachfrage nach dem Stand und Verbleib Ihres Angebotes zu verbinden. Geben Sie die Information – *und nicht mehr* ...!

2. Sie sollten möglichst nur und ausschließlich die »*Wir*-Form« verwenden, also z. B. sagen: »Was können *wir* tun, um ... usw.« Sie schaffen damit beim Kunden das Gefühl gemeinsamen Handelns.

3. Sie müssen unbedingt den Eindruck vermeiden, daß es Ihnen um einen schnellen Kaufabschluß geht (Formulierungen wie

»den Auftrag endlich durchboxen« oder »Kauf perfekt machen« oder »Auftrag abschließen« sind Rohrkrepierer und gehören zum Repertoire der »unbelehrbaren Zwölfender« – oder besser: auf den Müllhaufen der Verkäufer-Sprüche, also weg damit!

4. Vermeiden Sie Reizworte wie: Auftrag, Problem, Problem beschleunigen, ich, unsere Firma, usw.

5. Ergründen Sie gemeinsam mit Ihrem Erst-Partner, wo »der Auftrag schmort« und warum (also: »Was könnten denn die Gründe sein, Herr Kunde, daß der Vorgang noch nicht endgültig bearbeitet wurde?«).

6. Senden Sie danach eine Zusatzinformation an den Partner mit der Bitte um Weiterleitung an die betreffende Stelle (Zusatzinfos: kurz und interessant!!). Prüfen Sie, ob Sie diese Stelle anrufen können, und fragen Sie nach dem Wert der Information – MEHR NICHT!! (Daß Sie am liebsten »sofort« verkaufen würden, weiß man sowieso – und übrigens: viele Kunden verstehen das ...!).

5.5 Regeln für vereinbarte oder zufällige Gruppengespräche

Situation: Ein Verkäufer/Berater hat einen Termin bei einem Kunden bekommen und vermutet, es würde ein Zweiergespräch. Plötzlich bittet jedoch der Kunde noch andere Beteiligte hinzu – oder schlimmer noch: zufällig vorbeikommende Kollegen »gesellen« sich hinzu ... und natürlich haben alle etwas »ganz Wichtiges« zu sagen ...!

Das müssen Sie zunächst wissen und berücksichtigen:

1. IHR Kunde hat dem Termin zugestimmt. Damit ist dieser Dreh- und Angelpunkt Ihres Gespräches.

2. Sie kennen die Kompetenzen und den Entscheidungseinfluß der anderen nicht und können ihn auch nicht erfragen.

3. Ein Gruppengespräch unterliegt anderen Regeln als ein Zweiergespräch. Durch Fragen oder Bemerkungen anderer Beteiligter können Stimmungen, Sympathien oder Antipathien schnell wechseln.

4. Aus der Gruppendynamik wissen wir: Jede Gruppe hat einen »Führer«, »Mitläufer«, »Außenseiter« und eine komische Randfigur (jedes Dorf hat seinen »Dorftrottel«).

5. Generell baut sich nahezu jede Gruppe (auch zufällig entstandene) nach diesem System auf. Sie sollten auch wissen, was »Gruppendruck« ist, nämlich die Einflüsse der Gruppe auf ihre individuellen Mitglieder, die diese zur Konformität (Anpassung) veranlassen.

6. Daraus folgt die Konsequenz, daß Sie nur einen einzigen Fehler machen können:
Die Nichtbeachtung oder Bevorzugung einer Person!

Regeln: Die Gesprächsregeln für Gruppengespräche sind stets gleich:

- Versuchen Sie, den ersten Partner (»Ihren« Gesprächspartner) zum »Mit-Verkäufer« zu machen.
- Niemand darf in einer Gruppe bevorzugt oder benachteiligt werden.
- Rohrkrepierer, Killerphrasen oder harte, direkte Widersprüche müssen ebenso vermieden werden wie eine unterwürfige, anbiedernde Haltung.
- Es ist in den meisten Fällen nicht möglich, einen Verkaufserfolg in einer Gruppe zu erzielen – denken Sie dabei an den »Gruppendruck«, und das bedeutet in einem solchen Fall, daß sich »Ihr« Gesprächspartner meistens vor seinen Kollegen »profilieren« muß.
- Vergessen Sie auch nicht, daß Ihr verantwortlicher Gesprächspartner ein eventuelles Gesprächs- oder Verkaufsergebnis vor seinem Chef zu vertreten hat – und Sie sollten nicht davon ausgehen, daß alle beteiligten Gesprächspartner nur »liebenswürdige Kollegen« sind …!

Und so könnten Sie vorgehen:

Ihr Partner: 1. Stufenregel anwenden (Eigenschaften, Nutzen, Vorteil darstellen).
2. Fragen stellen.
3. Einwände beantworten (Nutzen-Begründung).

zweiter Partner kommt hinzu:	1. Stufenregel anwenden (kurz).
	2. Ihren Partner Nutzen begründen lassen ... oder
	3. Fragen vom Partner wiederholen und (selbst) beantworten ...!
	4. Fragen stellen.

Weitere Partner:	1. Den erkannten Gruppenführer (am besten *Ihren* Gesprächspartner) bitten, das bisherige Gespräch kurz zusammenfassen zu dürfen, damit die »Neuen« ins »Gespräch einsteigen können«.
	2. Kurze Stufenregel, kurze Wiederholung der Fragen Ihrer Gesprächspartner, kurze Wiederholung Ihrer Antworten darauf. Dann unbedingt: Fragen an die gesamte Gruppe stellen! Z. B.: »Meine Herren, sind *Ihre* Fragestellungen so von mir korrekt wiedergegeben worden – und darf ich jetzt noch einmal auf die wichtige Frage von Herrn Müller zur Funktion XY eingehen ...?«

Vorsicht: Auch bei einem guten Gesprächsverlauf ist in einer Gruppe meistens kein Abschluß möglich!

Im allgemeinen gilt die Regel: Auf Abschlußfragen verzichten – das Gespräch vertagen. Keine lange Gruppendiskussion. Mit einer guten Formulierung das Diskussionsende signalisieren – gleichgültig, ob das Gespräch positiv oder problematisch verlief.
Mit Partner 1 (»Ihrem«) Partner neuen Termin vereinbaren und sich auf das »fruchtbare, informative Gruppenergebnis« beziehen – gleichgültig, wie das Gruppengespräch ausging!

5.6 Ermittlung des »latenten Bedarfs«

Die Ermittlung des latenten (verborgenen) Bedarfs gehört zu den wichtigsten Aufgaben eines erfolgreichen Verkäufers und den legitimen Wünschen einer jeden Verkaufsleitung. Die Möglichkeiten, den latenten Bedarf zu ermitteln, sind abhängig vom betreffenden Markt, vom Produkt und von den Fähigkeiten des ermittelnden Verkäufers.

In der Bauwirtschaft z. B. kann von einem sehr großen latenten Bedarf gesprochen werden – unabhängig von der konjunkturellen Lage. Das Problem besteht ganz einfach darin, daß jeder Verkäufer in einem Verkaufsgespräch stets nur mit dem »aktuellen Bedarf« beschäftigt ist und den latenten Bedarf erst dann ermittelt, wenn ein Auftrag »perfekt« ist und er weitere Angebote »nachschieben« möchte. Allerdings gehört die Ermittlung des latenten Bedarfs auch zu den schwierigsten Bereichen und Tätigkeiten, weil sie eine gehörige Portion »Fingerspitzengefühl« und Professionalität erfordert.

Mit diesen Begriffen ist vor allem die Regel: *Statement + Frage + Zuhören* angesprochen, die bei der Erkennung und Feststellung des latenten Bedarfs eine zentrale Rolle spielt.

Zunächst müssen zum latenten Bedarf einige *Regeln* und *Voraussetzungen* beachtet werden, um bereits im Vorfeld Chancen, Möglichkeiten und Grenzen zu sondieren. Diese Regeln sind für jedermann logisch und verständlich – wenn es um diesen Themenbereich geht:

1. Der latente Bedarf muß »vermutet« werden – sonst sind diese Gespräche Zeitverschwendung für Sie und den Kunden.

2. Die Gesprächssituation darf nicht »verkrampft« sein. Bei mehreren anwesenden Personen ist meist Vorsicht geboten.

3. Der Gesprächspartner (oder/und Sie) darf nicht unter erkennbarem Zeitdruck stehen.

4. Soweit möglich, sollte immer ein zweites Gespräch vereinbart werden. Es darf nicht geschehen, daß durch »Latente Bedarfs-Gespräche« das Erstgespräch oder gar der Verkaufsabschluß »zerredet« werden.

5. Bei erkennbar »ablehnenden Signalen« des Kunden sollte nicht »weitergebohrt« werden.

6. Das Gespräch zum latenten Bedarf sollte zwar zielgerichtet geführt werden – aber nicht unter einen persönlichen oder dienstlichen Erfolgszwang gestellt werden. Das Erkennen des latenten Bedarfs läßt sich nicht erzwingen.

7. Auch bei einem sich einstellenden Mißerfolg (... wie immer er sich darstellt oder zeigt): stets höflich, freundlich und verbindlich bleiben – denn SIE sind der Repräsentant Ihrer Firma. Bedanken Sie sich beim Kunden für die Zeit, die er sich für das Gespräch genommen hat.

8. Prüfen Sie die Möglichkeiten einer »Nachbereitung«. Ist z. B. ein Brief oder ein Telefongespräch sinnvoll, um das »Feuer warm zu halten«? Denken Sie – gerade bei Mißerfolgen – daran: persönliche Emotionen (Antipathie gerade gegen DEN Kunden ...) sind äußerst störende Zwangsjacken und programmieren den endgültigen Mißerfolg!

9. Latenter Bedarfs-Ermittlungen erfordern Zeit, Geduld und ... vor allem Ideen! Senden Sie dem Kunden z. B. eine technische Information mit einem kurzen Anschreiben unter Bezug auf das letzte Gespräch – aber ohne neue Terminanfrage! Telefonieren Sie mit diesem Kunden dann ca. ein bis zwei Wochen später und bringen Sie eine weitere, interessante Information (jetzt evtl. Terminvereinbarung).

10. Latente Bedarfs-Ermittlung ist zusätzliche, aber lohnende Arbeit, die gut organisiert werden muß. Notieren und speichern Sie daher peinlich genau alle Daten wie z. B. Zeit, Ort, Namen der Beteiligten, Fragen und Antworten der Kunden, erkannte »Killer- oder Nebenkillerthemen«, Infos aus dem »Zwischen-den-Zeilen-hören«, private Themenansprachen, Hobbys etc.

Sehen Sie sich vor jedem Besuch die »Kunden-Karte« an und beachten Sie auch, daß »Stimmungen wechseln« können. Reagieren Sie darauf »weich«, d. h. mit Verständnis und Geduld, arbeiten Sie mit »Tiefdruck« an der Sache weiter.

»Arbeiten« Sie immer nach dem System:
Statement + Frage + Zuhören!

Wie dieses System auch zur latenten Bedarfs-Ermittlung eingesetzt werden kann und sollte, wollen wir Ihnen im folgenden Mustergespräch darstellen. Es wird angenommen, daß Sie mit dem Kunden über eine technische Lösung gesprochen haben und/oder einen Verkaufsabschluß erzielt haben. Beide Gesprächspartner sind am Ende des Verkaufsgespräches angekommen – und nun wol-

224

len Sie den latenten Bedarf ermitteln. **Sie müssen also einen guten »Gesprächsanschluß« finden:**

Statement: Herr Kunde, nach unserem Firmenverständnis muß für jede spezielle Frage auch eine spezielle Lösung vorgegeben werden können, und zwar so, daß a) SIE die technische Frage dauerhaft aus dem Kopf nehmen können, und b) die Wirtschaftlichkeit der Lösung garantiert ist. Bekanntlich ist das nicht immer einfach zu lösen.

Frage: Wie stehen Sie zu dieser Auffassung, Herr Kunde?

Kunde: *Ja, aber ... teuer ... überhaupt ... XYZ etc. ...!*

Statement: Nun ja, Herr Kunde, aber wir alle wissen doch: der Teufel steckt im Detail. Doch für unsere Fragestellung war die Lösung mit System XY optimal. Für andere technische Fragestellungen müssen auch andere Lösungen geboten werden. Ein Beispiel: Oft war für Kunde ... DX ... z. B. die Lösung ABC nicht immer befriedigend. Hierzu wurde von unserer Forschung nun eine technisch dauerhafte Lösung entwickelt, die Vorteil DEF und Nutzen GHI (jetzt Katalog oder Muster präsentieren ...!) garantiert.

Frage: Herr Kunde, wie beurteilen SIE diese neue Lösung?

Kunde: *Also dazu kann ich im Moment wenig sagen.*

Statement: Diese neue Lösung bringt große Vorteile und erheblichen Nutzen für den Kunden bei Anwendungsfällen A oder B.

Frage: Sind die Fälle schon einmal bei Ihren Planungen aufgetreten oder werden sie bei zukünftigen Planungen auftreten, Herr Kunde?

Kunde: *Vielleicht ... ich glaube ... so ähnlich ... möglicherweise bei einem neuen Fall ... ist aber noch Zukunftsmusik ...!*

Statement:	Herr Kunde, vielleicht kann man diese Fragestellung bei den neuen Planungen schon eingrenzen?

(Jetzt bohrt der »Spitzenverkäufer« nicht mehr weiter, sondern geht zur Ausgangslage zurück, z. B. mit der Redewendung: »Aber zurück zur Ausgangslage, Herr Kunde. Wir haben a), b) und c) ... vereinbart, und ich bin zuversichtlich, daß wir bei guter Leistung weiter zusammenarbeiten werden.«
Er sollte auch kleine Informationen genau notieren, um die »Nachbereitung« erfolgreich durchführen zu können.).

... Und zum Schluß immer ...:
Höflich, freundlich und verbindlich sein! Bedanken Sie sich beim Kunden – auch dafür, daß Sie mit ihm über weitere wichtige, technische Fragestellungen sprechen konnten.
Die folgende Nachbereitung muß gezielt, aber auch sehr behutsam durchgeführt werden. Es empfiehlt sich, z. B. nach ca. zwei bis drei Wochen dem Kunden eine Informationsbroschüre/einen Katalog etc. mit kurzem Begleitschreiben zuzusenden. In diesem Begleitschreiben beziehen Sie sich nochmals auf das Erstgespräch und fügen »ergänzend eine Information« bei. Ein neuer Termin sollte nicht angesprochen werden. Ebenso ist es von Wichtigkeit, daß beide Vorgänge getrennt behandelt werden. »Schieben« Sie dem Kunden also Ihre neue Information nicht einfach unter, indem Sie den Katalog z. B. an Unterlagen der vorhandenen Aufgaben anhängen. **Diese Nachbereitungsaktion muß gesondert und stets unabhängig von gegenwärtigen Aufgaben durchgeführt werden.** Nach ca. einer Woche (nach Vorlage der Information) sollten Sie den Kunden nochmals telefonisch *kurz* auf die Information ansprechen – jedoch keine Terminvereinbarung ansprechen. **Lassen Sie sich in der Nachbereitung nicht entmutigen!** Auch wenn das Telefongespräch »unergiebig« war: Sie müssen immer »am Ball bleiben«! Je nach Sachlage empfiehlt es sich, nach ca. vier bis sechs Wochen nochmals eine schriftliche Information mit einem kurzen Anschreiben an den Kunden zu senden. Die Gefahr, »aufdringlich« zu wirken, ergibt sich meist nur dann, wenn der Kunde »eindeutig« die Chancenlosigkeit darstellt oder Sie den Kunden mit zu vielen und falsch geführten Telefonanrufen »nerven«.

KAPITEL VI

Kundentypologie

6.1 Heutige Erkenntnisse und: Schon früher …

In Kapitel IV (Sach- und Beziehungsebene) wurde bereits dargestellt, welches »psychologische Schema« in uns abrollt, wenn wir
fremden, unbekannten Menschen gegenübertreten. Wir können es
im alltäglichen Leben immer wieder erfahren, daß uns Menschen
aufgrund ihrer Eigenarten, ihres Aussehens und ihres Verhaltens
»fremd« sind, daß wir mit ihnen nicht »zurechtkommen«.
Da alle Menschen jedoch ein Grundbedürfnis haben, sich zu
»orientieren«, findet sehr schnell eine »Kategorisierung« der anderen statt. Von meist wenigen Eindrücken des Aussehens, Verhaltens und der Eigenarten schließen wir vorschnell auf den »Charakter« des betreffenden Menschen, um den Zustand der »Unsicherheit« (nicht: Angst): *Was ist das für ein Mensch?* zu beenden. Wir
»machen uns ein Bild« von dem anderen.
Solange die Signale, die verbalen und nonverbalen Botschaften
sowie die erkennbaren Faktoren des anderen mit »unserem Bild«,
das wir uns (meist vorschnell) über ihn gemacht haben, überein-
stimmen, so lange befinden wir uns im »vertrauten Zustand« der
eigenen Erfahrungen (»typisch Beamter«, »typisch Einkäufer«
usw.) und reagieren selbst zumeist »typisch«. Sobald sich jedoch
ein Mensch nicht in »unserem Bild« als »typisch« einordnen läßt,
wir also keine eigenen Erfahrungen mit diesem Menschentyp
haben, befinden wir uns außerhalb eines »vertrauten Zustandes«.
Das »Bild« unseres Gegenübers erscheint uns fremd, wir reagieren
selbst auch nicht mehr »typisch«, und oft ist unsere Reaktion
Angst, Aggressivität oder Flucht.
Für die Wissenschaft ist die Frage, warum wir einen Menschen in
ein vorgefertigtes »Typenschema« einordnen, statt jeden Menschen individuell zu sehen, beantwortet. Die »allgemeine Orientierung« – insbesondere in der sozialen Umwelt – ist ein Grundbedürfnis des Menschen und daher von höherer Bedeutung als eine
individuell-persönliche Erkenntnis. Unerwartete, gegenwärtige

und zukünftige Ereignisse sollen dadurch besser bewältigt werden können – man hat sich »orientiert«. *Orientiertsein schafft Vertrauen,* und die reproduzierbare Klarheit des Orientiertseins ist eine wichtige Komponente des darauf bezogenen sozialen Verhaltens. Mit anderen Worten: »Orientiertsein« ist eine Art »innere Ordnung«, die das soziale Verhalten von Menschen bestimmt. Eine große Rolle spielen in diesem Zusammenhang auch die individuelle Informationsaufnahme und die spezifische Verarbeitung von Informationen. Mit diesem umfangreichen Wissensgebiet beschäftigt sich u. a. die Wahrnehmungspsychologie.

Diese Faktoren führen dazu, daß wir uns von anderen Menschen ein »stereotypes« (starres) Bild machen wollen – und es auch tun! Die hehren Kernsprüche »Ich beurteile einen Menschen erst, wenn ich ihn länger kenne«, können getrost belächelt werden. Typisieren, Schematisieren, Kategorisieren sind normaler Ausdruck eines individuellen sozialen Verhaltens. Es gibt keine Zweifel, »daß man typisiert«, es gibt allerdings erhebliche Auffassungsunterschiede darüber, »*wie* man es tun sollte« (Typenlehre).

So ist es kaum verwunderlich, daß sich bereits in der Antike die Anfänge der Typenlehre finden (*Hippokrates,* griech. Arzt, 460–377 v. Chr. und *Galen,* griech. Arzt, 129–199 n. Chr.). Diese Typologien wurden im Laufe der Jahrhunderte immer wieder aufgegriffen und erweitert. Bedeutende Abhandlungen sind zu finden in den Lehren von *I. Kant,* dt. Philosoph, 1724–1804, *W. Wundt,* dt. Psychologe, 1832–1920, *I. P. Pawlow,* russ. Physiologe, 1849–1936. Insbesondere der deutsche Psychiater und Psychologe *E. Kretschmer* (1888–1964) hat in seiner »Konstitutionstypologie« Körperbau und Charakter (1921/61) in einen Zusammenhang gestellt, an den sich andere Typologien bis zu einem gewissen Grade anlehnten (z. B. *C. C. Jung,* Psychiater und Psychotherapeut, 1875–1961, *K. Jaspers,* Philosoph, 1883–1969, u.v.a.).

Dieser kleine Exkurs in die Literatur soll dem Leser dieses Buches zeigen, daß sich die namhaftesten Größen der Geisteswissenschaften in allen Jahrhunderten damit beschäftigt haben, eine »Typenlehre« zu verfassen. Doch die Literatur gibt auch zu erkennen, welche großen Auffassungsunterschiede darin bestehen, Menschen zu »typisieren«. Und wenn das schon bei den Geistesheroen zu Differenzen und Meinungsverschiedenheiten geführt hat, soll sich dann

ein Verkäufer unserer Tage an dieser Diskussion um »Typologien« beteiligen? Deutlicher gefragt: Kann das ein Verkäufer ohne psychologisches Studium überhaupt? Noch einfacher: Soll ein Verkäufer »verkaufen« oder ...»Psychologe werden«?
Hierzu ist deutlich zu antworten: Weder das eine noch das andere. Der Sinn der Beschäftigung mit Typologien für einen Verkäufer, ist in zwei Gründen zu sehen:

1. Durch die Beschäftigung mit Menschen-»Typen« wird ein Verkäufer für die Vielfalt der Typen »sensibilisiert«. Das schafft die Voraussetzung dafür, daß keine »Stereotypen« gebildet werden, die das Verhalten des Verkäufers negativ determinieren.

2. Das Vorgehen, aus dem Verhalten verschiedener »Kundentypen« Schlüsse bezüglich des eigenen Verhaltens zu ziehen, also mithin »kundentypisch« zu reagieren, ist grundsätzlich nicht falsch – sofern es nicht zu einem »stereotypen Verhalten« wird. Im positiven Sinne führt es dazu, daß der Verkäufer zu einer besseren Menschenkenntnis gelangt.

Wer sich also mit »Kundentypologien« beschäftigt, ohne sich »Stereotypen« zu schaffen, wählt den Weg der Bereitschaft zur erfolgreichen Kommunikation mit dem Kunden. Die Gründe liegen vorwiegend darin, daß sich der Verkäufer selbst »zwingt«, eigene starre Verhaltensmuster in der Begegnung mit Menschen zugunsten eines flexiblen Verkaufsverhaltens aufzugeben. Die Begegnung mit Menschen im Rahmen eines Verkaufsgespräches ist oft nur von kurzer Dauer. In dieser begrenzten Zeit muß sich ein Verkäufer zumeist auf Sachinhalte, technischen Daten oder Darstellung von Produkteigenschaften konzentrieren.
Je nach »Kundentyp« muß er jeweils »richtig« das Gespräch eröffnen, den Bedarf erfragen, Wertvorstellungen aufbauen, das Angebot unterbreiten, Einwände beantworten und den Verkaufsabschluß betreiben. Mit anderen Worten: Ein guter Verkäufer ist ständig »auf seinen Kunden konzentriert«.
Aus den bereits dargelegten Gründen bleibt es jedoch dabei, daß es keine allgemein gültigen Regeln für den Umgang im Verkaufsgespräch mit »Kundentypen« geben kann. Ohne »Stereotypen« zu schaffen, können aber zweifellos bestimmte »Kundentypen« mit bestimmten Eigenschaften bzw. Verhaltensweisen benannt werden, die im Verkauf immer wieder vorkommen. Dazu gibt es wie-

derum einige Grundregeln für den Verkäufer bezüglich seiner eigenen Verhaltensweisen und seiner Gesprächsführung. Viele Verkäufer haben dazu auch hinreichende, eigene Erfahrungen – sie sind »orientiert«. Orientiertsein schafft Vertrauen, und Vertrauen (zu sich selbst) schafft Sicherheit.

6.2 Sechs Kundentypen ... und ihre Vettern ...

Es ist ausführlich beschrieben worden, daß es »den« Kundentypen nicht gibt, ebenso keine vier, keine zehn und auch keine 100 Kundentypen. Durch eigene Verkaufserfahrungen, insbesondere aber durch die Gespräche mit unzähligen Verkäufern in unseren Seminaren haben sich allerdings immer wieder ganz bestimmte Eigenschaften und Verhaltensweisen von Kunden herausgestellt. Es ist selbstverständlich, daß ein Kunde nicht ein Bündel gleichartiger Eigenschaften hat, sondern meistens sehr verschiedene. Ein Kunde ist also nicht immer nur nachdenklich, zögernd oder unentschlossen, sondern kann zugleich hochnäsig, witzig oder cholerisch sein.

Das Zeigen und Aufkommen dieser Eigenschaften durch den Kunden im Verkaufsgespräch ist im übrigen keineswegs immer abhängig von den Charaktereigenschaften des Kunden selbst, sondern allzu häufig vom Verhalten des Verkäufers (direkte Widersprüche, Konzentration auf Positionen statt auf die dahinterstehenden Interessen, Beharren auf Rechtsstandpunkten, Killerphrasen usw.). Die Kundentypen, die wir Ihnen vorstellen möchten, haben alle Phantasienamen. An diesen Namen können Sie jedoch bereits erkennen, wessen »geistiges Kind« diese Kunden sind. Ohne Zwei- (Eine Typologie der Kunden mit vier Typen ist zu finden bei J. L. Wage, Psychologie und Technik des Verkaufsgesprächs, Landsberg am Lech).

6.2.1 Herr Immerwitz

… und sein netter Vetter,
Herr Wohlwollend …

Kennzeichnung und Probleme:
- Herr Immerwitz ist ein schwieriger Kunde.
- Verkäufer kommt meistens zu einem lustigen Gespräch, aber nicht zum Verkaufsabschluß.
- Hat einen »netten Vetter«, der Verkaufsgespräche fair, kooperativ und humorvoll führt; Herr Immerwitz wird daher oft mit Herrn Wohlwollend verwechselt.
- Hat offenbar ständig gute Laune und stets den »neuesten Witz parat« – und nicht nur einen …!
- Die eigentliche Argumentation ist das Problem.
- Er will »jetzt und hier« nicht entscheiden.

Achtung: Tretmine!
- Gegenseitiger Austausch von Zoten und Witzen!
- Der »neueste (sprich: bessere) Witz, denn nichts ist witziger, als Herr Immerwitz …!

Verkaufsregeln:
- Mit sachlichen Daten und Fakten ansprechen.

- Mit kleiner Redewendung auf technisches Detail hinweisen.
- Mehr geschlossene Fragen stellen.
- Kontrollierten Dialog vermeiden.
- Arbeiten Sie mit der Stufenregel und der Alternativ-Antwort.
- Ergebnisse stets zusammenfassen und Alternativ-Entscheidungen vorlegen (Abschlußfragen).

6.2.2   Herr Verständnisvoll

Kennzeichnung und Probleme:
- Kann den Verkäufer langfristig zur Weißglut bringen. Kurzfristig wird er als »sehr interessant« eingestuft! Das ist oft ein Trugschluß!
- Hat für jeden und für alles Verständnis. Zeigt Interesse und Bereitschaft.
- Er »stellt anheim«, er »könnte sich gut vorstellen«, er ist »überzeugt«, daß ... und er würde »sofort« ...! Aber was fehlt, ist der Abschluß!

Achtung: Tretmine!
- Ungeduldig werden. Direkte Abschlußfragen.
- Kein Verständnis für sein Verständnis zeigen.

Verkaufsregeln:
- Klare Informationsfragen stellen, auf die es auch nur klare Antworten gibt (Daten/Fakten etc.).

232

- Entscheidende Aussagen des Herrn Verständnisvoll mit dem kontrollierten Dialog beantworten – und stets die WIR-Form verwenden: »Herr V. Was können WIR denn tun, um den Vorgang ... usw.«
- Aufforderungen zum Handeln (Entscheidungen) möglichst in Fragen kleiden: »Herr V. Wäre es darum nicht sinnvoll, den Kollegen XY nochmals ... usw.«
- Mit Nachdruck, aber nicht mit Druck verkaufen.
- Sich stets für die Mühe und das Verständnis bedanken.

6.2.3 Herr Choleriker

Kennzeichnung und Probleme:
- Stets dominierender »Herr im Haus«.
- Im Prinzip kein »Chef«, sondern »Boß«.
- Will recht behalten und duldet kaum Widerspruch.
- Versucht, seine Mitmenschen einzuschüchtern.
- Hat ein hohes Geltungsbedürfnis.
- Es ist schwer, einen guten Kontakt zu ihm zu bekommen.

Achtung: Tretmine!
- Direkter Widerspruch. Aggressivität.
- Überlegenheitsversuch (auslachen, arrogant sein, etc.).
- Unterwürfigkeit (»buckeln«).

Verkaufsregeln:
- Sachliche Argumentation mit indirektem Widerspruch (Zahlen, Daten, Fakten etc.).

- Nicht einschüchtern lassen, aber auch nicht aggressiv reagieren. Distanz wahren.
- Seine Dominanz (»Herr Ch. SIE haben entschieden …!«) und sein Prestige ansprechen (»Herr Ch. Die Entscheidung muß als IHRE erkennbar sein …!«).
- Oft mit dem kontrollierten Dialog und seinen Varianten arbeiten.
- Mit der Stufenregel und der Überraschende-Pausen-Technik Argumente vorbringen.
- Aufforderungen zum Handeln (Abschluß) stets in Frageform vorbringen!

6.2.4 Herr Hochnäsig

… und sein Vetter …
Herr Schweigen …

Kennzeichnung und Probleme:
- Herabblicken auf den Gesprächspartner, abschätziges Taxieren.
- Arroganz im Verhalten und in den Bemerkungen.
- Häufige Anmerkungen darüber, daß es »auch noch den Wettbewerb« gibt.
- Sein Vetter, Herr »Schweigen«, ist durch Vernunft und Rationalität gekennzeichnet.

- Beide wollen Distanz wahren – und zeigen es auch.
- Kontaktaufnahme ist schwierig.

Achtung: Tretmine!
- Große Beredsamkeit. Drauflosreden.
- Versuch, Distanz zu verringern.

Verkaufsregeln:
- Offene Informationsfragen stellen und sehr gut zuhören.
- Sachlich und rational, nicht emotional argumentieren. Ruhige Stimmlage, keine »Volksrede«.
- Nicht »nervös« werden, wenn nach einer offenen Frage nicht sofort eine Antwort kommt.
- Mit dem kontrollierten Dialog und den Varianten arbeiten, wo immer es möglich ist.
- Behauptungen, Gegenargumente in Frageform aufstellen.
- Niemals zu lange sprechen. Telefonregel: Fassen Sie sich kurz!

6.2.5 Herr Besserwisser

… und sein Vetter …
Herr Dagegen …

Kennzeichnung und Probleme:
- Ständige Einwände, bereits in der Vorstellungsphase. Ständiges »Besserwissen« und Belehrungen.

- Meistens monologartige Ausführungen mit entsprechenden körpersprachlichen Aussagen: Fingerzeigen, Präzisieren, Kopfschütteln etc.
- Sein Vetter, Herr »Dagegen«, neigt fast grundsätzlich dazu, einen Vorschlag oder eine Sache abzulehnen.
- Beide Typen sind außergewöhnlich schwierige Kunden, die höchste Aufmerksamkeit erfordern.
- Die Kontaktaufnahme ist bereits eine schwierige Phase.

Achtung: Tretmine!
- Direktes Widersprechen oder Unterbrechen.
- Allzu große Beredsamkeit.
- Grinsen oder »Anlachen« (= Auslachen!).

Verkaufsregeln:
- Sehr gut zuhören! Aufmerksamkeit auch in der Mimik zeigen.
- Alle Varianten des kontrollierten Dialogs anwenden.
- Behauptungen stets in Frageform aufstellen.
- Abschlußfragen nicht zu frühzeitig stellen – mit »Tiefdruck« verkaufen. Geduld beweisen. Zweit- und Drittgespräche vereinbaren. Vertrauen aufbauen!

6.2.6 Herr Unentschlossen

... sein Vetter ...
Herr Nachdenklich ...

... sein Vetter ...
Herr Risikoscheu ...

Kennzeichnung und Probleme:

- Seine Vettern sind: Herr Risikoscheu und Herr Nachdenklich – insgesamt eine zähe »Familie«.
- Sie sind verschlossen, eher unzugänglich, stets das Risiko abwägend. Sicherheit und Beständigkeit sind gefragt.
- Es finden sich kaum Widersprüche oder Einwände im Gespräch – der kinesische Einsatz (Mimik und Gestik) ist eher unmerklich, sparsam.
- Der Verkäufer wird vertröstet, und es wird abgewartet. Entscheidungen und Abschlüsse werden zu einem Problem – für den Verkäufer.

Achtung: Tretmine!

- Mangelnden Widerspruch als Zustimmung deuten.
- Versuch einer »kumpelhaften Überredung«.
- Drängen auf schnelle Entscheidungen.

Verkaufsregeln:

- Geduldig und behutsam Vorteile und Sicherheit einer Kaufentscheidung »entwickeln«.
- Offene Informationsfragen stellen. Sehr oft alternativ fragen und gut zuhören.
- Mit kontrolliertem Dialog Vertrauensbasis herstellen – mit »Tiefdruck« verkaufen.
- Den Verkaufsabschluß systematisch vorbereiten (psychologischer Aufbau von Sicherheitsgefühlen).

Stichwortverzeichnis